普通高等院校航空服务类专业重点教材

民航地勤服务

主　编◎陈烜华　　陈文华
副主编◎庞　敏

清华大学出版社
北京

内 容 简 介

本书在对航空相关法规和国内外各大航空公司、机场的运行规则进行了充分研读的基础上，根据航空运输企业的岗位实践和作者多年的教学经验，以民航旅客地面运输服务为研究对象，从三大部分来介绍理论知识和业务技能。第一部分为基础知识篇，主要介绍我国运输业和民航运输业、航空公司和机场、民航运输生产基础知识；第二部分为售票服务篇，主要介绍航空客票售票、运价、订座、退改签办理；第三部分为机场旅客地面服务篇，主要介绍航站楼公共服务、值机服务、安检服务、联检服务、候机楼内旅客服务、行李运输、特殊旅客运输、不正常运输服务等内容。

本书可作为普通高等本科院校和职业院校航空运输类、航空服务类专业教材，也可作为航空公司、机场从业人员的岗位培训用书。

本书封面贴有清华大学出版社防伪标签，无标签者不得销售。

版权所有，侵权必究。举报：010-62782989，beiqinquan@tup.tsinghua.edu.cn。

图书在版编目（CIP）数据

民航地勤服务 / 陈烜华，陈文华主编. -- 北京：清华大学出版社，2024.7. --（普通高等院校航空服务类专业重点教材）. -- ISBN 978-7-302-66762-9

Ⅰ. F560.9

中国国家版本馆 CIP 数据核字第 2024W38P79 号

责任编辑：杜春杰
封面设计：刘　超
版式设计：文森时代
责任校对：马军令
责任印制：刘　菲

出版发行：清华大学出版社
网　　址：https://www.tup.com.cn，https://www.wqxuetang.com
地　　址：北京清华大学学研大厦 A 座
邮　　编：100084
社 总 机：010-83470000
邮　　购：010-62786544
投稿与读者服务：010-62776969，c-service@tup.tsinghua.edu.cn
质量反馈：010-62772015，zhiliang@tup.tsinghua.edu.cn
印 装 者：三河市东方印刷有限公司
经　　销：全国新华书店
开　　本：185mm×260mm　　印　张：15.5　　字　数：354 千字
版　　次：2024 年 8 月第 1 版　　　　　　　　印　次：2024 年 8 月第 1 次印刷
定　　价：59.80 元

产品编号：103587-01

普通高等院校航空服务类专业重点教材编委会

顾　问　刘　永（北京中航未来科技集团有限公司　董事长）
主　任　高　宏（沈阳航空航天大学　教授）　　　　杨　静（中原工学院　教授）
　　　　李广春（郑州航空工业管理学院　教授）　　李　勤（南昌航空大学　教授）
　　　　安　萍（沈阳师范大学　副教授）　　　　　郑大莉（郑州经贸学院　副教授）
　　　　陈德志（南昌航空大学　副教授）　　　　　方坚伟（广东省外语艺术职业学院　教授）
副主任　刘岩松（沈阳航空航天大学）　　　　　　　迟　岩（新疆工程学院）
　　　　王焱源（郑州航空工业管理学院）　　　　　王昌沛（曲阜师范大学）
　　　　姚晓鸣（中原工学院）　　　　　　　　　　李　姝（沈阳师范大学）
　　　　何蔓莉（常德学院）　　　　　　　　　　　李艳伟（沈阳航空航天大学）
　　　　陈文华（上海民航职业技术学院）　　　　　陈　卓（长沙航空职业技术学院）
　　　　黄　晨（天津交通职业学院）　　　　　　　兰　琳（长沙商贸旅游职业技术学院）
　　　　魏丽娜（沈阳航空航天大学）
委　员（按姓氏笔画排序）
　　　　于海亮（沈阳师范大学）　　　　　　　　　马　璐（广东省外语艺术职业学院）
　　　　王艺青（广东省外语艺术职业学院）　　　　王　帅（北京华航航空服务有限公司）
　　　　王丽虹（张家口职业技术学院）　　　　　　王爱娥（长沙航空职业技术学院）
　　　　王晨宇（郑州航空工业管理学院）　　　　　王清琦（郑州航空工业管理学院）
　　　　王　晶（沈阳航空航天大学）　　　　　　　王　静（郑州经贸学院）
　　　　王鑫豪（郑州经贸学院）　　　　　　　　　尤文静（浙江传媒学院）
　　　　卢俊兵（广州新华学院）　　　　　　　　　朱茫茫（潍坊职业学院）
　　　　刘　舒（江西青年职业学院）　　　　　　　闫法威（北京大兴国际机场）
　　　　祁文文（郑州航空工业管理学院）　　　　　李巧娜（郑州经贸学院）
　　　　李向民（中原工学院）　　　　　　　　　　李启星（江西科技学院）
　　　　李雪琪（郑州丽水外国语学校）　　　　　　李琴凤（郑州航空工业管理学院）
　　　　李璇璇（中国南方航空公司）　　　　　　　杨志慧（长沙航空职业技术学院）
　　　　杨　柳（南昌航空大学）　　　　　　　　　时燕子（中原工学院）
　　　　吴立杰（沈阳航空航天大学）　　　　　　　吴隆基（郑州航空工业管理学院）
　　　　邹　昊（江西师范大学）　　　　　　　　　宋晓晨（沈阳航空航天大学）
　　　　沈笑倩（湖南通软创智信息科技有限公司）　张　驰（沈阳航空航天大学）
　　　　张　利（北京中航未来科技集团有限公司）　张　晓（西安航空职业技术学院）
　　　　张　乾（郑州升达经贸管理学院）　　　　　张　硕（沈阳航空航天大学）
　　　　张婉玥（深圳市龙岗区横岗街道梧桐学校）　张　喆（辽宁省机场管理集团）
　　　　张　晶（郑州航空工业管理学院）　　　　　张程垚（湖南石油化工职业技术学院）
　　　　陈　妍（沈阳师范大学）　　　　　　　　　陈烜华（上海民航职业技术学院）
　　　　陈端峰（郑州航空工业管理学院）　　　　　邵婷婷（海南航空公司）
　　　　罗文斌（湖南应用技术学院）　　　　　　　罗　洁（南昌航空大学）
　　　　罗娅晴（长沙航空职业技术学院）　　　　　金　沐（沈阳师范大学）
　　　　周茗慧（山东外事职业大学）　　　　　　　庞　敏（上海民航职业技术学院）
　　　　郑　绚（南昌航空大学）　　　　　　　　　郑菲菲（南京旅游职业学院）
　　　　赵　铮（东海航空公司）　　　　　　　　　胡　帆（南昌航空大学科技学院）

柳　文（湖南通软创智信息科技有限公司）	贺红艳（中原工学院）
秦　洪（中原工学院）	贾丽娟（沈阳航空航天大学）
徐　丽（北京城市学院）	高　婷（沈阳航空航天大学）
郭雅萌（江西青年职业学院）	唐　珉（桂林航天工业学院）
黄春新（沈阳航空航天大学）	黄　婧（江西工业贸易职业技术学院）
龚艾蒂（南昌航空大学）	梁　莹（沈阳航空航天大学）
彭　泽（湖南通软创智信息科技有限公司）	焦于歌（郑州经贸学院）
游婷婷（广州民航职业技术学院）	楚　喆（郑州航空工业管理学院）
路　鹏（郑州航空工业管理学院）	路　攀（郑州航空工业管理学院）
熊慧茹（重庆公共运输职业学院）	潘万东（河南交通职业技术学院）

序　言

  我国航空运输业高速持续发展,民航强国的战略意义不言而喻。特别是国产大飞机C919投入商业运营,必将推动我国民航业步入新的历史发展时期,也必将对高质量人才培养提出新的标准。现阶段,我国航空服务类专业发展呈现良好态势,专业开发水平得到迅猛提升,而人才培养过程不仅需要科学化、精细化的人才培养目标,更需要贯穿始终且不断创新的教育教学改革。教材作为人才培养的基础,不仅仅是体现教学内容和教学方法的知识载体,是开展教学活动不可缺少的基本工具,还是深化教育教学改革,全面推进素质教育,培养创新人才的重要保证。简言之,高质量的人才培养需要高水平的教材支撑,开发高质量的教材是新时代专业教育及人才培养之所需,是推动教育模式转变与创新的助力器,更是高等学校教师、行业人士,乃至出版社应有的责任担当。

  优秀的教材至少需要具备传承、引领及可读性三个特征。传承就是把学科与专业建设中的优秀成果保留下来;引领就是密切结合专业的发展趋势,通过创新,对专业的发展具有导向作用;可读性就是教材易于学习,能更好地为教师服务、为学生服务、为教学服务。不可否认的是,教材往往滞后于专业与行业发展,因此,需要业界共同努力来改变这种状况,顺势而上,不断为教材增添新的内涵。为此,清华大学出版社经过精心准备,在充分调研、论证的基础上,力求打造出更具特色的航空服务类专业重点教材,发挥清华大学出版社在航空服务类专业教材建设方面的引领作用,为航空服务类专业建设与人才培养贡献力量。

  为突出本系列教材的特色,我们着力于重点教材的深度开发,挖掘其潜力,在细节上做足功课,也在呈现形式上下足功夫,其开发思想体现在以下几方面:

  第一,回归专业的本质属性。2018年教育部把本科层次的航空服务类专业规范为"航空服务艺术与管理",学科归属为艺术类,但其内涵并非属于艺术。航空服务与管理是一种高端服务和管理,是一项系统的人与人接触的具有管理属性的技能型工作,在服务品质上有服务的艺术性体现,但不是表演性质的艺术。在之前的专业沿革中,表演艺术属性偏重,影响了人们对航空服务类专业的正确认知。为此,本次重点教材开发试图在此方面做努力。

第二,重视服务的自然属性。服务是社会文明程度的重要标志,特别是在满足人们对幸福生活追求的过程中,服务意识或行为发挥着不可替代的作用。培养航空服务人才,一方面是满足行业的需要,另一方面,航空服务人员作为具有青春活力的群体,既代表着个人形象,更代表着航空公司形象,在一定意义上、一定环境中还代表着国家形象,体现着整个社会的服务水平。因此,不能把航空服务类专业的人才培养狭义地理解为航空运输发展的要求,其实也是社会文明与进步不可缺少的要素。

第三,突出多学科交叉融合。航空服务艺术与管理专业属高等教育本科层次,隶属于新文科。结合新文科的发展需求,本专业更需要学科支撑,即多学科交叉融合促其发展,努力架构航空服务专业的学科体系,使服务技能建立在扎实的理论基础上,使所培养的人才更具职业发展潜质、更具开放性,不仅具有航空服务类专业技能的功底,更需要把技能掌握建立在更宽广的知识沃土上,知其然,更知其所以然。

第四,加强课程思政的植入。牢记"为党育人,为国育才"的初心使命,落实立德树人的根本任务,培养学生的爱国情怀与高尚人格,强化"民航人"品质的塑造,突出教材不但传授文化知识,更是塑造民族精神,增强文化自信的载体。

我们力求本次航空服务类专业重点教材的开发具备以下特色:

第一,充分体现专业属性,强化服务意识和国际化能力。实现本土人才国际化将极大地增强国际竞争力,航空服务人才国际化是一种过程。这种过程是各种文化交流碰撞的过程,是相互学习,相互渗透,互通有无。基于此,本系列教材注重思政育人,把思想政治教育贯穿在教材编写和人才培养的全过程。

第二,创新教材结构,打破传统教材壁垒。本系列教材均为新形态教材,根据教材内容,增加二维码(形式多样:文字、图片、录音、录像、自测客观题等)。

第三,重视学科交叉,突出学科归属与体现。尝试走出过度强调技能而忽视理论的倾向,使专业建设能更好地建立在学科发展的基础上。

第四,加强顶层系统定位,建立科学的课程门类。避免过度交叉与重叠,使教材简洁、清晰,既体现教材各自的功能,又体现教材之间的有机联系。

优秀教材的诞生需要编写团队千辛万苦的不懈努力和编辑人员一丝不苟的工作态度,我们相信,此次的付出定会开拓航空服务类专业教材的新局面。

普通高等院校航空服务类专业重点教材编委会
2023 年 6 月

前　言

党的二十大报告强调，把实现人民对美好生活的向往作为现代化建设的出发点和落脚点。我国也已进入民航强国建设的新时代。民航强国建设的本质是推动民航业高质量发展，提高民航旅客服务水平是民航业高质量发展的集中体现。近年来，随着人民生活水平的提高，人民群众对民航服务种类、服务范围、服务能力和服务水平的要求也越来越高，民航服务供给不平衡、不充分的问题逐渐凸显，特别是在票务销售、旅客服务、航班延误处置、行李运输等方面还存在一些不足，民航服务的传统优势和品牌影响力亟须加强。

在民航旅客运输业整个服务链中，大致可分为两大部分：一是空中机上服务；二是旅客地面运输服务。旅客地面运输服务作为航空运输中的关键环节，由于旅客是直接服务对象，所以服务部门不仅要具备企业应有的服务职能与业务功能，还要秉承"真情服务"理念，持续改善服务质量，不断提升服务水平。为了满足各大民航院校人才培养和各民航运输企业人才培训的需求，我们编写了《民航地勤服务》一书用于教学，目的是提高航空服务类和运输类专业学生及相关从业人员的综合素质，促进民航运输地面服务水平的整体提升，适应时代发展。

本书内容充实，并具有很强的适应性，力求理论联系实际，充分结合我国民航业务在实际工作中的特定要求，在章节中插入案例和练习，并在最后附录中提供了大量的教学参考资料，是高等本科院校、职业院校航空服务艺术与管理、空中乘务、民航运输、机场运行、航空物流等相关专业师生及民航运输管理人员在学习、教学、阅读时的必备材料，也可以作为民航企业、物流企业培训教材之用。本书的主要特色有以下几个方面。

（1）内容丰富。本书在编写过程中参考了目前航空公司和机场的内部相关资料，并且吸取了同类书籍的优点，做到了教材内容全、新，能满足教学和实际工作的需要。

（2）结构新颖。目前，国内有关旅客地面运输服务的教材很多，但各有千秋，侧重面不同。本书在编排中突破原有结构，结合上海民航职业技术学院多年的办学经验以及与中国东方航空有限公司等航空公司的合作经验，从基础知识、经营、服务三个方面进行了系统的研究和阐述。

（3）通俗易懂。本书在编写过程中充分考虑了初学者的需要，对一些相关的基本知识和基本概念都做了详细的介绍。

本书由陈文华（原上海民航职业技术学院航空运输系主任、副教授）全面策划组织编写，第一章至第三章、第五章、第七章、第九章至第十二章由陈烜华编写，第四章、第六章由庞敏编写，第八章由陈文华编写。最后全书由陈文华审定。

本书在编写过程中借鉴了很多业内外人士的观点，也参考了很多业内外的书籍和文章，在此谨向他们表示真诚的感谢。同时也非常感谢东方航空公司、上海机场集团给我们提供了很多实践性的资料。由于编者水平有限，书中难免存在一些不妥之处，恳请读者和专家批评指正。

编 者

2024 年 1 月

目　　录

基础知识篇

第一章　运输业和民航运输业 ... 2

- 第一节　交通运输概述 ... 2
  - 一、交通运输业的性质和产品 ... 2
  - 二、交通运输业的特征 ... 3
  - 三、交通运输业的分类 ... 3
- 第二节　民航运输业概述 ... 4
  - 一、民用航空的定义 ... 4
  - 二、民用航空的分类 ... 4
- 第三节　我国民航的发展概况 ... 5
  - 一、我国民航的发展简史 ... 5
  - 二、我国民航体制改革的成就 ... 8
- 课后练习 ... 10

第二章　航空公司和机场 ... 11

- 第一节　国内航空公司 ... 11
  - 一、航空公司的定义 ... 11
  - 二、国内航空公司的类别和现状 ... 12
  - 三、国内主要航空公司简介 ... 13
  - 四、航空组织和航空联盟 ... 18
- 第二节　机场 ... 22

一、机场的定义和分类 22
　　二、空港的构成 23
　　三、国内主要机场介绍 24
　课后练习 31

第三章　民航运输生产基础知识 32

　第一节　航线 33
　　一、航线的概念 33
　　二、航线的分类 33
　　三、航线的构成形式 33
　　四、我国的航线布局 34
　第二节　机型 34
　　一、机型的分类 34
　　二、飞机的客舱布局 35
　　三、航空器国籍和登记标志的编号 37
　第三节　航班和航班号 38
　　一、航班 38
　　二、航班号 39
　　三、民航运输的飞行方式 40
　第四节　航班时刻表 40
　　一、航班时刻表的定义 40
　　二、航班时刻表的编制与发布 40
　　三、查阅时刻表 41
　课后练习 44

售票服务篇

第四章　航空售票 46

　第一节　客票销售的基础知识 46
　　一、电子客票的定义及销售渠道 47
　　二、电子客票购票证件及客票使用规则 48
　　三、客运的相关票证 49
　第二节　民航国内旅客运价 50
　　一、运价的定义及特点 50
　　二、国内旅客运价的种类和适用范围 51
　第三节　客票预订 56
　　一、计算机订座系统的介绍 56

二、旅客订座的基本指令 ... 57
第四节　打票机控制 ... 70
　　一、显示打票机的工作状态 DI ... 70
　　二、建立打票机的控制 EC ... 71
　　三、打开打票机输入状态 TI ... 72
　　四、上票和卸票 ... 72
第五节　客票出票 ... 75
　　一、电子客票出票操作 ... 75
　　二、电子客票查询 ... 79
第六节　Queue 的处理 ... 80
　　一、常见 Q 种类介绍 ... 80
　　二、出 Q 操作指令 ... 81
　　三、退出指令 ... 81
第七节　客票退改签的办理 ... 81
　　一、客票退票的办理 ... 81
　　二、客票变更的办理 ... 86
　　三、客票签转的办理 ... 93
课后练习 ... 95

机场旅客地面服务篇

第五章　航站楼公共服务 ... 98

第一节　航站楼的功能设施和服务流程 ... 98
　　一、航站楼的功能 ... 98
　　二、航站楼的设施 ... 99
　　三、航站楼旅客服务的流程 ... 99
第二节　航站楼问询服务 ... 100
　　一、问询服务的分类 ... 100
　　二、问询岗位的工作流程 ... 101
第三节　航站楼广播服务 ... 103
　　一、航站楼广播服务系统 ... 103
　　二、广播室岗位的职责 ... 104
　　三、广播室岗位的操作流程 ... 104
第四节　航班调度服务 ... 105
　　一、航班调度服务概述 ... 105
　　二、航班调度岗位的职责 ... 105
　　三、航班调度岗位的操作流程 ... 106

课后练习 106

第六章 值机服务 107

  第一节 值机的业务常识 107
    一、办理航班值机手续的方式 108
    二、办理乘机手续的时间规定 110
    三、行李牌及行李标签 110
    四、旅客乘机证件 111
    五、机上座位安排 112
  第二节 值机手续办理前的准备工作 112
    一、个人仪容仪表准备 112
    二、业务用品配备和设备检查 113
    三、航班信息掌握 114
  第三节 航班值机手续的办理 114
    一、国内电子客票的识读与查验 115
    二、电子客票行程单的使用规定 116
    三、值机办理的流程 117
  第四节 航班值机关闭的处理 119
    一、航班值机关闭的操作 119
    二、打开已关闭航班 119
    三、临时变更机型的处置 120
  第五节 离港系统 120
    一、计算机离港控制系统介绍 120
    二、离港系统与订座系统之间的关系 120
    三、离港系统几种前端产品的比较 121
    四、主机与客户端 121
    五、使用离港系统的意义 122
    六、离港系统办理航班的工作流程 122
  课后练习 123

第七章 安检服务 125

  第一节 安检机构和人员要求 125
    一、安检的定义 125
    二、安检的法律法规 126
    三、安检机构 126
    四、安检人员 127
  第二节 安检工作 128

一、旅客及行李、货物、邮件的检查 130
　　二、安全检查岗位的主要职责 132
　　三、航空器安全监护 132
　　四、安检特殊情况的处置 133
　课后练习 134

第八章　联检服务 135

第一节　国际旅客运输联检流程 135
　　一、各联检部门的职责 135
　　二、联检流程 136
第二节　海关 137
　　一、中华人民共和国海关 137
　　二、海关机关的主要职责 137
　　三、航空口岸实行旅客书面申报制度 138
　　四、暂不予放行旅客行李物品暂存有关事项 139
　　五、海关检查的方式 140
　　六、案例 140
第三节　出入境检验检疫 142
　　一、海关检验检疫部门和职责 142
　　二、检验检疫的作用 142
　　三、出入境检验检疫入境健康检疫申报 143
　　四、依法对进出境邮寄物实施检疫 144
第四节　出入境边防检查 144
　　一、出入境边防检查总站机构和职责 144
　　二、出入境的基础知识 145
　　三、边防检查 150
　课后练习 151

第九章　候机楼内旅客服务 153

第一节　候机服务 153
　　一、候机服务的原则 153
　　二、登机前的准备工作 154
　　三、发布旅客登机通知 154
第二节　登机服务 155
　　一、旅客登机总则 155
　　二、旅客登机次序 155
　　三、登机口工作人员的工作职责 155

四、工作人员的操作流程 ... 156
　　五、航班的操作要求 ... 158
　　六、减客程序 ... 158
　　七、特殊情况 ... 159
　　八、登机口行李的操作要求 ... 159
第三节　进港服务 ... 160
　　一、进港服务的原则 ... 161
　　二、旅客下机的次序 ... 161
　　三、进港旅客服务的流程 ... 161
第四节　过站和中转服务 ... 163
　　一、过站服务 ... 163
　　二、中转服务 ... 164
课后练习 ... 166

第十章　行李运输 ... 167

第一节　行李运输的一般规定 ... 168
　　一、行李的定义及分类 ... 168
　　二、免费行李额 ... 168
　　三、国内逾重行李处理 ... 169
　　四、行李的声明价值 ... 172
第二节　行李的收运、运送、保管、退运和交付 ... 173
　　一、行李的收运 ... 173
　　二、行李的运送 ... 178
　　三、行李的保管和装卸 ... 179
　　四、行李的退运 ... 180
　　五、行李的交付 ... 180
第三节　特殊行李运输 ... 181
　　一、不得作为行李运输的物品 ... 181
　　二、限制运输的物品 ... 182
　　三、限制运输的行李 ... 182
第四节　行李查询 ... 183
　　一、行李查询的工作内容 ... 183
　　二、行李查询的基本流程 ... 183
　　三、行李不正常运输的类别和处理 ... 184
第五节　行李的赔偿 ... 185
　　一、行李赔偿责任的划分 ... 185
　　二、办理行李赔偿的程序 ... 186
　　三、行李赔偿额的计算方法 ... 191

课后练习..191

第十一章　特殊旅客运输..193

第一节　重要旅客运输..194
一、重要旅客的定义和分类..194
二、重要旅客特殊服务的内容..194
三、重要旅客服务的操作规范..195

第二节　无成人陪伴儿童运输..198
一、一般规定..199
二、操作程序..199

第三节　病残旅客运输..202
一、病残旅客的范围..202
二、航空公司可以拒绝承运的病残旅客的范围...............................202
三、病残旅客的接受条件..202
四、病残旅客运输的一般规定..205
五、常见病残旅客的处理和操作..205

第四节　老年、孕产妇和婴儿旅客运输..207
一、老年旅客运输..207
二、孕产妇运输..208
三、婴儿旅客运输..208

第五节　携带小动物的旅客运输..209
一、携带小动物的旅客运输的一般规定..209
二、携带小动物的旅客的乘机须知..209

第六节　特殊餐食旅客运输..210
一、特殊餐食旅客运输的一般规定..210
二、特殊餐食旅客的值机工作与服务..211

第七节　酒醉旅客、犯人（嫌疑人）运输..211
一、酒醉旅客运输..211
二、犯人（嫌疑人）运输..212

第八节　紧急救助运输..212
　　课后练习..213

第十二章　不正常运输服务..214

第一节　旅客运输不正常服务..214
一、旅客误机、旅客漏乘、旅客错乘..215
二、登机牌遗失..216
三、航班超售..216

第二节 航班运输不正常服务 218
    一、不正常航班的原因 218
    二、不正常航班的类别 218
    三、航班延误 219
    四、航班取消 220
    五、补班 220
    六、航班中断 220
    七、航班返航 221
    八、航班备降 221
  第三节 航空赔偿 222
    一、旅客人身伤害的责任与赔偿 222
    二、航班不正常责任认定与赔偿 222
  课后练习 225

附录 A 航班正常管理规定 226

附录 B 民用航空安全检查规则 227

附录 C 公共航空运输旅客服务管理规定 228

参考文献 229

基础知识篇

第一章 运输业和民航运输业

 本章学习重点

1. 交通运输的产品和特点。
2. 民航运输的定义和分类。
3. 我国现在的民航体制。

2023年,我国民航全行业共完成运输总周转量1188.3亿吨公里、旅客运输量6.2亿人次、货邮运输量735.4万吨,同比分别增长98.3%、146.1%、21%,分别恢复至2019年的91.9%、93.9%、97.6%。飞机日利用率8.1小时,同比提高3.8小时;正班客座率77.9%、载运率67.7%,同比分别提高11.3个百分点和2.7个百分点;全行业大幅减亏1872亿元。千万级机场航班平均靠桥率提升3.41个百分点;全年航班正常率达87.8%,较2019年提高6.15个百分点。

本章介绍了铁路运输、航空运输、公路运输、水路运输、管道运输等不同运输形式,在比较各种交通运输的优劣势的基础上,分析航空运输业的特点和分类,重点论述我国民航体制的改革和发展。

第一节 交通运输概述

一、交通运输业的性质和产品

交通运输业是社会活动中借助运输工具从事旅客、货物、行李、邮件等运输的物质生产部门。运输业不仅是从事旅客和货物运输的物质生产部门，同时也是公共服务业，属于第三产业。"公共服务"强调了运输业在运输活动中的服务性质，也就是运输业必须以服务作为前提向全社会提供运输产品。

交通运输业的产品是位移，即通过改变劳动对象的空间位置，使其价值和使用价值发生变化。

二、交通运输业的特征

交通运输业的特征如下。

（1）运输业是一个不产生新的实物形态产品的物质生产部门。运输产品是运输对象的空间位移，用旅客人次公里和货物吨公里计算。运输业的劳动对象可以是物也可以是人，并且劳动对象不必为运输业所有，运输业参与社会总产品的生产和国民收入的创造，却不增加社会产品实物总量。

（2）运输业的劳动对象是旅客和货物，运输业不改变劳动对象的属性或形态，只改变其空间位置。运输业提供的是一种运输服务，它对劳动对象只具有生产权（运输权），不具有所有权。

（3）运输是社会生产过程在流通领域内的继续，具有先行性的特点。产品在完成了生产过程后，必然要从生产领域进入消费领域，这就需要运输，产品只有完成了这个运动过程，才能变成消费品。运输和流通是紧密相连的，是社会生产过程在流通领域内的继续。

（4）运输生产和运输消费是同一过程。运输业的产品不能储存、不能调配，生产出来的产品如果不及时消费就会被浪费。运输产品的效用是和运输生产过程密不可分的，这种效用只能在生产过程中被消费，生产过程开始，消费过程也就开始，生产过程结束，消费过程也就结束，这一特点要求运输业应留有足够的运输能力储备，以避免由于能力不足而影响消费者需求。

（5）运输产品具有同一性。使用不同的运输设备和运输工具，形成了不同的运输方式，但其产品均为位移，所以不同的运输方式之间可以互相替代，从而形成了不同运输方式之间的行业内竞争。

（6）运输业具有"网络型产业"特征。运输业的生产具有"网状"特征，它的场所遍及广阔空间。运输业的网络性生产特征决定了运输业内部各个环节以及各种运输方式相互间密切协调的重要性。

（7）运输业的资本结构具有特殊性。运输业固定资本比重大，流动资本比重小，资本的周转速度相对较慢。

三、交通运输业的分类

根据交通工具的不同，现代运输业分为铁路运输、公路运输、航空运输、水路运输和管道运输五种运输方式，共同构成了现代综合运输体系，如表1-1所示。

表 1-1 交通运输的分类和特点

交通工具	特 点
铁路运输	（1）运行速度快，随着高铁的发展，4年内时速从160千米提升至300千米，对民航业产生了很大的冲击；（2）运输能力强，适合大批量低值产品的长距离运输；（3）铁路运输过程受气候等自然条件限制较小，连续性强，能保证全年运行；（4）铁路运输成本较低，能耗较低；（5）铁路线路是专用的，因而固定成本很高，原始投资较大，建设周期较长
公路运输	（1）公路运输机动灵活，适应性强，可实现"门到门"直达运输；（2）在中、短途运输中，运送速度较快；（3）运量较小，运输成本较高；（4）安全性较低，环境污染较高
航空运输	（1）速度快、时间短，现代喷气式客机的巡航速度为800～1000km/h，比汽车、火车快3～10倍，比轮船快20～30倍；（2）机动性强；（3）安全舒适，统计显示，民航客机的安全性高于其他运输方式，现代民航客机的客舱宽敞，噪声小，机内有供膳、视听等设施，旅客乘坐的舒适程度较高；（4）适宜于距离长、要求时间短的运输，不宜短途运输；（5）运营成本较高、能耗大、运输能力小，飞机的商务业载小，一般只有几百千克或几吨，即使是大型的宽体波音747-400全货机，商务载重也仅有110吨；（6）受气候条件影响大
水路运输	（1）水路运输成本低，运量大；（2）时间长，适宜于运输距离长、运量大、时间性不太强的各种大宗物资运输；（3）水运航线无法在陆地上任意延伸，所以，水路运输要与铁路、公路和管道运输配合，并实行联运
管道运输	（1）管道运输是为运送某些特殊产品，如石油、天然气、煤等而建立起来的特殊运输系统，它是一种地下运输方式；（2）运量大，能耗小，运价低廉，专用性强

联合运输是使用两种或两种以上的运输方式，完成一项运输任务的综合运输方式。近些年，随着大型枢纽中心的建成，不同交通工具之间的联运变得更加方便。

第二节 民航运输业概述

一、民用航空的定义

民用航空是指使用各类民用航空器从事除军事、海关和警察任务以外的民用航空飞行活动。这个定义明确了民用航空是航空业的一部分，以"使用"航空器界定了它和航空器制造业的界限，以非军事性质界定了它和军事航空的不同。

二、民用航空的分类

民用航空可分为两大部分：商业航空和通用航空。

商业航空一般指商业航空运输，即以营利为目的，进行经营性的客货运输的航空活动。在国内和国际航线上为获取报酬而使用大、中型旅客机、货机和支线飞机以及直升机从事定期和不定期的运送旅客、行李、货物、邮件的运输。商业航空运输习惯上称作航空运输或简称空运。

通用航空是指除去商业航空以外的民用航空活动。按照国际民航组织的分类，可以将通用航空划分为航空作业和其他类两部分，具体分类如表1-2所示。

表 1-2　通用航空的类别和服务内容

类　别	服务内容
工业航空	包括使用航空器进行与工矿业有关的各种活动，如航空摄影、航空遥感、航空物探、航空吊装、石油航空、航空环境监测等
农业航空	包括为农林牧渔各行业服务的航空活动，如森林防火、灭火、播撒农药等
航空科研和探险活动	包括新技术的验证、新飞机的试飞，以及利用航空器进行的气象天文观测和探险活动
航空体育运动	用各类航空器开展的体育活动，如跳伞、滑翔机、热气球以及航空模型运动等
公务航空	大企业和政府高级行政人员用单位自备的航空器进行公务活动
私人航空	私人拥有航空器进行的航空活动
飞行训练	培养空军驾驶员和各类飞行人员，以及一些飞行俱乐部的飞行活动

第三节　我国民航的发展概况

一、我国民航的发展简史

（一）1920—1949 年

1909 年，旅美华侨冯如在美国制造出一架飞机并试飞成功。1910 年 8 月，清政府在北京南苑五里店毅军练兵场内始建飞行场和简易跑道，并开办了飞机制造厂制造飞机，由此开始了中国的航空事业。1911 年辛亥革命爆发之后，南方革命政府、北洋政府和其他地方势力都积极发展军用航空，在北京、广东和东北地区组建空军，把航空用于军事目的。

1918 年，北洋政府设立航空事务处，这是中国第一个主管民航事务的正式管理机构。1920 年开通的北京—天津航线是我国的第一条航线，中国民航由此拉开了序幕。

1928 年，南京国民政府开始筹办民用航空；1929 年 5 月，成立沪蓉航线管理处，当年开通了上海—南京航线。同月，根据国民政府同美国航空开拓公司签订的"航空运输及航空邮务合同"，在上海成立了中国航空公司。1930 年 8 月，沪蓉航线管理处撤销后被中国航空公司兼并。到 1947 年年底，中国航空公司已拥有以上海为中心的境内航线 31 条和上海至旧金山、香港、东京、汉城以及香港至曼谷的境外、地区航线 5 条，通航城市 38 个，飞机 46 架，员工 3970 人。

1930 年 2 月，德国汉莎航空公司代表同国民政府交通部签订了合资经营欧亚航空公司的合同，并于 1936 年开通了广州到河内的航线，这是我国的第一条国际航线。1941 年中德断交，国民政府接管了欧亚航空公司，没收了德方股份。1943 年 2 月，国民政府改组欧亚航空公司为中央航空公司。该公司于同年 3 月 3 日在重庆正式成立。到 1947 年，中央航空公司已有飞机 42 架，航线 26 条，通航城市 27 个。

（二）1949—1978 年

1949 年 9 月中央军委成立了航空小组，接收国民党残留在中国大陆上的民航和军航机场、装备和人员。1949年10月1日中华人民共和国中央人民政府成立,开始了中国历史的新篇章。中国民用航空局于1949年11月2日正式成立。

1949年11月9日,原属国民党政府的中国航空公司和中央航空公司的数千名员工在香港宣布起义,12架飞机和4000余名员工回归祖国。这就是奠定新中国民航事业基础的著名的"两航起义"。20世纪50—70年代末,由于当时社会经济发展水平和社会环境的限制,中国民用航空局集政府当局、航空公司和机场于一身,实行高度集中的政企合一的管理体制。1950年新中国民航初创时,仅有30多架小型飞机,全年旅客运输量1万人次,运输总周转量157万吨公里;到1978年,航空旅客运输量达到231万人次,运输总周转量达到3亿吨公里。

(三) 1978年至今

第一阶段——管理体制的非军事化改革(1980—1986年)。

1980年2月14日,邓小平同志指出:"民航一定要企业化。"同年3月5日,中国民用航空局从隶属于空军改为国务院直属机构,实行企业化管理。这期间中国民用航空局是政企合一,既是主管民航事务的政府部门,又是以"中国民航(CAAC)"名义直接经营航空运输、通用航空业务的全国性企业。下设北京、上海、广州、成都、兰州(后迁至西安)、沈阳6个地区民航管理局。1980年,我国民航只有140架运输飞机,且多数是20世纪四五十年代生产制造的苏式伊尔14、里二型飞机,载客量仅20多人或40人,载客量100人以上的中大型飞机只有17架;机场只有79个。1980年,我国民航全年旅客运输量仅343万人次,运输总周转量仅4.29亿吨公里,居新加坡、印度、菲律宾、印度尼西亚等国之后,位列世界民航第35位。

第二阶段——企业化改革和引入竞争机制(1987—2002年)。

1987年,我国对民航业进行以航空公司与机场分设为内容的体制改革。主要是将原北京、上海、广州、成都、西安、沈阳6个地区民航管理局的航空运输和通用航空相关业务、资产和人员分离出来,组建了6个国家骨干航空公司,实行自主经营、自负盈亏、平等竞争的经营方式。这6个国家骨干航空公司分别是中国国际航空公司、中国东方航空公司、中国南方航空公司、中国西南航空公司、中国西北航空公司和中国北方航空公司。此外,以经营通用航空业务为主并兼营航空运输业务的中国通用航空公司也于1989年7月成立。

在组建国家骨干航空公司的同时,在原民航北京管理局、上海管理局、广州管理局、成都管理局、西安管理局和沈阳管理局所在地的机场部分基础上,组建了民航华北、华东、中南、西南、西北、东北及新疆7个地区管理局,以及北京首都机场、上海虹桥机场、广州白云机场、成都双流机场、西安西关机场(现已迁至咸阳,改为西安咸阳机场)和沈阳桃仙机场。这7个地区管理局既是管理地区民航事务的政府部门,又是企业,领导和管理各民航省(区、市)局和机场。

航空运输服务保障系统也按专业化分工的要求进行了相应的改革。1990年,在原民航各级供油部门的基础上组建了专门从事航空油料供应保障业务的中国航空油料总公司,该公司通过设在各机场的分支机构为航空公司提供油料供应。属于这类性质的单位还有从事航空器材(飞机、发动机等)进出口业务的中国航空器材公司,从事全国计算机订票销售系统管理与开发的计算机信息中心，为各航空公司提供航空运输国际结算服务的航空结算中心，以及飞机维修公司、航空食品公司等。

1993年4月19日，中国民用航空局改称为中国民用航空总局，属国务院直属机构①。同年12月20日，中国民用航空总局的机构规格由副部级调整为正部级。

在这个阶段，我国民航运输总周转量、旅客运输量和货物运输量年均增长分别达18%、16%和16%，高出世界平均水平两倍多。2002年，我国民航业完成运输总周转量165亿吨公里、旅客运输量8594万人次、货邮运输量202万吨，国际排位进一步上升，成为令人瞩目的民航大国。

第三阶段——政资分开、联合重组、机场属地化（2002年至今）。

根据中央完善社会主义市场经济体制和深化国有资产管理体制改革要求，2002年3月，民航开始了以"政资分离、联合重组、机场属地化管理"为主要内容的新一轮改革。10月11日，中国航空集团公司、中国东方航空集团公司、中国南方航空集团公司（2018年分别更名为中国航空集团有限公司、中国东方航空集团有限公司、中国南方航空集团有限公司）、中国民航信息集团公司、中国航空油料集团公司和中国航空器材进出口集团公司（2008年更名为中国航空器材集团公司）正式成立，并与民航总局脱钩，交由国务院国有资产管理委员会管理，民航总局不再代行国有资产所有者职能，中国民航成为交通行业首家完成政企、政资分离的运输部门。

按照政企分开、转变职能、加强监管、保证安全的目标，建立与民用航空事业发展相适应的民用航空地区行政管理机构，实行中国民用航空总局——中国民用航空地区管理局（以下简称民航地区管理局）两级行政管理体制。民航地区管理局根据安全管理和民用航空不同业务量的需要，在所辖区内设立中国民用航空安全监督管理办公室。民航总局下属7个地区管理局（华北地区管理局、东北地区管理局、华东地区管理局、中南地区管理局、西南地区管理局、西北地区管理局、新疆管理局，见表1-3）；先后组建40个省级安全监督管理局或安全监督办公室（北京、天津、河北、山西、内蒙古、辽宁、大连、吉林、黑龙江、上海、江苏、浙江、安徽、福建、江西、山东、青岛、厦门、温州、广东、河南、湖北、湖南、海南、广西、深圳、桂林、三亚、四川、重庆、贵州、云南、丽江、陕西、甘肃、青海、宁夏、乌鲁木齐、喀什、西藏等），对民航事务实施监管。

表1-3 民航各地区管理局代码

管理局名称	地址	代码	管理局名称	地址	代码
华北地区管理局	北京	1	华东地区管理局	上海	5
西北地区管理局	西安	2	东北地区管理局	沈阳	6
中南地区管理局	广州	3	新疆管理局	乌鲁木齐	9
西南地区管理局	成都	4			

---

① 2008年3月，中国民用航空总局由国务院直属机构改制为交通运输部管理的国家局，同时更名为中国民用航空局。

各地区管理局管辖区域如下。
- 华北地区管理局：北京、天津、河北、山西、内蒙古。
- 西北地区管理局：陕西、甘肃、宁夏、青海。
- 中南地区管理局：河南、湖北、湖南、广东、广西、海南。
- 西南地区管理局：重庆、四川、贵州、云南、西藏。
- 华东地区管理局：上海、江苏、浙江、安徽、福建、江西、山东。
- 东北地区管理局：辽宁、吉林、黑龙江。
- 新疆管理局：新疆。

2004年7月8日，以民航甘肃省内机场正式移交甘肃省政府管理为标志，除北京首都国际机场和西藏自治区内的民用机场外，原民航总局直属的近90个民用机场的资产、人员和业务平稳移交地方政府管理，民航机场属地化改革顺利完成。同时，撤销民航省（区、市）局；机场公安机构、人员和业务也随机场下放移交地方管理；组建了空中警察队伍，并于2003年上岗执勤；按照集中统一原则，改革空中交通管理体制，形成了总局空管局—地区空管局—空管中心（站）为一体的空中交通管理体系。

二、我国民航体制改革的成就

经过多年深入的研究和探索，我国民航体制改革已经取得了一定成就。中国成为全球增长最快、最重要的民航市场之一。《2019年民航行业发展统计公报》显示：全行业完成运输总周转量1293.25亿吨公里，比上年增长7.2%；国内航线完成运输总周转量829.51亿吨公里，比上年增长7.5%，其中港澳台航线完成16.90亿吨公里；国际航线完成运输总周转量463.74亿吨公里，比上年增长6.6%。截至2022年年底，民航全行业运输飞机期末在册架数4165架，比上年底增加111架，我国境内运输机场（不含香港、澳门和台湾地区）共254个，比上年底净增6个。如图1-1～图1-3所示是我国民航发展的基本状况。

图1-1　2015—2019年我国民航运输总周转量

类别	发展指标	2015年	2019年	2020年	2015-2019年均增长(%)
行业规模	运输总周转量(亿吨公里)	852	1293	799	11.0
	旅客运输量(亿人)	4.4	6.6	4.2	10.7
	货邮运输量(万吨)	629	753	677	4.6
	通用航空飞行量(万小时)	77.8	106.5	98.4	8.2
	旅客周转量在综合交通中的比重(%)	24.2	33.1	33	—
发展质量	运输飞行百万小时重大及以上事故率	[0.00]	0	0	—
	航班正常率(%)	67	81.7	88.5	—
	平均延误时间(分钟)	23	14	9	—
	中国承运人占国际市场份额(%)	49	53.3	—	—
保障能力	保障起降架次(万)	857	1166	905	8.0
	民用运输机场(个)	207	238	241	—
	运输机场直线100km覆盖地级市(%)	87.2	91.7	92	—
绿色发展	吨公里燃油消耗(千克)	[0.293]	[0.289]	[0.295]	—
	吨公里二氧化碳排放(千克)	[0.926]	[0.910]	[0.928]	—

注：带[ ]的数据为五年年均/累计数。

图1-2 "十三五"时期民航发展指标完成情况

专栏2 "十四五"时期民航发展预期指标

编号	指标	2020年	2025年	年均增长率(%)
	一、保障能力			
1	民用机场数量(个)	580	770	—
	其中： 民用运输机场(个)	241	270	—
	运输机场跑道数量(条)	265	305	—
2	保障起降架次(万架次)	905	1700	12.9 (6.5)
3	地市级行政中心60分钟到运输机场覆盖率(%)	74.8	>80	
	二、行业规模			
4	运输总周转量(亿吨公里)	799	1750	17.0 (5.2)
5	旅客运输量(亿人次)	4.2	9.3	17.2 (5.9)
6	货邮运输量(万吨)	677	950	7.0 (3.9)
7	中国航空企业占中国国际货运市场份额(%)	33.8	≥40	
8	通用航空飞行量(万小时)	281	450	9.5
	其中：云系统无人机飞行量(万小时)	183	250	10
	三、安全水平			
9	运输飞行百万小时重大及以上事故率(次/百万小时)	0	<[0.11]	—
10	运输航空亿客公里死亡人数(人/亿客公里)	0	<[0.0051]	—
	四、便捷高效			
11	航班正常率(%)	88.5	>80	
12	千万级以上机场近机位靠桥率(%)	75	80	
13	枢纽机场轨道交通接入率(%)	68	80	
14	运输飞机平均日利用率(小时)	6.5	9.4	
15	通航国家数量(个)	62	>70	
	其中：通航共建"一带一路"国家数量	42	>50	
	五、创新智慧			
16	货运单证电子化率(%)	—	80	
17	千万级机场旅客全流程无纸化能力(%)	—	100	
18	行李全流程跟踪服务水平(%)	—	90	
19	空管系统新增主要装备国产化率(%)	60	[80]	
20	主要企业科技研发投入占比(%)	0.6	1	
	六、绿色发展			
21	运输航空吨公里二氧化碳排放(千克)	[0.928]	[0.886]	
22	机场单位旅客能耗(千克标准煤)	[0.948]	[0.853]	

注：1. 带[ ]的数据为累计数。2. 带( )的数据为以2019年为基年的6年年均增长率。

图1-3 "十四五"时期民航发展预期指标

民航地勤服务

 课后练习

一、简答题

1. 简述交通运输的分类和它们的优劣势。

2. 改革开放后,我国航空改革的阶段和主要改革内容是什么?

3. 我国现有六大航空集团是哪些?

二、自测题

第二章　航空公司和机场

 本章学习重点

1. 航空公司的定义和分类。
2. 我国主要航空公司的代码。
3. 机场的定义和分类。
4. 我国主要机场的代码。

改革开放后,我国航空业迅速发展。截至 2022 年年底,我国共有运输航空公司 66 家。我国的民航机场总数也在迅速增加,我国境内运输机场(不含香港、澳门和台湾地区)共有 254 个,其中包括 4F 级机场 15 个,4E 级机场 39 个,4D 级机场 37 个,4C 级机场 158 个。

本章介绍了我国主要的航空公司,现有的重要航空协会和航空三大联盟,同时阐述了空港的构成,并对我国运输量最大的几个机场进行了介绍。

第一节　国内航空公司

一、航空公司的定义

航空公司是指以各种航空器(主要指飞机)为运输工具,以空中运输的方式运载人员或货物的企业。国际航空运输协会(International Air Transport Association,IATA)为全球各大航空公司指定了两个字母的 IATA 航空公司代码。国际民用航空组织（International Civil Aviation Organization, ICAO）为全球各个航空公司指定了三个字母的 ICAO 航空公司代码。

二、国内航空公司的类别和现状

（一）国内航空公司的资产类别

截至 2022 年年底，我国共有运输航空公司 66 家，比上年年底净增 1 家。按不同所有制类别划分：国有控股运输航空公司 39 家，民营和民营控股运输航空公司 27 家。在全部运输航空公司中，全货运航空公司 13 家，中外合资航空公司 9 家，上市公司 8 家。根据航空公司资产性质的不同，可分为以下几类。

1. 以国有资产为主体的航空公司

国资委所属的航空公司，如中国国际航空股份有限公司、中国东方航空股份有限公司、中国南方航空股份有限公司等。

2. 具有地方政府背景的航空公司

例如，山东航空股份有限公司、四川航空股份有限公司、厦门航空股份有限公司等。

3. 以民营资本为主体的航空公司

例如，春秋航空股份有限公司、上海吉祥航空有限公司、奥凯航空有限公司等。

（二）2019 年航空公司生产总量

2019 年，中国航空集团有限公司（简称中航集团）完成飞行小时 279.88 万小时；完成运输总周转量 318.61 亿吨公里，比上年增长 1.9%；完成旅客运输量 1.43 亿人次，比上年增长 4.2%；完成货邮运输量 204.68 万吨，比上年下降 2.1%。

2019 年，中国东方航空集团有限公司（简称东航集团）完成飞行小时 243.57 万小时；完成运输总周转量 252.41 亿吨公里，比上年增长 8.5%；完成旅客运输量 1.30 亿人次，比上年增长 7.5%；完成货邮运输量 146.92 万吨，比上年增长 1.8%。

2019 年，中国南方航空集团有限公司（简称南航集团）完成飞行小时 295.07 万小时；完成运输总周转量 326.24 亿吨公里，比上年增长 7.5%；完成旅客运输量 1.52 亿人次，比上年增长 8.4%；完成货邮运输量 176.36 万吨，比上年增长 1.8%。

2019 年，海南航空集团有限公司（简称海航集团）完成飞行小时 190.18 万小时；完成运输总周转量 201.27 亿吨公里，比上年增长 3.5%；完成旅客运输量 1.14 亿人次，比上年增长 4.6%；完成货邮运输量 84.19 万吨，比上年下降 2.6%。

2019 年，其他航空公司共完成飞行小时 222.43 万小时；完成运输总周转量 194.73 亿吨公里，比上年增长 19.1%；完成旅客运输量 1.22 亿人次，比上年增长 15.8%；完成货邮运输量 141.00 万吨，比上年增长 12.4%。

各航空公司运输总周转量占比如图 2-1 所示。

图 2-1　2019 年各航空（集团）公司的运输总周转量比重

三、国内主要航空公司简介

（一）中国国际航空股份有限公司

简称：国航
英文名称：Air China Limited
IATA 代码：CA
ICAO 代码：CCA
总部：北京
企业性质：中央直属企业，国旗承运人
主运营基地：北京首都国际机场、成都双流国际机场
所属联盟：星空联盟
常旅客计划：国航知音

（二）中国东方航空股份有限公司

简称：东航
英文名称：China Eastern Airlines Company Limited
IATA 代码：MU
ICAO 代码：CES
总部：上海
企业性质：中央直属企业
主运营基地：上海虹桥国际机场、上海浦东国际机场
所属联盟：天合联盟
常旅客计划：东方万里行

（三）中国南方航空股份有限公司

简称：南航
英文名称：China Southern Airlines Company Limited
IATA 代码：CZ
ICAO 代码：CSN

总部：广州

企业性质：中央直属企业

运营基地：广州白云国际机场、北京首都国际机场、郑州新郑国际机场

所属联盟：2007年加入天合联盟，2019年1月1日退出天合联盟

常旅客计划：南航明珠俱乐部

（四）海南航空股份有限公司

简称：海航

英文名称：Hainan Airlines Company Limited

IATA 代码：HU（山西航空、长安航空、中国新华航空为海航控股子公司，均使用 HU 代码）

ICAO 代码：CHH

总部：海口

企业性质：地方国企

主运营基地：海口美兰国际机场

常旅客计划：金鹏俱乐部

（五）深圳航空有限责任公司

简称：深航

英文名称：Shenzhen Airlines Company Limited

IATA 代码：ZH

ICAO 代码：CSZ

总部：深圳

企业性质：地方国企，现国航控股

主运营基地：深圳宝安国际机场

所属联盟：星空联盟

常旅客计划：凤凰知音

（六）上海航空股份有限公司

简称：上航

英文名称：Shanghai Airlines Company Limited

IATA 代码：FM

ICAO 代码：CSH

总部：上海

企业性质：地方国企，东航全资子公司

主运营基地：上海浦东国际机场、上海虹桥国际机场

所属联盟：天合联盟（随同母公司东航一同加入）

常旅客计划：东方万里行

（七）厦门航空有限公司

简称：厦航
英文名称：Xiamen Airlines Company Limited
IATA 代码：MF
ICAO 代码：CXA
总部：厦门
企业性质：地方国企
主运营基地：厦门高崎国际机场、福州长乐国际机场
所属联盟：天合联盟
常旅客计划：白鹭飞行奖励计划

（八）四川航空股份有限公司

简称：川航
英文名称：Sichuan Airlines Company Limited
IATA 代码：3U
ICAO 代码：CSC
总部：成都
企业性质：地方国企
主运营基地：成都双流国际机场
常旅客计划：金熊猫俱乐部、南航明珠俱乐部

（九）山东航空股份有限公司

简称：山航集团公司
英文名称：Shandong Airlines Company Limited
IATA 代码：SC
ICAO 代码：CDG
总部：济南
企业性质：地方国企，现国航控股
主运营基地：济南遥墙国际机场
常旅客计划：凤凰知音

（十）春秋航空股份有限公司

简称：春秋航空
英文名称：Spring Airlines Company Limited
IATA 代码：9C
ICAO 代码：CQH
总部：上海
企业性质：民营航空公司

主运营基地：上海虹桥国际机场

（十一）上海吉祥航空股份有限公司

简称：吉祥航空
英文名称：Juneyao Airlines Company Limited
IATA 代码：HO
ICAO 代码：DKH
总部：上海
企业性质：民营航空
主运营基地：上海虹桥国际机场、上海浦东国际机场

（十二）中国联合航空有限公司

简称：中国联航
英文名称：China United Airlines Company Limited
IATA 代码：KN
ICAO 代码：CUA
总部：北京
企业性质：东航全资子公司
主运营基地：北京大兴国际机场
所属联盟：天合联盟
常旅客计划：东方万里行

国内主要航空公司的基本信息如表 2-1 所示。

表 2-1　我国主要航空公司名称及二字代码

编号	二字代码	票证代号	航空公司名称（中文）	航空公司名称（英文）	公司性质	企业标志
1	BK	866	奥凯航空有限公司	OkayAirways Company Limited	民营	
2	CA	999	中国国际航空股份有限公司	Air China Limited	央企	
3	CZ	784	中国南方航空股份有限公司	China Southern Airlines Company Limited	央企	
4	EU	811	成都航空有限公司	Chengdu Airlines Company Limited	民营	
5	FM	774	上海航空股份有限公司	Shanghai Airlines Company Limited	地方国企东航收购	
6	GS	826	天津航空有限责任公司	Tianjin Airlines	海航控股	

续表

编号	二字代码	票证代码	航空公司名称（中文）	航空公司名称（英文）	公司性质	企业标志
7	G5	987	华夏航空股份有限公司	China Express Airlines Company Limited	中外合资	
8	HO	018	上海吉祥航空有限公司	Juneyao Airlines Company Limited	民营	
9	HU	880	海南航空股份有限公司	Hainan Airlines Company Limited	地方国企	
10	JD	898	北京首都航空有限公司	Beijing Capital Airlines Company Limited	海航控股	
11	KN	822	中国联合航空有限公司	China UnitedAirlines Company Limited	东航控股	
12	KY	833	昆明航空有限公司	Kunming Airlines Company Limited	地方国企	
13	MF	731	厦门航空有限公司	Xiamen Airlines Company Limited	南航控股	
14	MU	781	中国东方航空股份有限公司	China Eastern Airlines Company Limited	央企	
15	NS	836	河北航空有限公司	Hebei Airlines Company Limited	厦航控股	
16	OQ	878	重庆航空有限责任公司	Chongqing Airlines Company Limited	南航控股	
17	PN	847	西部航空有限责任公司	West Air Company Limited	海航控股	
18	SC	324	山东航空股份有限公司	Shandong Airlines Company Limited	国航控股	
19	TV	088	西藏航空有限公司	Tibet Airlines Company Limited	地方国企	
20	ZH	479	深圳航空有限责任公司	Shenzhen Airlines Company Limited	国航控股	
21	3U	876	四川航空股份有限公司	Sichuan Airlines Company Limited	地方国企	
22	8L	859	云南祥鹏航空有限责任公司	Lucky Air Company Limited	海航控股	

续表

编号	二字代码	票证代号	航空公司名称（中文）	航空公司名称（英文）	公司性质	企业标志
23	9C	089	春秋航空股份有限公司	Spring Airlines Company Limited	民营	春秋航空 SPRING AIRLINES
24	VD	981	鲲鹏航空有限公司	Kun Peng Airlines Company Limited	深航参股	鲲鹏航空 Kunpeng Airlines
25	QW	912	青岛航空股份有限公司	Qingdao Airlines Company Limited	民营	青岛航空 QINGDAO AIRLINES
26	AQ	902	九元航空有限公司	9 Air Company Limited	民营	九元航空有限公司 9AIR CO., LTD.

四、航空组织和航空联盟

（一）国际民航组织

国际民航组织（ICAO）的前身为根据 1919 年《巴黎公约》成立的空中航行国际委员会，其徽标如图 2-2 所示。第二次世界大战对航空器技术的发展起到了巨大的推动作用，使得世界上已经形成一个包括客货运输在内的航线网络，但随之也引起了一系列亟待国际社会协商解决的政治上和技术上的问题。因此，在美国政府的邀请下，52 个国家于 1944 年 11 月 1 日至 12 月 7 日参加了在芝加哥召开的国际会议，签订了《国际民用航空公约》（通称《芝加哥公约》），并按照公约规定成立了临时国际民航组织（PICAO）。

1947 年 4 月 4 日，《芝加哥公约》正式生效，国际民航组织也因此正式成立，并于 5 月 6 日召开了第一次大会。同年 5 月 13 日，国际民航组织正式成为联合国的一个专门机构。

图 2-2　国际民航组织的徽标

我国是国际民航组织的创始国之一，南京国民政府于 1944 年签署了《国际民用航空公约》，并于 1946 年正式成为会员国。

1971 年 11 月 19 日，国际民航组织第七十四届理事会第十六次会议通过决议，承认中华人民共和国政府为中国唯一合法代表。

（二）国际航空运输协会

国际航空运输协会（IATA）是一个由世界各国航空公司所组成的大型国际组织，其前身是 1919 年在海牙成立并在第二次世界大战时解体的国际航空业务协会，总部设在加拿大的蒙特利尔，执行机构设在瑞士的日内瓦，徽标如图 2-3 所示。和监管航空安全和航行规则的国际民航组织相比，IATA 更像是一个由承运人（航空公司）组成的国际协调组织，管理在民航运输中出现的诸如票价、危险品运输等问题，主要作用是通过航空运输企业来协调和沟通政府间的政策，并解决实际运作的问题。

IATA 的宗旨是为了世界人民的利益，促进安全、正常而经济的航空运输，为直接或间接从事国际航空运输工作的各空运企业提供合作的途径，与国际民航组织以及其他国际组织通力合作。

截至 2024 年 1 月，国际航空运输协会共有 320 个会员，占航空运输总量的 83%。年度大会是其最高权力机构，执行委员会有 27 个执行委员，由年度大会选出的空运企业高级人员组成，任期 3 年，每年改选 1/3，协会的年度主席是执行委员会的当然委员。常设委员会有运输业务、技术、财务和法律委员会；办事机构是秘书处。

图 2-3 IATA 的徽标

（三）中国航空运输协会

中国航空运输协会（China Air Transport Association，CATA），简称中国航协，成立于 2005 年 9 月 9 日，是依据我国有关法律规定，经民政部核准登记注册，以民用航空公司为主体，由企事业法人和社团法人自愿参加组成的、行业性的、不以营利为目的的全国性社团法人，徽标如图 2-4 所示。截至 2022 年 3 月，协会会员共 984 家。2009 年和 2015 年两次被民政部评为全国 5A 级社团组织（每次有效期为 5 年）。行业主管部门为中国民用航空局。

中国航协设理事长、副理事长、秘书长等领导职务，常务副理事长为法人代表。协会下设综合人事部、财务部、研究部、市场部、培训部、交流部 6 个部门；分支机构有航空安全工作委员会、通用航空分会、航空运输销售代理分会、航空油料分会、航空食品分会、飞行乘务员委员会、法律委员会、收入会计工作委员会、海峡两岸航空运输交

图 2-4 CATA 的徽标

流委员会、航空物流发展基金管理委员会和科技教育文化委员会等。在华北、华东、中南、西南、西北、东北和新疆分别设有代表处。

（四）航空联盟

航空联盟是两家或多家航空公司同意进行实质性合作和互惠互利的一种组织。全球最大的三个航空联盟分别是星空联盟、寰宇一家及天合联盟。除客运外，货物航空公司之中亦有航空联盟，如 WOW 货物联盟。航空联盟提供了全球的航空网络，加强了国际联系，并使跨国旅客在转机时更方便。

1. 星空联盟（Star Alliance）

星空联盟成立于 1997 年，其名字和标志上五个部分的星形图案代表着其五大创始航空公司：北欧航空公司、泰国国际航空公司、加拿大航空公司、汉莎航空公司和美国联合航

空公司。星空联盟是目前世界上最大的航空联盟,总部在德国法兰克福,徽标如图2-5所示。

中国大陆的航空公司中,国航和深航属于星空联盟。

到目前为止,星空联盟拥有28家正式成员,部分联盟成员如图2-6所示。星空联盟的优势在于成员数量多,新加坡航空有限公司(简称新航)、全日本空输株式会社(简称全日空)、德国汉莎航空股份公司(简称汉莎航空)和新西兰航空公司是星空联盟的标杆航空公司。

图2-5 星空联盟的徽标

AEGEAN A3	AIR CANADA AC	AIR CHINA CA	AIR INDIA AI	AIR NEW ZEALAND AA
ANA NZ	ASIANA AIRLINES QZ	Austrian OS	Avianca AV	brussels airlines SN
CopaAirlines CM	CROATIA AIRLINES OU	EGYPTAIR MS	Ethiopian ET	EVA AIR BR
LOT POLISH AIRLINES LO	Lufthansa LH	SAS SK	深圳航空 ZH	SINGAPORE AIRLINES SQ
SOUTH AFRICAN AIRWAYS SA	SWISS LX	TAP AIR PORTUGAL TP	THAI TG	TURKISH AIRLINES TK
UNITED UA				

图2-6 星空联盟的成员

2. 寰宇一家(One World)

星空联盟的成立刺激并启发了英国航空公司和美国航空公司。所以在1999年,它们联合国泰航空公司、澳洲航空公司以及原加拿大航空公司,发起并成立了寰宇一家,徽标如图2-7所示。

寰宇一家号称精英联盟,绝大多数成员不是高端航空公司就是所在区域的霸主,仅有少数成员是因为扩展航线的需要被邀请加入的小航空公司。

寰宇一家航空联盟目前拥有14家航空公司,在中国大陆没有成员,周边地区则有日本航空公司、国泰航空有限公司(包括港龙航空)、卡塔尔航空公司、澳洲航空公司等,其成员如图2-8所示。

图2-7 寰宇一家的徽标

Alaska AIRLINES AS	American Airlines AA	BRITISH AIRWAYS BA	CATHAY PACIFIC CX	FINNAIR AY
IBERIA IB	JAPAN AIRLINES JL	malaysia MH	QANTAS QF	QATAR AIRWAYS QR
ROYAL AIR MAROC AT	ROYAL JORDANIAN RJ	SriLankan Airlines UL	FIJI AIRWAYS FJ	

图2-8 寰宇一家的成员

3. 天合联盟（Sky Team）

天合联盟于 2000 年成立，总部设在荷兰阿姆斯特丹，徽标如图 2-9 所示。天合联盟的创始成员包括法国航空公司、达美航空公司、墨西哥国际航空公司和大韩航空公司，是三大联盟中成立最晚，但也是发展最快的联盟，尤其是在大中华区，南航、东航、厦航、华航都加入了天合联盟。截至 2022 年，天合联盟共有 19 家航空公司，目的地包括 166 个国家、地区的 1050 多个机场，年客运量超过 4.37 亿人次，具体成员如图 2-10 所示。天合联盟在大中华区拥有首屈一指的地位。

图 2-9　天合联盟的徽标

AerolíneasArgentinas AR	AeroMexico MX	AirEuropa UX	AIRFRANCE AF	ITA AIRWAYS AZ
CHINA AIRLINES CI	CHINA EASTERN MU	CZECH AIRLINES OK	DELTA DL	Garuda Indonesia GA
Kenya Airways KQ	KLM KL	KOREAN AIR KE	MEA ME	SAUDIA SV
TAROM OR	Vietnam Airlines VN	virgin atlantic VS	XIAMENAIR MF	

图 2-10　天合联盟的成员

加入航空联盟的好处有以下几个方面。

（1）代码共享。航空联盟可提供更大的航空网络。很多航空联盟的诞生，都是来自几个航空公司之间代码共享网络的发展。

（2）资源共用。共用维修设施、运作设备和职员，相互支援地勤与空厨作业以降低成本。

（3）降低成本。由于成本减少，乘客可以更低廉价格购买机票。

（4）调配灵活。航班开出时间更灵活、有弹性。

（5）减少转机。转机次数减少，乘客可更方便地抵达目的地。

（6）积分互通。乘客在旅游奖励计划（如亚洲万里通）使用同一户口乘搭不同航空公司均可赚取飞行里数。

知识链接

代 码 共 享

第二节 机　　场

一、机场的定义和分类

国际民航组织对机场的定义为：供航空器起飞降落和地面活动而划定的一块地域或水域，包括域内的各种建筑物和设备装置。

《中华人民共和国民用航空法》对机场的定义为：机场是专供民用航空器起飞、降落、滑行、停放及进行其他活动使用的划定区域（包括附属的建筑物、装置和设施）。

机场主要分为民用机场和军用机场两大类，民用机场中用于商业航空运输的机场称为航空港。在我国，大型的民用机场称为空港，小型的民用机场称为航站。空港又分为重要空港、一般空港、通用航空港和备用空港，如图2-11所示。

图2-11　我国机场的分类

重要空港是指一个国家在航空运输中占据核心地位的空港，我国一般把对外开放的国际空港作为重要空港的标准，北京、上海、广州的机场是我国最重要的空港，也被称作枢纽空港。

一般空港是指重要空港之外的其他小型空港，我国大多数机场都属于航站，虽然其运输量不大，但作为沟通全国航路或对某个地区的经济发展起着重要作用。

通用航空港主要用于通用航空，为专门航空的小型机场或直升机服务。

备用空港是指以前使用过，现在由于各种原因没有航班，处于停用和保管状态的机场。

2019年我国机场旅客吞吐量排名如表2-2所示。

表2-2　2019年我国机场旅客吞吐量排名

机　　场	名　　次	旅客吞吐量/人次		
		本期完成	上年同期	同比增速/%
全国合计		1 351 628 545	1 264 688 737	6.9
北京/首都	1	100 013 642	100 983 290	-1.0
上海/浦东	2	76 153 455	74 006 331	2.9

续表

机　　场	旅客吞吐量/(人次)			
	名　　次	本期完成	上年同期	同比增速/%
广州/白云	3	73 378 475	69 720 403	5.2
成都/双流	4	55 858 552	52 950 529	5.5
深圳/宝安	5	52 931 925	49 348 950	7.3
昆明/长水	6	48 075 978	47 088 140	2.1
西安/咸阳	7	47 220 547	44 653 311	5.7
上海/虹桥	8	45 637 882	43 628 004	4.6
重庆/江北	9	44 786 722	41 595 887	7.7
杭州/萧山	10	40 108 405	38 241 630	4.9
南京/禄口	11	30 581 685	28 581 546	7.0
郑州/新郑	12	29 129 328	27 334 730	6.6
厦门/高崎	13	27 413 363	26 553 438	3.2
武汉/天河	14	27 150 246	24 500 356	10.8
长沙/黄花	15	26 911 393	25 266 251	6.5
青岛/流亭	16	25 556 278	24 535 738	4.2
海口/美兰	17	24 216 552	24 123 582	0.4
乌鲁木齐/地窝堡	18	23 963 167	23 027 788	4.1
天津/滨海	19	23 813 318	23 591 412	0.9
贵阳/龙洞堡	20	21 910 911	20 094 681	9.0

二、空港的构成

空港作为商业运输的基地，可以划分为飞行区、候机楼区、地面运输区三个部分，如表 2-3 所示。

表 2-3　空港区域功能划分

空港构成	区　　域	功能及组成	图　　片
飞行区	空中部分	机场的空域	
	地面部分	跑道、滑行道、停机坪、登机门	
候机楼区	登机机坪	单线式	
		指廊式	
		卫星厅式	
		车辆运送式	
	航站楼	旅客服务区	
		管理服务区	

续表

空港构成	区 域	功能及组成	图 片
地面运输区	进入通道	将机场和附近城市连接起来	
	机场停车场	用于停放空港旅客、工作人员等的车辆	
	机场内道路系统	候机楼下客区、停车场和旅客离开候机楼的通道	

三、国内主要机场介绍

1. 北京首都国际机场

北京首都国际机场（Beijing Capital International Airport，IATA：PEK，ICAO：ZBAA），距离北京市中心 25 千米，为 4F 级民用机场，是中国三大门户复合枢纽之一、环渤海地区国际航空货运枢纽群成员、世界超大型机场，如图 2-12 所示。

图 2-12 北京首都国际机场图片

北京首都国际机场建成于 1958 年。1980 年 1 月 1 日，T1 航站楼及停机坪、楼前停车场等配套工程建成并正式投入使用。1999 年 11 月 1 日，T2 航站楼正式投入使用，同时 T1 航站楼开始停用装修。2004 年 9 月 20 日，T1 航站楼重新投入使用。2008 年春，机场扩建工程（T3 航站楼）完工。

截至 2017 年 7 月，北京首都国际机场拥有三座航站楼，面积共计 141 万平方米；有两条 4E 级跑道、一条 4F 级跑道，长宽分别为 3800m×60m、3800m×60m、3200m×50m；停机位共 314 个；共开通国内外航线 252 条。

从 1978—2018 年，北京首都国际机场年旅客吞吐量由 103 万人次增长到 1 亿 100 万人次，位居亚洲第一位、全球第二位。

由于北京大兴国际机场的投入使用等因素，2022 年，北京首都国际机场旅客吞吐量 1270.33 万人次；货邮吞吐量 98.87 万吨；起降架次 15.76 万架次，分别位居中国第十一位、第四位、第十位。

2. 上海浦东国际机场

上海浦东国际机场（Shanghai Pudong International Airport，IATA：PVG，ICAO：ZSPD），位于上海市浦东新区，距上海市中心约 30 千米，为 4F 级民用机场，是中国三大门户复合枢纽之一，长三角地区国际航空货运枢纽群成员，华东机场群成员，华东区域第一大枢纽机场、门户机场，如图 2-13 所示。

图 2-13　上海浦东国际机场图片

上海浦东国际机场于 1999 年建成，1999 年 9 月 16 日一期工程建成通航，2005 年 3 月 17 日机场第二跑道正式启用，2008 年 3 月 26 日机场扩建工程第二航站楼及第三跑道正式通航启用，2015 年 3 月 28 日机场第四跑道正式启用。

根据 2019 年 9 月机场官网信息，浦东机场有两座航站楼及一座卫星厅，总面积 145.6 万平方米，有 340 个停机位；拥有四条跑道，跑道长度分别为 3800 米、3800 米、3400 米、4000 米。截至 2016 年年底，上海浦东国际机场已吸引了 37 家航空公司在此运营全货机业务，全货机通航 31 个国家、112 个通航点，每周全货机起降近 1000 架次。

2022 年，上海浦东国际机场旅客吞吐量 1417.84 万人次；货邮吞吐量 311.72 万吨；起降架次 20.44 万架次，同比下降 41.5%，分别位居中国第八位、第一位、第四位。

3. 广州白云国际机场

广州白云国际机场（Guangzhou Baiyun International Airport，ICAO：ZGGG，IATA：CAN），位于广东省广州市北部约 28 千米，地处广州市白云区人和镇和花都区新华街道、花东镇交界处，机场飞行区等级为 4F 级，是中国三大门户复合枢纽机场之一、世界前百位主要机场，如图 2-14 所示。

机场前身为 1932 年始建的旧白云机场。1963 年，更名为"广州白云国际机场"。2004 年 8 月 5 日，新广州白云国际机场正式启用。2015 年 2 月，广州白云国际机场第三跑道投入使用。

2020 年 1 月机场官网信息显示，广州白云国际机场拥有两座航站楼，共 118.17 万平方米；共有三条跑道，跑道长度分别为 3800 米、3800 米、3600 米；标准机位 269 个（含 FBO），可保障年旅客吞吐量 8000 万人次、货邮吞吐量 250 万吨、飞机起降 62 万架次。共开通国内外 232 多个通航点，其中，国际及地区航点近 90 个，航线超过 400 条。

图 2-14　广州白云国际机场图片

2022 年，广州白云国际机场旅客吞吐量 2610.50 万人次；货邮吞吐量 188.41 万吨；起降架次 26.66 万架次，分别位居中国第一位、第二位、第一位。

4. 成都双流国际机场

成都双流国际机场（Chengdu Shuangliu International Airport，IATA：CTU，ICAO：ZUUU），位于四川省成都市双流区中心城区西南方向，距离成都市区 16 千米，机场飞行区等级为 4F 级，是中国八大区域枢纽机场之一，中国内陆地区的航空枢纽和客货集散地，如图 2-15 所示。

图 2-15　成都双流国际机场图片

成都双流国际机场的前身是 1938 年建设的成都双桂寺机场。1956 年 12 月 12 日，成都双桂寺机场更名为成都双流机场。1995 年 11 月 30 日，成都双流机场被批准更名为成都双流国际机场。2012 年 8 月 9 日，成都双流国际机场二号航站楼正式运行。

2017 年 8 月机场官网信息显示，机场有 2 座航站楼，候机面积 50 万平方米，可满足年旅客吞吐量 5000 万人次的需求，建有 3 座航空货运站；有 2 条平行跑道、3 个飞机停放区，总面积约 100 万平方米；共设置停机位 178 个，开通航线 270 条，通航国内外城市 209 个。

受成都天府国际机场建成并投入使用的影响，2022 年，成都双流国际机场完成旅客吞吐量 1781.74 万人次；货邮吞吐量 52.99 万吨；飞机起降 15.98 万架次；分别位居中国第六位、第七位、第九位。

5. 昆明长水国际机场

昆明长水国际机场（Kunming Changshui International Airport，ICAO：ZPPP，IATA：KMG），位于云南省昆明市官渡区长水村，在昆明市东北方向，距市区24.5千米，由云南机场集团有限责任公司运营管理，为全球百强机场之一、国家"十一五"期间唯一批准建设的大型门户枢纽机场，是中国八大区域枢纽机场、国际航空枢纽，与乌鲁木齐地窝堡国际机场并列为中国两大国家门户枢纽机场，如图2-16所示。

图2-16 昆明长水国际机场图片

2008年12月5日，昆明长水国际机场正式开工建设。2009年12月1日，航站楼组合体混凝土结构工程完成。2011年5月1日，国家民航总局正式批复定名昆明新机场为昆明长水国际机场。2012年6月28日，昆明机场由昆明巫家坝国际机场整体搬迁至昆明长水国际机场运营。

2020年1月综合信息显示，机场共有两条跑道，东跑道长4500米，西跑道长4000米；机位数量（含组合机位）161个；可保障旅客吞吐量3800万人次、货邮吞吐量95万吨、飞机起降30.3万架的运行需要。

2022年，昆明长水国际机场完成旅客吞吐量2123.75万人次，完成货邮吞吐量31.01万吨，完成航班起降19.38万架次，分别位居中国第四位、第十位、第五位。

6. 深圳宝安国际机场

深圳宝安国际机场（Shenzhen Bao'an International Airport，IATA：SZX，ICAO：ZGSZ），位于中国深圳市宝安区、珠江口东岸，距离深圳市区32千米，为4F级民用运输机场，是世界百强机场之一、国际枢纽机场、中国十二大干线机场之一、中国四大航空货运中心及快件集散中心之一，如图2-17所示。

深圳机场于1991年10月正式通航。2001年9月18日，深圳黄田国际机场正式更名为深圳宝安国际机场。2006年6月15日，飞行区扩建工程获得国家发展改革委批复。2011年7月26日，深圳宝安国际机场第二跑道正式启用。2018年5月，深圳宝安国际机场荣获"世界十大美丽机场"桂冠。

图 2-17 深圳宝安国际机场图片

2017 年 8 月机场官网信息显示，机场共有飞行区面积 770 万平方米，航站楼面积 45.1 万平方米，机场货仓面积 166 万平方米；停机坪 199 个（廊桥机位 62 个）；共有 2 条跑道，航线 188 条，通航城市 139 个。

2022 年，深圳宝安国际机场旅客吞吐量 2156.34 万人次，货邮吞吐量 150.70 万吨，起降架次 23.57 万架次，分别位居中国第三位、第三位、第二位。

7. 北京大兴国际机场

北京大兴国际机场（Beijing Daxing International Airport，IATA：PKX，ICAO：ZBAD），位于中国北京市大兴区榆垡镇、礼贤镇和河北省廊坊市广阳区之间，北距天安门 46 千米，为 4F 级国际机场、世界级航空枢纽、国家发展新动力源，如图 2-18 所示。

图 2-18 北京大兴国际机场图片

2014 年 12 月 26 日，北京新机场项目开工建设；2018 年 9 月 14 日，北京新机场项目定名"北京大兴国际机场"；2019 年 9 月 25 日，北京大兴国际机场正式通航，北京南苑机场正式关闭；2019 年 10 月 27 日，北京大兴国际机场航空口岸正式对外开放，实行外国人 144 小时过境免签、24 小时过境免办边检手续政策。

截至 2021 年 2 月，北京大兴国际机场航站楼面积为 78 万平方米；民航站坪设 223 个机位，其中包含 76 个近机位、147 个远机位；有 5 条运行跑道，东一、北一和西一跑道宽 60 米，分别长 3400 米、3800 米和 3800 米，西二跑道长 3800 米，宽 45 米，另有 3800 米长的第五跑道为军用跑道；可满足旅客吞吐量 7200 万人次、货邮吞吐量 200 万吨、飞机起降量 62 万架次的使用需求。

2022 年，北京大兴国际机场共完成旅客吞吐量 1027.76 万人次，货邮吞吐量 12.75 万吨，飞机起降 10.59 万架次，分别位居中国第十六位、第二十一位、第二十位。

 知识链接

我国主要城市、机场三字代码如表 2-4 所示。

表 2-4　我国主要城市、机场三字代码

三字代码	城市/机场	所属省、自治区、直辖市	三字代码	城市/机场	所属省、自治区、直辖市
AAT	阿勒泰	新疆	DLU	大理	云南
AKA	安康	陕西	DNH	敦煌	甘肃
AKU	阿克苏	新疆	DYG	张家界	湖南
AQG	安庆	安徽	ENH	恩施	湖北
BAV	包头	内蒙古	ENY	延安	陕西
BHY	北海	广西	FOC	福州	福建
BJS	北京	北京	FUG	阜阳	安徽
BSD	保山	云南	GHN	广汉	四川
CAN	广州	广东	GOQ	格尔木	青海
CGD	常德	湖南	HAK	海口	海南
CGO	郑州	河南	HEK	黑河	黑龙江
CGQ	长春	吉林	HET	呼和浩特	内蒙古
CHG	朝阳	辽宁	HFE	合肥	安徽
CHW	酒泉	甘肃	HGH	杭州	浙江
CIF	赤峰	内蒙古	HHA	长沙黄花机场	湖南
CIH	长治	山西	HKG	香港	香港
CKG	重庆	重庆	HLD	海拉尔	内蒙古
CSX	长沙	湖南	HLH	乌兰浩特	内蒙古
CTU	成都	四川	HNY	衡阳	湖南
CZX	常州	江苏	HRB	哈尔滨	黑龙江
DAT	大同	山西	HSN	舟山	浙江
DAX	达州	四川	HTN	和田	新疆
DDG	丹东	辽宁	HYN	黄岩	浙江
DIG	迪庆	云南	HZG	汉中	陕西
DLC	大连	辽宁	INC	银川	宁夏

续表

三字代码	城市/机场	所属省、自治区、直辖市	三字代码	城市/机场	所属省、自治区、直辖市
IQM	且末	新疆	NNY	南阳	河南
JDZ	景德镇	江西	NTG	南通	江苏
JGN	嘉峪关	甘肃	NAY	北京南苑机场	北京
JGS	井冈山	江西	PEK	北京首都机场	北京
JHG	西双版纳	云南	PKX	北京大兴机场	北京
JIL	吉林	吉林	PVG	上海浦东机场	上海
JIU	九江	江西	PZI	攀枝花	四川
JJN	泉州	福建	SHA	上海虹桥机场	上海
JMU	佳木斯	黑龙江	SHE	沈阳	辽宁
JNZ	锦州	辽宁	SHP	秦皇岛	河北
JUZ	衢州	浙江	SHS	荆州	湖北
JZH	九寨沟	四川	SIA	西安	陕西
KCA	库车	新疆	SJW	石家庄	河北
KHG	喀什	新疆	SWA	汕头	广东
KHN	南昌	江西	SYM	思茅	云南
KMG	昆明	云南	SYX	三亚	海南
KOW	赣州	江西	SZX	深圳	广东
KRL	库尔勒	新疆	TAO	青岛	山东
KRY	克拉玛依	新疆	TCG	塔城	新疆
KWE	贵阳	贵州	TGO	通辽	内蒙古
KWL	桂林	广西	TNA	济南	山东
LHW	兰州	甘肃	TNH	通化	吉林
LJG	丽江	云南	TPE	台北	台湾
LNJ	临沧	云南	TSN	天津	天津
LXA	拉萨	西藏	TXN	黄山	安徽
LYA	洛阳	河南	TYN	太原	山西
LYG	连云港	江苏	URC	乌鲁木齐	新疆
LYI	临沂	山东	UYN	榆林	陕西
LZH	柳州	广西	WEF	潍坊	山东
LZO	泸州	四川	WEH	威海	山东
MDG	牡丹江	黑龙江	WNZ	温州	浙江
MFM	澳门	澳门	WUH	武汉	湖北
MIG	绵阳	四川	WUS	武夷山	福建
MXZ	梅州	广东	WUX	无锡	江苏
NAO	南充	四川	WXN	万县	四川
NDG	齐齐哈尔	黑龙江	XFN	襄阳	湖北
NGB	宁波	浙江	XIC	西昌	四川
NKG	南京	江苏	XIL	锡林浩特	内蒙古
NNG	南宁	广西	XIY	西安咸阳机场	陕西

续表

三字代码	城市/机场	所属省、自治区、直辖市	三字代码	城市/机场	所属省、自治区、直辖市
XMN	厦门	福建	YNJ	延吉	吉林
XNN	西宁	青海	YNT	烟台	山东
XUZ	徐州	江苏	YNZ	盐城	江苏
YBP	宜宾	四川	ZHA	湛江	广东
YIH	宜昌	湖北	ZUH	珠海	广东
YIN	伊宁	新疆	ZYI	遵义	贵州
YIW	义乌	浙江			

课后练习

一、简答题

1. 航空公司和机场的定义分别是什么？
2. 我国国内航空公司的类别有哪些？
3. 分别简述 ICAO 和 IATA 的全称及其构成成员。
4. 航空港的构成和功能有哪些？

二、自测题

第三章　民航运输生产基础知识

 本章学习重点

1. 航线的定义和分类。
2. 机型的分类。
3. 航班号码的识别。
4. 识读我国的航班时刻表。

2023年10月29日至2024年3月30日，中国民航执行2023/2024年冬春航季航班计划，新航季共有175家国内外航空公司计划每周安排11.7万个客货运航班。国内航线航班方面，51家国内航空公司计划每周安排96 651个国内（不含港澳台地区）航班，比2019/2020年冬春航季增长33.95%。新开辟516条国内航线，计划每周安排7202个航班，主要包括湘西、阿克苏、和田等支线机场与北京、上海、广州等枢纽机场间的干支衔接航线和支线航线。国际航线航班方面，150家国内外航空公司计划每周安排16 680个航班，涉及68个境外国家或地区。民航局将不断优化航线航班结构，加快构建"干支通，全网联"航空运输网络体系。

本章首先介绍了航线的概念、分类和构成，其次对飞机机型进行了分类和总结，再次对我国航班号码的构成进行了说明，最后介绍了航班时刻表的编排和查询。

第一节 航　　线

一、航线的概念

民航从事运输飞行必须按照规定的线路进行。航线是指连接两个或几个地点，进行定期或不定期飞行，并对外经营航空业务的航空线。简言之，飞机飞行的路线称为航空交通线，简称航线。

航线不仅确定了航行的具体方向、起讫与经停地点，还根据空中交通管制的需要，规定了航路的宽度和飞行的高度层，以维护空中交通秩序，保证飞行安全。

航线是航空公司满足社会需要的形式，是实现企业自我发展的手段。对于航线的选择，以及在此基础上形成的航线网络，是航空公司长远发展的战略决策。

二、航线的分类

按起讫地点、约定经停地点的归属不同，航线分为国内航线、国际航线和地区航线。国内航线是指飞机飞行的线路起讫地点、约定经停地点均在本国国境以内的航线。国内航线又分为干线和支线。干线是指连接首都北京和各省会、直辖市或自治区首府的航线，以及连接两个或两个以上的省会、直辖市、自治区首府或各省、自治区所属的城市之间的航线，如上海—北京。支线是指在一个省（区）以内的城市间的航线，如昆明—丽江。

国际航线是指飞机飞行的路线跨越本国国境，通达其他国家的航线，如上海—东京—洛杉矶。

特殊管制的国内航线是指根据国家的特殊情况，在一国境内与特定地区之间飞行的航线，目前是指连接香港、澳门与大陆城市之间的航线，它是特殊管理的国内航线，其运输适用于国际运输规则，如上海—香港。

三、航线的构成形式

民航运输航线的构成形式主要有以下两种。

（一）城市对式航线

城市对式航线是指从各个城市自身的需求出发，建立城市与城市之间的航线，即点对点式的航线结构。

城市对式航线为直达航线，因此对旅客而言，这是最理想的航空运输方式，因为旅客可以以最短的飞行时间到达目的地。同时对于航空公司而言，航班间的运营没有任何相互关联，航班排班比较容易进行。但也正是由于网络中航班之间没有时间上的联系，一条航线承载的旅客往往仅限于该航线所衔接城市的旅客，而仅限于一个航空市场的需求又往往有限，因此这种航线网络从根本上抑制了航班客座率和载运率水平，无论是通达城市还是航班频率都难以满足旅客日益增长的运输需求。

（二）轴心辐射式航线

轴心辐射式航线是指以大城市为中心，大城市之间建立干线航线，同时以支线航线形式由大城市辐射至附近各大小城市。

轴心辐射式航线网络可通过"合零为整"将各市场需求融为一体，使航空公司在枢纽机场提供高密度航班服务成为可能，大量分散的市场通过支线飞机汇聚至枢纽，这些旅客在枢纽机场进行重组，换乘下一航班继续旅行。

轴心辐射式航线网络给旅客带来更多出行选择。对于旅客而言，可以搭乘该航空公司航班飞往更多的城市，完成更多城市之间的旅行，航班频率的增加也使出行时间有了更多的选择，同时也可以促进枢纽机场自身的发展。

轴心辐射式航线网络也有其不足。对于乘客而言，轴心辐射式航线网络使旅客要接受更长的旅行时间，以及中转带来的种种不便；对航空公司而言，航班时刻的安排、运力的调配和人力的安排都变得更加复杂，使运营管理成本有所增加；对机场而言，"航班波"带来客货流量的高峰极易造成枢纽机场和航路上的拥塞，增加枢纽机场运营压力；由于航班编排紧凑，当一个航班遇到突发事件（如天气原因）导致航班不正常时，会对其他航班造成很大的后续影响。

四、我国的航线布局

我国的国内航线集中分布在哈尔滨—北京—西安—成都—昆明一线以东的地区。整体来看，航线密度由东向西逐渐减少，航线多以大、中城市为中心向外辐射，以北京、上海、广州三个城市为中心的辐射航线基本构成了我国国内航线的格局，再加上以西安、成都、沈阳、乌鲁木齐、昆明为中心形成的几个放射单元，共同组成了国内的主要航线网络。

第二节 机　　型

一、机型的分类

国际上对飞机的分类有以下几种，如表3-1所示。

表3-1　机型的分类和详解

分类方式	类　　别	详　　解
飞机的用途	国家航空飞机	军队、警察和海关等使用的飞机
	民用航空飞机	民用的客机、货机、客货两用机和通用航空飞机
客机的座位数	小型机	100座以下
	中型机	100～200座
	大型机	200座以上

续表

分类方式	类别		详解
飞机的航程	短程飞机		航程在2400千米以下
	中程飞机		航程在2400~4800千米
	远程飞机		航程在4800千米以上
飞机飞行速度	亚音速飞机		速度为800~1000千米/小时
	超音速飞机		速度在1224千米/小时以上
飞机发动机数量	单发		有一个发动机
	双发		有两个发动机
	三发		有三个发动机
	四发		有四个发动机
飞机发动机的类型	螺旋桨式	活塞螺旋桨式	利用螺旋桨的转动将空气向后推动，借其反作用力推动飞机前进
		涡轮螺旋桨式	
	喷气式	涡轮喷气式	利用空气与燃料混合燃烧后产生大量气体以推动涡轮，然后以高速度将气体排出体外，借其反作用力使飞机前进
		涡轮风扇喷气式	
飞机客舱的走道数	窄体飞机		只有一条通道的飞机
	宽体飞机		两条通道的飞机

表3-2所示是按宽体飞机和窄体飞机分类的主要机型表。

表3-2　主要机型表

宽体飞机	200座以上	BOEING747、767、777、787
		AIRBUS300、310、330、340、350、380
		C929；MD11；IL86
窄体飞机	100~200座	BOEING707、737、757
		AIRBUS320（318、319、320、321）
		C919；MD82、90；TU154；FK100；BAE146；YK42
	100座以下	ARJ21；YU7；MA60/600；AN24；SAAB340；DHC8；CRJ200/700/900；DO328JET；ERJ145

二、飞机的客舱布局

飞机客舱内各种舱位的安排以及每种舱位具体设置的座位数目，称为飞机的客舱布局。飞机订购后投入生产时，制造商可按照航空公司的具体要求进行客舱布局。一般来说，小型飞机只设有经济舱（Economic Class，用字母 Y 表示），中型飞机设有头等舱（First Class，用字母 F 表示）和经济舱，大型飞机除设有头等舱和经济舱之外，有的飞机还设有公务舱（Business Class，用字母 C 表示）。

例如，东方航空的机队有：

- 波音 B737-300：Y 舱 148 座，如图 3-1 所示。
- 波音 B737-800：F 舱 20 座；Y 舱 138 座，如图 3-2 所示。
- 空客 A320：C 舱 8 座；Y 舱 150 座，如图 3-3 所示。

- 经济舱
  1-25排：148座
- 厨房
- 厕所
- 衣帽间

图3-1　波音B737-300客舱布局

- 头等舱
  1-5排：20座
- 经济舱
  6-28排：138座
- 厨房
- 厕所
- 衣帽间

图3-2　波音B737-800客舱布局

- 公务舱
  1-2排：8座
- 经济舱
  3-27排：150座
- 厨房
- 厕所
- 衣帽间

图3-3　空客A320客舱布局

- 空客A300-600：F舱24座；Y舱250座，如图3-4所示。
- 空客A340-600：F舱8座；C舱42座；Y舱272座，如图3-5所示。

图3-4　空客 A300-600 客舱布局

图3-5　空客 A340-600 客舱布局

三、航空器国籍和登记标志的编号

投入营运前，每架飞机都要进行注册登记，以取得飞机的注册编号。飞机的注册编号由字母和数字构成，如图3-6所示。一位或两位字母表示飞机的国别，即国籍标志。

例如，中国的飞机用字母 B 表示；美国的飞机用字母 N 表示。

世界上每个国家的民用航空器都有国籍标志，并要取得国际民航组织的认同。中国是国际民航组织的成员国。根据国际规定，于1974年选用"B"作为中国民用航空器的国籍标志。凡是中国民航飞机机身上都必须涂有"B"标志和编号，以便在无线电联系、导航、空中交通管制、通信通话中使用，尤其是在遇险失事情况下呼叫，以利于识别。

图 3-6　飞机注册编号所在位置

字母后的第一位数字表示该飞机的驱动方式。例如，2 表示喷气式飞机；3、4、8 表示螺旋桨式飞机。

字母后的第一、二位数字或第一、二、三位数字合起来表示飞机的种类，最后一位或二位数字为该架飞机的序号。

由于近年我国飞机大量引进，编号已不够使用，因而规律性已不明显。

第三节　航班和航班号

一、航班

（一）航班的定义

航班是指根据班期时刻表，飞机在规定的航线上，使用规定的机型，按照规定的日期、时刻进行运输生产的定期飞行。

航班分为去程航班和回程航班。去程航班一般是指飞机从基地站出发的运输飞行；返回基地站的运输飞行为回程航班。

航班又可分为国内航班和国际航班。在国内航线上飞行的航班称为国内航班；在国际航线上飞行的航班称为国际航班。

（二）班次

班次是指航班在单位时间内飞行的次数。通常以一周为标准计算航班的飞行班次，一个班次包括去程航班和回程航班。

班次的多少依据运量的需要和运力的供给来确定。每周的班次反映了某航线的航班密度，它是根据运量、运力、机型及效益等因素来决定的。

（三）航段

航段是指航班在航线上点与点之间的航程。

航班的经停点越多，航段数就越多。航班经停点的多少是根据客货运输的需求和飞机航行能力决定的，中小型飞机在飞远距离航线时一般航段较多。有时为了提高飞机的载运量而增加飞机的经停点。但是，为了提高飞机的日利用率和体现飞机速度快的优点，在一条航线上尽量减少经停点。

二、航班号

为了便于区别，并有利于业务上的处理，民航运输中按照一定的方法给各个航班编以不同的号码，并加上航空公司的两字代码组成航班号。

（一）国内航班号的编排

目前，我国大多数航空公司国内航线航班号的编排是由航空公司两字代码加四位数字组成，也有部分地方航空公司的航班号是由航空公司两字代码加三位数字组成。

正班飞行的航班号的第一位数字表示执行该航班任务的航空公司的所属管理局区域代号，第二位数字表示航班终点站所属管理局区域代码，第三位、第四位数字表示某个具体的航班序号，第四位数字单数表示去程航班，双数表示回程航班。如图 3-7 所示是携程网上的截屏航班号码。

航班	计划出发	实际出发	乘机楼	计划到达	实际到达	状态	操作
MU5211	08:00	08:03	--	09:31	09:31	到达	
CZ3820	08:20	08:29	--	09:59	09:59	到达	
MF3820	08:20	08:29	--	09:57	09:59	到达	
MU2357	10:25	11:16	--	12:44	12:44	到达	
CZ3804	11:55	12:12	--	13:47	13:47	到达	
MF3804	11:55	12:12	--	13:47	13:47	到达	
CA1721	13:10	13:15	--	14:56	14:59	到达	

图 3-7　航班号码

加班飞行的航班号按正班飞行的航班号的编排方法编排，第一位数字表示执行该加班航班任务的航空公司的所属管理局区域代号，第二位数字表示航班终点站所属管理局区域代码，第三位、第四位数字自"91"开始至"00"为止，表示某个具体的加班航班。

同一天同一航线的加班不能编排相同航班号，不是同一天的加班可编相同的航班号。

（二）国际与地区航线航班号

国际与地区航线航班号均是由航空公司两字代码加三位数字组成。第一位数字表示执行该航班任务的航空公司的所属管理局区域代号，国航沿用数字"9"代表国际航班。第二位、第三位数字表示某个具体的航班序号，第三位数字单数表示去程航班，双数表示回程航班。

（三）航班号的编排原则

目前由于国内航空公司兼并和航班数量的大幅增长，航班号的编排规律不再明显，只对各航空公司航班的数字编号的第一位有规定。

为了区别不同的航班，在编排时按以下原则进行处理。

（1）起讫站相同，但路线不同，航班号也不同。

（2）同一航线有不同航空公司承担航班任务，各有各的航班号。

（3）航班飞行时刻不同，航班号不同。

（4）航线相同，机型不同，航班号也不同。

三、民航运输的飞行方式

民航运输的飞行方式主要有两种：定期飞行和不定期飞行。

（一）定期飞行

定期飞行是指根据班期时刻表，按照规定的航线、定机型、定日期、定时刻的飞行，也叫班期飞行。定期飞行是民航运输生产的基本形式，包括正班飞行、补班飞行和加班飞行。

由于天气等原因，正班飞行取消，第二天或以后加补的飞行叫补班飞行。根据临时性的需要，在正班飞行以外增加的飞行叫加班飞行，加班飞行是在正班飞行的航线上，解决航班客货运输拥挤问题，并对外公布航班时刻的临时飞行，是正班飞行的补充。

（二）不定期飞行

不定期飞行包括包机飞行、专机飞行和专业飞行。

（1）包机飞行是指由包机单位提出申请，经承运人同意并签订包机合同，包用航空公司的飞机，在固定和非固定的航线上，按约定的起飞时间、航程、载运旅客及货物等的飞行。包机飞行也有定期和不定期之分。

（2）专机飞行是指运送我国党、政领导人和外国国家元首或重要外宾的飞行。

（3）专业飞行是指为了维修检测或调机等进行的飞行。

第四节　航班时刻表

一、航班时刻表的定义

为了适应空运市场的季节变化，根据飞行季节的不同和客货流量、流向的客观规律，我国各航空公司的有关业务部门每年制订两次航班计划，并将航线、航班及其班期和时刻等按一定的秩序汇编成册，称为班期时刻表。班期时刻表是航空运输企业组织日常运输生产的依据，也是航空公司向社会各界和世界各地用户介绍航班飞行情况的一种业务宣传资料。

二、航班时刻表的编制与发布

国内航班时刻表一年发布两次，分别为夏秋季和冬春季航班时刻表。

（1）夏秋季时刻表：从每年的 3 月份最后一个星期日开始实施。

（2）冬春季时刻表：从每年的 10 月份最后一个星期日开始实施。

班期时刻表分为全国班期时刻表和当地班期时刻表两种。全国班期时刻表由民航局编印、发行，当地班期时刻表由当地航空公司或售票处编印发行。全国班期时刻表包括全国国内、国际航线的所有班期时刻，中国民航国际、国内航线图，国际时间计算表，怎样使用班期时刻表及乘坐中国民航各航空公司班机旅客须知等内容。当地班期时刻表由当地售票处根据当地始发和到达航班编排，包括旅客须知、每日航班起飞或到达时间安排等内容。

图 3-8 所示为中航信 SK 周航班信息查询。

```
▶SK:SHACAN/12DEC/MU
09DEC(WED)/15DEC(TUE) SHACAN VIA MU
1- *MU9301   SHACAN  0730   1005   JET 0 S E      25   08DEC18DEC UFPAJCDIOYBMEHKLN*
2  *MU9301   SHACAN  0730   1005   JET 0 S E    X257   30NOV01FEB UFPAJCDIOYBMEHKLN*
3  *MU9303   SHACAN  0830   1105   JET 0 S E           28NOV30JAN UFPAJCDIOYBMEHKLN*
4  *MU3391   SHACAN  0845   1115   321 0 C E           25NOV07FEB YMENS
5  *MU9305   PVGCAN  0845   1130   JET 0   E           02DEC15DEC UFPAJCDIOYBMEHKLN*
6   MU5301   SHACAN  0930   1205   JET 0   E           02DEC15JAN UFPAJCDIOWYBMEHKL*
7  *MU3347   SHACAN  0945   1215   321 0 L E           27NOV26MAR YMENS
8   MU5303   SHACAN  1030   1305   325 0   E           09DEC25DEC UFPAJCDIOWYBMEHKL*
9+  MU5305   SHACAN  1130   1405   321 0   E           29NOV30JAN UFPAJCDIOWYBMEHKL*
```

图 3-8 中航信 SK 周航班信息查询

三、查阅时刻表

阅读常用航班时刻表，如表 3-3 所示。

表3-3 航班时刻表

A	B	C	D	E	F	G	H
班期	离站	到达	航班号	机型	经停	等级	注
Days	Dep.	Arr.	Flight	A/C	Stops	Class	Rmk
	SHANGHAI	上海 TO 至成都					
	CHENGDU	CTU					
X4，6	0725	0935	FM541	JET	0	FY	01APR →
1234567	1020	1255	CA4516	757	1	FCY	OR73M
-2-4-6-	1735	2010	3U562	320	0	FCYK	30MAR → 31JUL

说明：

【A】班期是指航班每周执行的情况。

X4，6 表示除了周四、周六以外每天都有航班。

1234567 表示每周每天都有航班，也可以用 DAILY 或 DLY 表示。

-2-4-6-表示每周二、四、六有航班。

【B】（1）航班离站时间为北京时间。

（2）国内航班时间采用 24 小时制，用 4 位数字表示。

（3）民航上表示时间的方法有两种，即 12 小时制和 24 小时制，我国采用 24 小时制。24 小时制时间从 0001 开始至 2400 结束，如表 3-4 所示。

表 3-4　24 小时制、12 小时制时间显示方式

时间	24 小时制	12 小时制	时间	24 小时制	12 小时制
午夜零点	2400	12：00 am	中午12点	1200	12：00 pm
零点零1分	0001	12：01 am	中午12点零1分	1201	12：01 pm
半夜1点	0100	1：00 am	下午1点	1300	1：00 pm

（4）离站时间定为航班关闭舱门的时间，航班按时刻表规定离站时间关闭舱门，称为航班准点起飞。

【C】航班到达时间为预计到达目的站机场的时间。

时刻表上的航班离站时间和到达时间均为当地时间，在我国为北京时间。

【D】执行本次飞行的航班号。

【E】机型：执行该航班的飞机机型代号（Type of Aircraft）。我国常用的机型代号如下。

AB3	空中客车 A300	Airbus Industrie A300
AB6	空中客车 A300-600	Airbus Industrie A300-600
AT7	阿列尼亚 ATR—72	Aerospatiale / Alenia ATR-72
CRJ	庞巴迪 CRJ	Canadair Regional Jet
DON	Dormer 328	Dormer 328
EM4	EMB 145	Embraer EMB 145
ERJ	ERJ-145	ERJ-145
FK1	福克 100	Fokker FK100
JET	喷气式飞机	Jetliner
ILW	伊尔 86	Ilyushin IL—86
MA6	MA60	MA60
MET	美多 23	Metro 23
M11	麦道 MD-11	McDonneld Douglas MD-11
M1F	麦道 MD-11 货机	McDonneld Douglas MD-11 freighter
M82	麦道 MD-82	McDonneld Douglas MD-82
M90	麦道 MD-90	McDormeld Douglas MD-90
SF3	萨伯 340	Saab SF340
TU5	图 154	Tupolev 154
YK2	雅克 42	Yakovlev YAK 42
YN7	运 -7	YUN-7
YN8	运 -8	YUN-8
143	英国宇航公司 146-300	British Aerospace 146-300
146	英国宇航公司 146	British Aerospace 146
310	空中客车 A310	Airbus Industrie A310
312	空中客车 A310-200	Airbus Industrie A310-200

313	空中客车 A310-300	Airbus Industrie A310-300
319	空中客车 A319	Airbus Industrie A319
320	空中客车 A320	Airbus Industrie A320
321	空中客车 A321	Airbus Industrie A321
340	空中客车 A340	Airbus Industrie A340
343	空中客车 A340-300	Airbus Industrie A340-300
73F	波音 737 货机	Boeing 737（freighter）
73G	波音 737-700	Boeing 737-700
73M	波音 737-200 客货混装	Boeing 737-00（mixed configuration）
73S	波音 737-200 全客	Boeing 737-200 passenger
732	波音 737-200	Boeing 737-200
733	波音 737-300	Boeing 737-300
734	波音 737-400	Boeing 737-400
735	波音 737-500	Boeing 737-500
736	波音 737-600	Boeing 737-600
737	波音 737 全系列	Boeing 737 all series
738	波音 737-800	Boeing 737-800
74E	波音 747-400 客货混装	Boeing 747-400（mixed configuration）
74F	波音 747-200 货机	Boeing 747-200 freighter
74L	波音 747 SP	Boeing 747 SP
74M	波音 747-200 客货混装	Boeing 747-200（mixed configuration）
74Y	波音 747-400 货机	Boeing 747-400 freighter
744	波音 747-400 全客	Boeing 747-400 passenger
747	波音 747 全系列	Boeing 747 all series
757	波音 757 全系列	Boeing 757 all series
763	波音 767-300	Boeing 767-300
767	波音 767-200	Boeing 767-200
772	波音 777-200	Boeing 777-200
777	波音 777 全系列	Boeing 777 all series

JET 表示喷气式飞机，机型未定。

【F】经停：航班飞行计划中该航班的停站次数。

0 表示没有经停站；1 表示有一个经停站；超过 8 个用 M 表示。

【G】舱位等级。

F 表示头等舱；C 表示公务舱；Y 表示经济舱；K 表示经济舱的折扣舱位。

【H】备注信息。

01APR →表示该航班从四月一日开始执行。

OR73M 表示执行该航班的机型为波音 757 或 737。

30MAR→ 3lJUL 表示该航班从三月三十日开始执行至七月三十一日结束。

表 3-5 所示为月份缩写表。

表 3-5　月份缩写表

一月	Jan.	五月	May.	九月	Sept.
二月	Feb.	六月	Jun.	十月	Oct.
三月	Mar.	七月	Jul.	十一月	Nov.
四月	Apr.	八月	Aug.	十二月	Dec.

【I】出发城市（Departure city）即始发站。

【J】到达城市（Arrival city）即目的站。

课后练习

一、简答题

1. 航线的定义是什么？

2. 飞机注册编号由哪两部分构成？

3. 国内航班号码的编排方式是什么？

4. 分别简述定期飞行和非定期飞行的概念和分类。

二、综合题

根据表 3-6 回答以下问题。

表 3-6　上海到广州的航班时刻表

班期	离站	到达	航班号	机型	经停	等级	备注
1234567	0830	1040	MU5303	320	—	FY	01NOV →
DAILY	0845	1035	FM9377	767	—	FCY	
X1	1230	1440	CZ3504	320	—	FCY	
-1-4-7	1415	1600	MU5305	320	—	FY	
-3-5	1845	2050	HU7814	737	—	Y	Or757
X24	2100	2255	CZ3506	320	—	FCY	

（1）列出只提供经济舱的航班号。

（2）列出周一飞行的航班号。

（3）列出 24OCT 周二飞行的航班号。

（4）找出 11 月 8 日星期五最早到达的航班号。

（5）写出 DAILY 和 X24 表示的含义。

三、自测题

售票服务篇

第四章 航空售票

 本章学习重点

1. 掌握客票的定义、使用要求和购票有效证件。
2. 熟练掌握国内运价的种类和使用范围。
3. 掌握客票的查询、预订、出票、退改签等操作方法。
4. 掌握 Queue 信箱的处理流程。

随着国民经济的不断发展,机场及相关配套设施的不断完善,越来越多的旅客选择飞机作为出行的交通工具。而航空客票销售作为旅客运输服务的首要任务,在整个运输过程中起着非常重要的作用。

本章首先介绍客票销售的基础知识,然后介绍国内旅客运价的特点及种类,紧接着对客票销售中的预订出票各项指令进行介绍,最后是针对销售业务中的客票退票、变更、签转等相关知识点进行详细讲解。

第一节 客票销售的基础知识

客票是指由承运人或代表承运人所填开的被称为"客票及行李票"的凭证,是承运人和旅客订立航空运输合同条件的初步证据,是旅客乘坐飞机、托运行李的凭证,同时也是承运人之间相互结算的凭证。客票为记名式,只限客票上所列旅客姓名的旅客本人使用,不得转让。客票分为电子客票和纸质客票。

1993年世界上第一张电子客票在美国VALUEJET航空公司诞生。2000年3月28日，中国南方航空推出了国内首张电子客票，直到2007年年底，全球实现了100%BSP电子客票，彻底取代了纸质客票。

一、电子客票的定义及销售渠道

（一）电子客票的基本概念

电子客票是指由承运人或代表承运人销售的，一种不通过纸质客票来实现客票销售、旅客运输、票证结算以及相关服务的有价凭证。电子客票是普通纸质客票的电子替代产品，它的用途与普通纸质客票相同，不同的是电子客票的所有数据，如旅客航程、运价、舱位等级、支付方式和税费等信息均以电子数据的形式存储在出票航空公司的电子记录中，以数据交换替代纸票交换数据。确认生效的承运人（Validating Carrier）是对电子出票进行业务管理和授权的承运人，也就是出票承运人。出票航空公司以电子数据形式追踪一个旅客运输的全过程。

（二）电子客票的优势

对于购买电子客票的旅客来说，电子客票在以下方面能给旅客带来便利。

（1）可直接通过互联网在线支付票款，无须送票、取票。减少因送票、付款等带来的烦琐手续及额外费用。

（2）旅客购票后可直接在机场凭有效证件办理登机牌，持有效证件和登机牌通过安检直接登机。乘客只需要记住航班号和起飞时间，凭借有效身份证件就能在机场办理登机手续，不存在丢失机票的问题。"无纸化"乘机，轻松环保，绿色健康。

对于航空公司来说，电子客票在以下方面能给航空公司带来优势。

（1）拓展航空公司销售渠道，为航空公司提供大客户直销手段。

（2）通过互联网的渗透，吸引更多的旅客，从而扩大与市场的接触面。

（3）与在线支付的良好结合使航空公司加快资金结算速度。

（4）实现航空公司客票管理、客票结算电子化。

（三）电子客票销售渠道

目前，我国的机票销售渠道有分销与直销两种形式。分销即代理制，代理人分销渠道是指航空公司通过授权各地的代理商为其销售机票，然后支付给代理商一定的佣金，目前大多数航空公司已逐渐取消前返奖励，而是通过航空公司对代理人完成一定量的出票任务之后给予的后返销售奖励。代理人分销渠道可以通过代理人营业门店网点、呼叫中心及代理人在线分销平台进行机票销售，是航空公司通过代理商将机票销售给最终客户；直销渠道是指航空公司通过自己的售票营业门店、呼叫中心、官网、移动App等方式直接面对顾客销售机票。我国目前采用的主要是代理人分销渠道，代理人分销渠道占据了航空公司机票销售额的绝大部分份额。但随着电子客票完全取代传统纸质机票进入市场后，航空公司逐渐认识到在新的售票市场环境下开展航空公司直销的重要性，同时越来越重视搭建自己的直销平台，发展自己的直销体系，正一步步抢占机票销售市场。

图 4-1 所示为两种销售形式的产业链的示意图。其中，分销模式中的 CRS 为中国民航信息网络股份有限公司（简称中国航信）的计算机订票系统，其将航空公司与代理人联系在一起，代理人通过 CRS 实现机票的咨询、订票、出票等功能。航空公司需要向中国航信支付系统费用，并向代理商支付代理费。

（a）航空公司机票分销产业链　　　　（b）航空公司机票直销产业链

图 4-1　航空公司机票分销和机票直销产业链

二、电子客票购票证件及客票使用规则

1. 购票证件要求

为确保飞行安全，国家规定旅客在购买飞机票、办理乘机手续时，必须提供由政府主管部门规定的证明其身份的证件。

（1）国内旅客购买飞机票时，必须核查居民身份证。

（2）法定不予颁发居民身份证的，如人民解放军、人民武装警察及其文职干部、离休干部，分别使用军官证、警官证、士兵证、文职干部或离退休干部证，人民解放军、人民武装警察部队在校学员则使用学员证。16 周岁以下的未成年人购票乘机，可使用学生证、户口簿、独生子女证、出生证或暂住证。

（3）凡出席全国或省、自治区、直辖市的党代会、政协会、工青代表会和劳模会的代表，无身份证者（包括军官证、警官证、士兵证、文职干部或离退休干部证明），由所属县团级以上党政军对口部门出具证明信，办理购票。

（4）全国人大代表和全国政协委员执行工作任务时，可以凭全国人民代表大会代表证、全国政协委员证办理购票，但要在"订票单"中注明证件的名称和号码。

（5）凡经国家批准的有突出贡献的中青年科学、技术、管理专家，外出工作或参加学术会议等，可以凭中华人民共和国人事部颁发的"有突出贡献中青年专家证书"办理购票。

（6）旅客因公执行紧急任务或抢救伤员、危重病人（须持有医疗单位出具的适于乘机的证明）及陪同的医护人员和家属，急需乘坐飞机者，因时间紧迫未带居民身份证或无身份证件者，经批准后出具证明予以购票。

（7）中央部、局级、地方省、直辖市级负责同志因紧急事务，未带身份证件乘坐其他交通工具外出，返回时需要乘坐飞机者，可凭有关接待单位出具的证明办理购票。

（8）外国旅客、华侨及持有中华人民共和国护照的公民在护照签证有效期内均可凭护

照直接购票。

（9）港澳地区旅客可凭港《港澳居民来往内地通行证》（又称回乡证）购票，台湾旅客可凭《台湾居民来往大陆通行证》（又称台胞证）购票，内地旅客前往港澳地区还需凭《中华人民共和国往来港澳通行证》购票，前往台湾需凭《大陆居民往来台湾通行证》购票。

（10）旅客的居民身份证在户籍所在地以外被盗或丢失的，凭发案、报失地公安机关出具的临时身份证明购票，临时身份证明应贴有本人近期相片，写明姓名、性别、年龄、工作单位和有效日期，并在相片下方加盖公安机关的公章。

2. 客票使用规则

对于乘坐飞机的每一位旅客来说，都应该单独持有一张客票，而每张客票都有使用要求，具体如下。

（1）持电子客票的旅客应有一张以旅客的姓名及有效身份证件填开的有效电子客票，否则无权乘机。

（2）旅客必须按照客票上所列明的航程，从始发地点开始按顺序使用。未按顺序使用的乘机联，航空公司将不予接受。对于未按顺序使用的乘机联，在客票开始旅行之日起（客票第一航段未使用的，从填开之日起）一年内，可以按未使用乘机联对应订座舱位的退票规定办理退票。

（3）旅客在我国境外购买的用于纯国内航空运输的国际客票，必须换成国内客票后才能使用。含有国内航段的国际联程客票，其国内航段的乘机联可直接使用。

（4）每一个旅客，包括婴儿或儿童，都要单独持有一张客票。

（5）每一张客票的乘机联必须列明舱位等级，订妥座位后方可接受运输。对未订妥座位的乘机联，航空公司或其销售代理人应按旅客的申请，根据适用的票价和所申请航班的座位可利用情况为旅客预订座位。

（6）当客票上列明的旅客不是该客票付款人时，应根据付款人要求在客票上的"签注"栏列明退票限制条件，如退票款仅退给付款人或指定人等。

三、客运的相关票证

（一）旅费证

旅费证（Miscellaneous Charges Order，MCO），是空运企业用以支付与旅客运输有关费用但又不能包含在机票之类的服务费而填开的一种有价凭证。

1. 旅费证（MCO）的分类

根据用途的不同，旅费证可以划分为指定运输用旅费证和非指定运输用旅费证。

（1）指定运输用旅费证可以用于以下运输服务的结算：预先交付的款项或预付款通知（PREPAID TICKET ADVICE，PTA）的收费，逾重行李费，退票款，提高等级的附加费或降低等级的退款，综合旅游的地面安排，各类杂项收费，如订座或改变航程等。当旅费证用于指定运输或综合旅游地面服务时，不得超过该项运输或地面服务的实际价值。

（2）非指定运输的旅费证为不属于上述指定运输情况范围之内的运输及其他服务而填

开的旅费证。它可以用于以后的运输或逾重行李，也可以用于机票的退款。但非指定运输不允许代理人填开，且其价值不能超过 750 美元或等值货币。当旅费证用于退款时，其价值可以超过此限制，但仅限于向原始出票人领取并仅可作为退款使用。

2. 旅费证（MCO）填写的注意事项

（1）所有的内容都要用英文大写印刷体字母。

（2）填写价值时，紧靠相应各栏的最左边，文字和数字要紧跟货币代码之后，对任何未用的空白部分要用水平横线填满，防止再填入其他内容。

（3）在"用文字表示的金额（AMOUNT IN LETTERS）"栏内只允许填写一行字母。

（4）当"实付等值货币（EQUIVALENT AMOUNT PAID）"栏不必填写时，要在其中间划一条水平横线。

（5）票价构成中性单位（NUC）不是一种货币，不要填入"换票价值""实付等值货币"或"本联价值"等表示价值的栏目内。

（6）任何情况下都不允许更改已填入的内容，一经涂改，自动作废。

（二）电子收费凭证

电子收费凭证（Electronic Miscellaneous Document，EMD）的作用是替代航空公司目前使用的各种杂费凭证，实现机票相关的各类服务及航空附加产品服务的无纸化。例如，旅客办理机票相关业务，如改期、退票等，都会不可避免地得到各种收费凭证，而目前已有部分国内外航空公司已开始使用 EMD，如国航、芬航，通过使用 EMD 来代替各类纸质的杂费凭证，可大幅缩短旅客办理各项业务的时间，使旅客出行更加快捷。EMD 可分为 EMD-A 和 EMD-S 两种类型。

第二节　民航国内旅客运价

一、运价的定义及特点

1. 运价的定义

运价就是运输产品的价格，是运输产品价值的货币表现，是单位旅客及单位货物在一定运输距离上的运输价格。

运价反映在客票上是指旅客由出发地机场至目的地机场的航空运输价格，不包括机场与市区之间的地面运输费用，也不包括机场建设费、燃油附加费，以及旅客购买其他付费服务和使用其他付费设施所需要的费用。

2. 运价的特点

（1）运价率递远递减，即每客公里的费率随距离的增加而降低。

（2）运价只有销售价格一种形式。由于运输业的产品在生产的同时被消费，不能脱离生产过程这一特点，因而运价只有销售价格一种。

（3）运价随运输对象、方式、数量和距离的不同而变化。

航空运价由其本身在经济技术上的特点决定了其还具备以下两个特点。

（1）运输价格高。由于航空运输属于高投入、高成本、低盈利的产业，运输产品成本高，导致运输价格比其他运输方式的价格高。

（2）运价种类繁多。运价随运输对象、运输距离、季节等因素的影响而不同。航空运价种类之多是其他运输方式所没有的，具有更大的灵活性。

二、国内旅客运价的种类和适用范围

（一）服务等级票价

服务等级是指为旅客提供服务的等级，按照提供服务等级的不同收取不同的票价。国内航线的客运价一般分为三个服务等级：头等舱票价（F）、公务舱票价（C）、经济舱票价（Y）。

1. 头等舱票价

航空公司在有头等舱布局的飞机飞行的国内航班上向旅客提供头等舱座位。头等舱的座位较普通舱座位宽而舒适；向旅客免费提供的餐食及地面膳宿标准高于普通舱；专门设置的值机柜台和候机厅为头等舱旅客提供优质、快捷的服务；每人可免费携带的行李限额为40千克。国内每个航空公司针对不同航线，会有不同的头等舱票价定价策略，头等舱全价一般为经济舱全价的1.5倍、2倍、2.5倍或3倍等。

2. 公务舱票价

航空公司在有公务舱布局的飞机飞行的国内航班上向旅客提供公务舱座位。公务舱座位宽度较头等舱窄；餐食及地面膳宿标准低于头等舱，高于经济舱；每人可免费携带的行李限额为30千克。国内每个航空公司也采取不同的公务舱票价定价策略，公务舱全价一般为经济舱全价的1.3倍、1.5倍、2倍、2.5倍或3倍等。

3. 经济舱票价

航空公司在飞机飞行的国内航班上向旅客、团体旅客和持优惠票价的旅客提供经济舱座位。每人可免费携带的行李限额为20千克（不占座位的婴儿除外）。

（二）旅程方式票价

国内航班票价按旅客的不同行程方式可以分为单程票价、来回程票价、联程票价、分程票价和联程中转票价。

1. 单程票价

单程票价也称为直达票价。它仅适用于规定航线上的从始发地至目的地的航班运输。我国现行对外公布的票价均为航空运输的直达票价。

2. 来回程票价

来回程票价由两个单程票价组成：一是使用直达票价的去程运输；二是使用直达票价的回程运输。我国有些空运企业来回程票价在两个单程票价的基础上可享受一定的折扣。有些空运企业直接推出来回程票价，比两个单程相加价格更优惠。

3. 联程、分程票价

旅客的航程超过一个航班，需在某航班的中途站或终点站换乘另一个航班才能到达目的地，称之为联程。

中途分程是指经承运人事先同意，旅客在出发地点和目的地点间旅行时，由旅客有意安排在某个地点的旅程间断。

在国内运输中分程、联程旅客的票价并无差别，都应按实际航段分段相加计算票价。

4. 联程中转票价

联程中转票价是指各航空公司为了最大限度地利用舱位，整合运力资源推出的票价。与直达航班相对应，旅客在中转点换乘本航空公司其他航班前往目的站，全程多个航段视为一个运价区所使用的票价，即为中转联程票价，一般价格低于直达票价，航空公司要求订特殊舱位。

（三）优惠票价

优惠票价是承运人向特定的运输对象提供一定折扣的优惠票价，以适用的票价为计算基础，除另有规定外，不得重复享受其他票价优惠。

1. 儿童、婴儿票价

儿童是指运输开始之日年龄满两周岁但不满十二周岁的人。儿童按成人票价的50%购买儿童票，提供座位。

婴儿是指运输开始之日年龄不满两周岁的人。婴儿按成人票价的10%购买婴儿票，不提供座位。如需要单独占用座位，应购买50%的儿童票。旅客所带婴儿超过一名时，其中只有一名婴儿可购买婴儿票，超过的婴儿应购买儿童票，提供座位。

未满5周岁的儿童乘机，必须有成人陪伴而行。无成人陪伴的儿童（5~12周岁），应在购票前提出申请，经航空公司同意后，在航空公司售票处购票乘机。

2. 革命残废军人和伤残人民警察票价

凡是革命伤残军人和因公致残的人民警察凭《中华人民共和国残疾军人证》或《中华人民共和国伤残人民警察证》购买国内航线客票，可享受普通成人票的50%的优惠。旅客须在航空公司售票处办理购票手续。我国残疾军人票价折扣代码为YDFMM50，伤残人民警察票价折扣代码为YDFPP50。

3. 教师、学生票价

航空公司在寒暑假期间，在指定的航线上，对国内全日制大学、大专、中专、中小学和职业院校等在校教师、学生给予不等幅度的优惠。购买教师、学生优惠票时，教师必须持教师工作证和居民身份证，学生凭有效的学生证和居民身份证或出生证、独生子女证、户口簿；无学生证的，须凭就读学校出具的证明信和居民身份证件办理购票。所购机票只能乘坐指定航空公司的航班，不得办理签转。有关订座和退票的具体规定，以航空公司的运价通告为准。

4. 行业票价

航空公司内部职工、销售代理人、民航局职工及协作单位职工因私或因公乘坐飞机，经航空公司批准，可享受低于适用票价 50%的票价。旅客必须在购票前提出书面申请，经航空公司主管部门受理和审批同意后签发"授权出票通知"单，旅客凭"授权出票通知"单、身份证件到指定的航空公司售票处办理购票手续。

优惠票价一般分优惠 75%（1/4 票，代号为 ID75 或 AD75）、优惠 50%（半票，代号为 ID50 或 AD50）、优惠 100%（免票，代号为 ID00 或 AD00）三种。购买航空公司内部员工优惠票的旅客均不得事先订座，只能持票在航空公司的值机柜台申请候补，在航班有空余座位的情况下，办理乘机手续。

5. 团体旅客票价

团体旅客是指统一组织的人数在承运人规定的人数以上（一般为 10 人），航程、乘机日期和航班相同并支付相同票价的旅客。

团体旅客可根据团体旅客人数和航班座位销售情况给予适当的票价优惠，折扣率按季节、团队人数、代理商资质各不相同，由航空公司视具体情况而定，大多数航空公司采用一团一议的方式给予优惠。

（四）包舱票价

航空公司在有小客舱的大型飞机飞行的国内航班上，可以向旅客提供包舱服务，人数以小客舱内的座位数为限，价格给予一定优惠，称为包舱票价。包舱内的座位数乘以包舱票价，即包舱总费用，包舱的总免费交运行李限额为包舱内的座位数乘以该舱位等级对应的每位旅客免费交运行李限额。

（五）包机运输

包机运输是承运人和包机单位单独签订运输合同的客运、货运或客货兼运的特殊形式。承运人组织包机运输，必须根据客观实际需要及主管力量妥善安排，尽量满足包机需求，确保飞行安全、合理、经济地安排包机运输。包机的费用通过协商的方式列入包机合同。

（六）多等级票价

航空公司通过设计不同的子舱位来进行不同价格的销售。飞机的舱位就是航空公司的产品，舱位种类的多少就是航空公司产品种类的多少。在航空公司的市场营销中，除了根据服务等级确定了头等舱、公务舱和经济舱的运价，为丰富航空公司的产品，通过不同的运价去满足不同的市场需求，从而赢得收入最大化。航空公司在同一服务等级的运价基础上，通过对运价附加如签转、更改、退票、出票和付款时限等限制条件，制订出多个价格依次递减的子舱位运价，所谓"等级"指的只是运价等级以及相关运价的客票销售和使用方面限制条件的等级。

限制条件无疑是多等级票价系统的关键。完全相同的产品出现高低不同的价格时，只有限制条件才能阻止承受能力较高、理应购买高票价的旅客购买便宜机票。航空公司利用各类旅客需求的特点，制订了一系列的运价使用限制条件。

表 4-1 为国内各航空公司舱位对照表。

表 4-1 国内各航空公司舱位对照表

航空公司	二字码	头等舱	子舱位	特殊舱	全价 0.99	0.9	0.88	0.85	0.84	0.8	0.78	0.76	0.75	0.73	0.72	0.7	0.68	0.65	0.64	0.6	0.56	0.55	0.52	0.5	0.45	0.4	0.35	0.3 特殊舱位
四川航空舱位表	3U	F	A	-	Y	T	-	-	-	H	-	-	-	-	G	-	-	S	-	L	-	Q	-	E	V	R	K	KXU
东方航空舱位表	MU	F	P	CDU	Y	M	-	-	-	E	-	M	-	-	K	-	-	L	-	N	-	Q	-	R	S	V	T	JZQXIO
祥鹏航空舱位表	8L	F	P	C	Y	B	-	B1	-	K	-	K1	-	M	-	-	M1	-	Q	-	H	L	X	U	E	D	JZITV
南方航空舱位表	CZ	F	PJ	CDIW	Y	S	B	-	-	M	-	H	-	U	-	A	-	L1	-	L	-	Q	-	K	X	E	-	TNR
中国国际航空舱位表	CA	PF	A	JCDZ	Y	M	B	M	M1	H	H1	-	K1	-	K	-	L1	-	-	Q	-	G	V	Z	-	E	S
山东航空舱位表	SC	F	A	DW	Y	B	-	M	-	H	-	K	-	-	P	-	Q	-	-	Q	-	G	V	U	Z	TE
深圳航空舱位表	ZH	F	A	PCJ	Y	B	M	-	M1	U	-	H	-	-	Q1	-	Q1	-	V1	-	V	-	W	S	E	T	JL
昆明航空舱位表	KY	F	AG	PG	Y	B	M	-	M1	U	-	H	-	-	Q	-	Q1	-	V1	-	V	-	W	S	E	J	LZDI
上海航空舱位表	FM	F	P	A	Y	B	M	-	M1	E	-	H	-	K	-	L	-	N	-	-	-	R	S	V	T	JZQXIO
厦门航空舱位表	MF	F	J	C	Y	B	-	H	-	K	-	-	M	-	Q	-	-	-	-	V	X	R	U	GIW
天津航空舱位表	GS	F	A	C	Y	B	-	J	-	K	-	-	L	-	M	-	Q	-	-	X	-	E	T	ZV

续表

航空公司	二字码	头等舱	子舱位	特殊舱	全价 0.99	0.9	0.88	0.85	0.84	0.8	0.78	0.76	0.75	0.73	0.72	0.7	0.68	0.65	0.64	0.6	0.56	0.55	0.52	0.5	0.45	0.4	0.35	0.3 特殊舱位
上海吉祥航空舱位表	HO	F	A	C	Y	B	–	–	L	M	–	T	–	E	–	H	–	V	X	–	W	R	Q	Z	P X S
海南航空舱位表	HU	F	A	C	Y	–	B	H	–	K	L	–	–	–	–	M1	Q	–	Q1	–	X	U	E	T	Z
首都航空舱位表	JD	–	–	–	Y	–	B	H	–	K	L	–	M	–	P	Q	S	–	X	I	T	ZDSC
西藏航空舱位表	TV	F	A	–	Y	B M	–	H	–	L	–	–	J	–	Q	–	–	G	R	E	–	–	–	–
中国联合航空舱位表	KN	F	P	A	Y	B	M	–	E	H	K	–	L	–	N	–	–	R	S	V	T	JZQXIO		
成都鹰联航空舱位表	EU	–	–	–	Y	–	T	–	–	G	M	S	–	L	–	Q	–	E	V	R	L	I		
上海吉祥航空舱位表	HO	F	A	J	Y	B	–	–	L	M	–	T	–	E	–	H	–	V	X	–	W	R	Q	P	S

第三节 客票预订

订座程序的一般规定如下。

（1）接受旅客订座，应问清旅客旅行的路线、日期、航班、承运人、座位等级、人数、需要提供何种特殊照料和服务等情况。

（2）接受旅客订座，应根据旅客意愿选择航班。如旅客要求订座的航班已满，应主动帮助选择，提供其他航班和旅行线路供旅客参考；也可以列入候补名单，等有空座时，立即通知旅客。

（3）订座时，应按旅客要求输入订座系统，并要求旅客提供准确无误的身份信息，建立相应的 PNR。

（4）旅客预订联程航班时，在航班衔接地点，应为旅客留有足够时间办理衔接航班的换乘手续，以免衔接不上。每一机场对国内航班之间的最短衔接时间会有不同的要求，订座时应查核相关机场最短衔接时间。

（5）座位全部订妥后，应注意查看系统的自动出票时限，并告知旅客在规定的时限前购票，超过时限的订座不予保留。

（6）对特殊旅客订座，应问清情况，严格按照特殊旅客运输的有关规定办理。

（7）订座系统只能接受 9 人（含）以下散客订座，超过 9 人以上可按团体旅客订座方法另行申请机位进行办理。

一、计算机订座系统的介绍

1. 中国民航计算机旅客服务系统的构成

中国民航计算机旅客服务系统（CAAC MIS）包括航空公司订座系统（ICS）、代理人分销系统（CRS）、民航旅客离港控制系统（DCS）三大部分。

（1）航空公司订座系统（Inventory Control System，ICS）是指航空公司人员使用的一个集中式、多航空公司的系统。每个航空公司享有自己独立的数据库、独立的用户群、独立的控制和管理方式，各种操作均可以加以个性化，包括航班班期、座位控制、运价及收益管理、航空联盟、销售控制参数等信息和一整套完备的订座功能引擎。

（2）代理人分销系统（Computer Reservation System，CRS）的主要功能是为代理人提供航班可利用情况查询、航段销售、订座记录、电子客票预订、旅游产品等服务。

（3）民航旅客离港控制系统（Departure Control System，DCS）是指机场人员使用的系统，为机场提供旅客值机、配载平衡、航班数据控制、登机控制联程值机等信息服务，可以满足值机控制、装载控制、登机控制以及信息交换等机场旅客服务所需的全部功能。

三大类型系统的关系如图 4-2 所示。

图 4-2 三大类型系统的关系图

中国航信主机系统作为中国最大的主机系统集群，担负着中国民航重要的信息处理业务。

2. ICS 系统与 CRS 系统的关系

ICS 为航空公司专用，其服务对象为航空公司的航班与座位控制人员、航空公司市场与营运部门的管理人员及航空公司售票处。CRS 面向销售代理，服务于从事订座业务的销售代理人员，通过此系统进行航班座位及其他旅行产品的销售。CRS 作为代理人分销系统，其目的如下：一是为航空公司代理商提供全球航空航班的分销功能；二是为代理商提供非航空旅游产品的分销功能；三是为代理商提供准确的销售数据与相关辅助决策分析结果。

CRS 如何销售航空公司的座位是由 CRS 与 ICS 的技术连接方式及商务协议决定的，ICS 加入 CRS 的协议等级主要有如下几种方式（按由低到高的顺序）。

（1）无协议级。

（2）次高等级——直接存取级（Direct Access）。

（3）较高等级——直接销售级（Direct Sell，DS）。

（4）最高等级——无缝存取级（Seamless）。

中国 CRS 与 ICS 的技术连接方式是无缝存取级，它是直接销售级中的最高级别，也是世界上最先进的连接方式。

航空公司的座位管理人员借助 ICS 与 CRS 的实时连接，可完成如下功能。

（1）各类旅客订座记录的提取、座位确认、取消、修改旅客订座记录中的航段。

（2）随时向 CRS 拍发航班状态更改电报。

（3）可针对 CRS 中的具体订座部门进行座位销售的分配与限制。

目前我国航空公司主要采用中国航信的计算机订座系统。1E 为中国航信全球分销系统代码。其他系统代码如下：

1A AMADEUS　　1B ABACUS　1F INFINI　　　1G GALILEO
1J AXESS　　　　1P WORLDSPAN　1S SABRE　　1V APPOLO

二、旅客订座的基本指令

（一）旅客订座记录的定义

旅客订座记录（Passenger Name Record，PNR）是指旅客在航空公司销售系统中整个航程的订座、购票的完整信息。旅客订座记录包括旅客姓名、航段、联系方式、客票号码、证件信息、出票情况、另有特殊服务要求、备注信息等。

当一项订座事务（座位预订、申请或列入候补）处理完成以后，即为每名旅客建立和储存一个 PNR，生效一个 PNR 后，系统会给出一个记录编号，记录编号由 6 位字母或数字组成。

(二) PNR 的基本组成

建立一个完整的 PNR 一般带有下列项目。

(1) 姓名组（NM），由座位数与姓名组成。

(2) 航段组（SS），可分为以下四种情况。

① 可采取行动的航段组（Actionable）（SS 或 SD）。

② 提供情况航段组（Informational）（SA）。

③ 到达情况不明航段组（ARNK）（SA）。

④ 不定期航段组（Open）（SN）。

(3) 联系组（CT、OSI）用于建立与旅客联系的信息。

联系组（CT、OSI）的信息相当重要，包括可以与旅客联系的真实有效的信息（办公电话/家庭电话/销售代理人电话/旅客本人电话）。航空公司为了在不正常航班下，能及时通知到旅客，要求各销售代理在 PNR 中还要以 OSI 指令格式输入旅客的联系方式。

(4) 出票组（TK），注明旅客出票情况，已出票的将给予证实（对订座有限制的优惠客票除外），而未出票的则写明具体出票的安排与限定。

(5) 旅客身份信息组（SSR FOID），用于输入旅客的有效证件信息。

(6) 特殊服务组（Special Service Request，SSR），包括需要马上采取行动后回复的各类服务。

(7) 其他服务情况组（Other Service Information，OSI），提供的服务情况不需要答复。

(8) 备注组（Remark，RMK），用于记录某些可能有助于了解旅客的情况。

(9) 责任组，是指当前所操作的终端所属区域，由订座系统自动建立。其中(1)~(5)、(9) 项是必有项目。其他项为可选项。

(三) PNR 的建立

建立 PNR，要按照不同旅客的不同情况，首先要建立 PNR 的各个项目，最后以封口指令 @ 使记录生效，订座系统自动产生记录编号。

1. 建立 PNR 的一般程序

查询航班座位可利用情况（AV）→建立航段组（SD）→输入旅客姓名（NM）→输入旅客联系地址（CT&OSI）→输入票号（或输入取票时间）（TK）→输入特殊服务组（SSR）[或其他服务组（OSI）、备注组（RMK）]→输入封口指令@。

一般情况下，如果旅客无特殊服务要求、无其他服务情况，或无须输入备注情况时，可以省去这三项内容，其余五项为必选项。

2. 系统键盘操作说明

在中国航信的 CRS 中，通过以下方式输入有效的指令。

(1) 指令前必须有小三角符号▶，小三角符号▶由键盘左上角的"ESC"键产生。

(2) 在首页（系统黑色当前屏的第一行第一列），指令前可不使用小三角符号▶。

(3) 指令紧跟小三角符号，指令与小三角符号之间不能有空格、字母、数字或其他符号等。

（4）执行指令符号用"F12"键（或数字键盘的"Enter"）实现，主键盘的"Enter"键仅表示换行。

3. PNR 的建立实例

1）航班座位可利用情况查询

AV：查询座位可利用情况（Display Availablity）

指令格式：

▶AV 选择项/城市对/日期/起飞时间/航空公司代码/经停标识/座位等级

【说明】：

选择项有以下几种：

P——显示结果按照起飞时间先后顺序排列，同时显示有座舱位的最低票价及有座舱位从低到高排序；

A——显示结果按照到达时间先后顺序排列；

E——显示结果按照飞行时间由短到长排列；

H——显示所有舱位座位利用情况；

不选——自动按航班起飞顺序排序。

查询航班座位可利用情况时，一般会使用 H 选项显示每个航班的全部子舱位。

城市对为必选项，其余为可选项。

❑ 例：本询 10 月 10 日北京至上海座位可利用情况。

▶AV PEKSHA/10OCT（F12）

【说明】：输入指令后，在 eTerm 系统中按 F12 键，系统主机接收到指令后便会把反馈信息显示在电脑屏幕上，如图 4-3 所示。在后面的案例中，按 F12 键发送都省略。

图 4-3　系统显示的反馈信息

❑ 例：查询 2 月 6 日上海至北京座位可利用情况。

▶AV SHAPEK/6FEB

输入指令后系统显示的航班座位情况如图 4-4 所示。

```
▶AV SHAPEK/6FEB
06FEB18(TUE) SHABJS
1- MU564   PVGPEK 0655  0925  33L 0^   E  DS# JA CA DA Q7 IQ WA YA BA MA EA
2  MU5137  SHAPEK 0700  0920  333 0^B  E  DS# UC F4 PQ JA CA D8 QQ I3 WC YA
3  CA1858  SHAPEK 0745  1010  747 0^B  E  DS# PA FA A2 JC CC DC ZC RC GA ES
4 *ZH1858  SHAPEK 0745  1010  747 0^   E  DS# YA
5  MU5101  SHAPEK 0800  1015  333 0^B  E  DS# UC FA PQ JA C5 DS QQ IS WC YA
6  KN5988  PVGNAY 0805  1030  73V 0^   E  DS#
```

图 4-4　系统显示的航班座位情况

AV 显示的常用座位代号说明如下：

A——航班有座位；

1-9——表示所要求座位不能满足，航班只剩下所显示的座位数；

L——只允许候补座位；

R——只能申请座位；

C——航班完全关闭；

X——航班已取消；

Z——情况不明航班；

Q——永久申请航班；

S——限制销售航班。

❑ 例：查询 2 月 6 日由东航承运上海至北京座位可利用情况。

▶AV SHAPEK/6FEB/MU

输入指令后系统显示的东航航班座位情况如图 4-5 所示。

```
▶AV SHAPEK/6FEB/MU
06FEB18(TUE）SHABJS VIA MU
1- MU564   PVGPEK 0655  0925  33L 0^   E  DS# JA CA DA Q7 IQ WA YA BA MA EA
2  MU5137  SHAPEK 0700  0920  333 0^B  E  DS# UC F4 PQ JA CA D8 QQ I3 WC YA
3  MU5101  SHAPEK 0800  1015  333 0^B  E  DS# UC FA PQ JA C5 DS QQ IS WC YA
4 *MU3848  PVGNAY 0805  1030  73V 0^   E  DS# YA BA MQ EQ HQ XQ
5  MU5151  SHAPEK 0830  1050  333 0^   E  DS# UC FA PQ JA C5 DS QQ IS WC YA
6  MU5103  SHAPEK 0900  1120  333 0^   E  DS# UC FA PQ JA C5 DS QQ IS WC YA
```

图 4-5　系统显示的东航航班座位情况

❑ 例：查询 2 月 6 日上海至曼谷座位可利用情况。

▶AVSHABKK/6FEB/FM

输入指令后系统显示的航班座位情况如图 4-6 所示。

```
▶AV SHABKK/6FEB/FM
06FEB18(TUE）SHABKK
1- FM839  PVGBKK 0710  1120  73H 0^  E  DS# UC FA PQ JA C5 DS QQ IS WC YA
2  FM833  PVGBKK 1040  1450  73H 0^  E  DS# UC FC PC JA CA D5 QQ IQ WC YA
3  FM855  PVGBKK 1315  1630  73H 0^  E  DS# UC FC PC JA CA D6 QQ I3 WC YA
```

图 4-6　系统显示的航班座位情况

❑ 例：查询 2 月 10 日上午 11：00 以后的回程情况。

▶AVRA/10FEB/1100

输入指令后系统显示的回程航班座位情况如图 4-7 所示。

```
▶AV RA/10FEB/1100
10FEB18(SAT) BKKSHA VIA FM
1- FM840  DS# UC FC PC JA C6 D4 QQ I1 WC YA  BKKPVG  1335  1850      73H 0^   E
>        BA MA EA HA KA LA NA RA SS VS TQ GQ Z2       -- T1  4:15
2  FM834  DS# UC FC PC JA CA D7 QQ IQ WC YA  BKKPVG  1650  2210      73H 0^D E
>        BA MA EA HA KA LA NA RA SQ VQ TQ GQ ZQ       -- T1  4:20
3  FM856  DS# UC FC PC JA CA D8 QQ I4 WC YA  BKKPVG  1905  0020+1 73H 0^D E
>        BA MA EA HA KA LA NA RA SA VA T1 GQ ZA       -- T1  4:15
```

图 4-7 系统显示的回程航班座位情况

AV 显示的航班代号中如显示有"^"标识,则此航班可以进行机上座位的预订。

2) 建立航段组

直接建立航段组 (SS): 是在售票员知道待订航班的所有信息,如航班号、日期、航段、舱位、座位数及起飞和到达时间的情况下建立起来的。

指令格式: SS 航班号 / 舱位 / 日期 / 航段 / 行动代号 / 订座数

❑ 例: ▶ SS MU564 Y 6FEB SHAPEK 2

输入指令后系统显示建立的航段组(SS)如图 4-8 所示。

```
▶SS MU564 Y 6FEB SHAPEK 2
1. MU564 Y  TU06FEB PVGPEK DK2  0655 0925      33L  0 R E T1T2 A
```

图 4-8 输入指令后系统显示建立的航段组(SS)

间接建立航段组 (SD): 通常营业员采用 SD 指令订座。即先使用 AV 指令查询航班座位可利用情况,然后使用 SD 指令建立航班信息。

指令格式: SD 航段序号/舱位等级/行动代号/订座数

【说明】:

航线序号: 前一步 AV 显示的对应航班的序号。

舱位等级: 前一步 AV 显示的对应航班的舱位。

行动代号: 可以省略,默认为 NN 申请。

订座数: 预订座位的数量。

❑ 例: ▶ AV H/SHAPEK/6FEB

执行完马上显示航班内容,如果选择的航班是 MU5137 的 Y 舱预订 1 个座位,则输入第二个指令 SD2Y1,输入指令后系统显示建立的航段组(SD),如图 4-9 所示。

行动代码说明:

DK——座位已订妥,@后变为 HK;

DR——座位已订妥且确认,@后变为 RR;

DW——候补状态,@后变为 HL;

HN——列入申请状态;

RR——直接销售出票;

HL/LL——无座,预订候补座位。

```
▶AV H/SHAPEK/6FEB
 06FEB(TUE) SHABJS
1-  MU5137  DS# F5 C9 Y9 B7 E9 H6 KS LS N9 R8   PVGPEK 0700   0920    325 0 S  E
>                SL VS TQ ZL QS                                               2:20
2   CA1858  DS# FQ CS Y9 B9 M1 H7 K9 LL QA G9   PVGPEK 0750   1015    747 0 S  E
>                VL TL                                                        2:25
3   MU5101  DS# F7 CA YS BA E9 HA K4 LA NS RS   PVGPEK 0805   1015+1  763 0 S  E
>                SL VA T2 Z5 Q4                                               2:15
4   HU7604  DS# F7 C7 Y7 B9 HS KQ L9 MQ QA X7   PVGPEK 0820   1045    738 0 S  E
>                U8 E1 T7 V9                                                  2:25
5   MU5151  DS# F4 CQ YQ BS ES HQ KL LQ NL RL   PVGPEK 0830   1050    321 0 S  E
>                SS VQ TQ ZS QA                                               2:20
6   CA1590  DS# F7 CQ YA B9 M4 HA K9 L5 Q9 GL   PVGPEK 0855   1115    747 0 S  E
>                VQ TL                                                        2:20
▶SD1Y1
 1.  MU5137 Y  TU06FEB  PVGPEK  DK1  0700  0920   325 S 0 ˆ E T2T2
```

图 4-9　输入指令后系统显示建立的航段组（SD）

提供到达情况航段的建立（SA）。

❑ 例：旅客 2 月 5 日查询从杭州到上海座位可利用情况。

▶SA 5FEB HGHSHA

输入指令后系统显示 SA 航段的建立，如图 4-10 所示。

```
▶SA 5FEB HGHSHA
 1.  ARNK   MO05FEB HGHSHA
```

图 4-10　输入指令后系统显示 SA 航段的建立

OPEN 航段组的建立（SN）。

❑ 例：建立北京至广州，2 月 10 日，头等舱，东航航班的 OPEN 航段。

▶SN MU/F10FEBPEKCAN

输入指令后系统显示 OPEN 航段的建立，如图 4-11 所示。

```
▶SN MU/F10FEBPEKCAN
 1. MUOPEN F  SA10FEB PEKCAN
```

图 4-11　输入指令后系统显示 OPEN 航段的建立

3）建立旅客姓名组

指令格式：NM 该姓氏的订座数旅客姓名（特殊旅客代号）

❑ 例：一个成人张三带一个儿童李四。

▶NM 1 张三 1 李四 CHD

输入指令后系统显示成人带儿童的姓名组，如图 4-12 所示。

```
▶NM1 张三 1 李四 CHD
 2.李四 CHD 1.张三
```

图 4-12　输入指令后系统显示成人带儿童的姓名组

❑ 例：两名旅客姓张 ZHANG/SAN，ZHANG/SI，三名旅客姓李 LI/FEI，LI/JUN，LI/XIAO。

▶NM 2ZHANG/SAN/SI 3LI/FEI/JUN/XIAO

输入指令后系统显示成人的姓名组，如图 4-13 所示。

```
▶NM 2ZHANG/SAN/SI 3LI/FEI/JUN/XIAO
 3. LI/FEI 4.LI/JUN 5.LI/XIAO 1.ZHANG/SAN 2.ZHANG/SI
```

图 4-13　输入指令后系统显示成人的姓名组

❑　例：一名为王伟的 6 岁无人陪伴儿童。

▶NM1 王伟（UM6）

输入指令后系统显示无成人陪伴儿童的姓名组，如图 4-14 所示。

```
▶NM1 王伟(UM6)
 1.王伟(UM6)
```

图 4-14　输入指令后系统显示无成人陪伴儿童的姓名组

❑　例：一成人王林携带一名婴儿王晓。

▶XN IN/王晓（OCT16）/P1（婴儿跟随成人的序号）

输入指令后系统显示一成人携带一婴儿的姓名组建立，如图 4-15 所示。

```
▶NM1 王林
1.王林
2.SHA/T SHA/T 021-62538888/SHA YI XIAO AIR SERVICE CO.,LTD/GAO LIN ABCDEFG
3.13811111111
4.SHA8888
▶XN IN/王晓(OCT16)/P1
1.王林
2.SHA/T SHA/T 021-62538888/SHA YI XIAO AIR SERVICE CO.,LTD/GAO LIN ABCDEFG
3.13811111111
4.OSI YY 1INF WANGXIAO/P1
5.XN/IN/王晓(OCT16)/P1
6.SHA8888
```

图 4-15　输入指令后系统显示一成人携带一婴儿的姓名组建立

GN 团体名称输入功能指令（GROUP NAME）。

❑　例：建立携程（Ctrip）25 人团体名称。

▶GN 25 CTRIP/GRP

输入指令后系统显示团队名称的建立，如图 4-16 所示。

```
▶GN25CTRIP/GRP
 0.25CTRIP/GRP NM0
```

图 4-16　输入指令后系统显示团队名称的建立

建立其他特殊类型旅客姓名。

❑　例：NM 1 姓名 EXST 额外占座旅客姓名输入。

▶NM 1LIN/LING　EXST

❑　例：NM 1 姓名 CBBG 占座行李旅客姓名输入。

▶NM 1LIN/LING　CBBG

❏ 例：NM 1 姓名 STCR 担架旅客姓名输入。

▶NM 1LIN/LING　STCR

4）建立联系地址组

指令格式：CT 城市代码/自由格式用于记录各种联系信息，方便查询代理人及旅客信息，联系组一般分为如下两部分。

（1）旅客联系信息由售票员手工输入，如记录旅客联系电话、地址等。

❏ 例：▶CT/021-12345888

输入指令后系统显示旅客的联系信息，如图 4-17 所示。

```
▶CT/021-12345888
1.王林
2.MU564 Y  TU06FEB PVGPEK DK1  0655 0925       33L O R E T1T2 A
3.SHA/T SHA/T 021-62538888/SHA YI XIAO AIR SERVICE CO.,LTD/GAO LIN ABCDEFG
4.021-12345888
```

图 4-17　输入指令后系统显示旅客的联系信息

（2）代理人联系信息由计算机系统自动生成，包括代理人所在城市、名称、电话及负责人。

各航空公司为了提升服务品质，保障航班正常运营，确保航班变更信息及时通知到每位乘机旅客，要求各销售代理人将旅客的手机号码以 OSI 指令格式准确输入订座记录中。

旅客手机号输入格式：

▶OSI 航空公司代码 CTCM 电话号码/旅客序号

【说明】：

航空公司代码：记录中航段对应的航空公司代码。

CTCM：标识此为旅客的联系方式。

电话号码：旅客的联系电话，CTCM 后无空格。

旅客序号：指定第几位旅客，不可省略。

❏ 例：▶OSI MU CTCM13888886666/P1

输入指令后系统显示旅客手机联系组，如图 4-18 所示。

```
▶OSI MU CTCM13888886666/P1
1.王林
2.MU564 Y  TU06FEB  PVGPEK DK1  0655 0925       33L O R E T1T2 A
3.SHA/T SHA/T 021-62538888/SHA YI XIAO AIR SERVICE CO.,LTD/GAO LIN ABCDEFG
4.021-12345888
5.OSI MU CTCM13888886666/P1
```

图 4-18　输入指令后系统显示旅客手机联系组

联系人手机号码输入格式：

▶OSI 航空公司代码 CTCT 电话号码

【说明】：

航空公司代码：记录中航段对应的航空公司代码。

CTCT：标识此为联系人的联系方式。

电话号码：联系人或代理人的电话号码，CTCT 后无空格，无旅客序号。

❑ 例：▶OSI CACTCT/13634566543

输入指令后系统显示联系人手机联系组，如图 4-19 所示。

```
▶ OSI CACTCT/13634566543
2.张鹏  1.张伟
3. CA1832 Y  TU01AUG  PVGPEK  DK2  1055  1315   789 S 0 ^ E T2T3
4.sha/T sha/T010-80885338/BEIJING ORIENT BLUE SKY INTERNATIONAL AVIATION
   SERVICE CO.,LTD//GEXING ABCDEFG
5.OSI CACTCT13634566543
6.sha001
```

图 4-19　输入指令后系统显示联系人手机联系组

5）建立出票情况组

注明旅客的出票情况，一般有两种情况：已出票的将给出票号；未出票的则自动显示出票的时限。

（1）已出票指令格式：TK：T/完整票号。

❑ 例：▶TK：T/7814010096452

输入指令后系统显示机票号码，如图 4-20 所示。

```
▶TK:T/7814010096452
1. 王林
2. MU564 Y  TU06FEB  PVGPEK DK1  0655 0925      33L  0  R  E T1T2 A
3. SHA/T SHA/T 021-62538888/SHA YI XIAO AIR SERVICE CO.,LTD/GAO LIN ABCDEFG
4. 021-12345888
5. T/7814010096452
6. OSI MU CTCM13888886666/P1
```

图 4-20　输入指令后系统显示机票号码

（2）输入已出电子客票的票号 7814010096452。

▶SSR TKNE CZ CANNKG 3513Y20FEB　7814010096452/2/P1

备注：2 表示客票第二航段。

（3）输入已出婴儿电子客票的票号 781-4010096452。

▶SSR TKNE CZ CANNKG 3513Y20FEB INF7814010096452/2/P1

（4）未出票指令：

▶TK TL/出票时限/日期时限/出票部门

❑ 例：出票时限为 2 月 1 日 12:00 以前。

▶TKTL/1200/1FEB/SHA888

输入指令后系统显示出票时限，如图 4-21 所示。

```
▶TKTL/1200/1FEB/SHA888
1. 王林
2. MU564 Y  TU06FEB  PVGPEK DK1  0655 0925       33L  O R E T1T2 A
3. SHA/T SHA/T 021-62538888/SHA YI XIAO AIR SERVICE CO.,LTD/GAO LIN ABCDEFG
4. 021-12345888
5. TL/1200/01FEB/SHA888
6. OSI MU CTCM13888886666/P1
```

图 4-21　输入指令后系统显示出票时限

【说明】：表示该订座的保留时间为 2 月 1 日 12:00，由上海 SHA888 代理人预订。

6）建立特殊服务组

为旅客建立特殊服务项目时，应在订座电脑的 PNR 的补充项目中选用 SSR 代码。

SSR 特殊服务项，表示旅客要求提供的一项特别服务或一项订座服务信息，收电承运人要立即采取行动和答复。PNR 封口后，每次建立或修改，随着相应的电报或 Queue 会拍发到各个有关承运人或部门。

特殊服务组指令格式：

SSR 特殊服务类型 / 航空公司两字代码 / 行动代码 / 人数 / 航段 / 内容 / 旅客标识 / 需要该服务的航段序号

❑　例：为第 1 个旅客订素食餐食。

▶SSR VGML MU NN1/P1/S2

输入指令后系统显示素食餐预订申请，如图 4-22 所示。

```
▶SSR VGML MU NN1/P1/S2
1. 王林
2. MU564 Y  TU06FEB  PVGPEK DK1  0655 0925       33L  O R E T1T2 A
3. SHA/T SHA/T 021-62530461/SHA YI XIAO AIR SERVICE CO.,LTD/GAO LIN ABCDEFG
4. 13811111111
5. SSR VGML MU NN1 PVGPEK 564 Y06FEB/P1
```

图 4-22　输入指令后系统显示素食餐预订申请

❑　例：建立一个 SSR 项，为该旅客提供轮椅。

▶SSR WCHR MU NN1/P1/S2

输入指令后系统显示轮椅预订申请，如图 4-23 所示。

```
▶SSR WCHR MU NN1/P1/S2
1. 王林
2. MU564 Y  TU06FEB  PVGPEK DK1  0655 0925       33L  O R E T1T2 A
3. SHA/T SHA/T 021-62530461/SHA YI XIAO AIR SERVICE CO.,LTD/GAO LIN ABCDEFG
4. 13811111111
5. SSR VGML MU NN1 PVGPEK 564 Y06FEB/P1
6. SSR WCHR MU NN1 PVGPEK 564 Y06FEB/P1
```

图 4-23　输入指令后系统显示轮椅预订申请

❑　例：输入旅客身份证号码 / 护照号码。

▶SSR FOID MU HK/NI123456789/P1

输入指令后系统显示旅客证件信息，如图4-24所示。

```
▶SSR FOID MU HK/NI101123197405067890/P1
 1.王林
 2. MU564 Y  TU06FEB  PVGPEK DK1   0655 0925        33L  O  R E T1T2 A
 3. SHA/T SHA/T 021-62530461/SHA YI XIAO AIR SERVICE CO.,LTD/GAO LIN ABCDEFG
 4. 13811111111
 5. SSR FOID MU HK1 NI101123197405067890/P1
 6. SSR VGML MU NN1 PVGPEK 564 Y06FEB/P1
 7. SSR WCHR MU NN1 PVGPEK 564 Y06FEB/P1
```

图4-24　输入指令后系统显示旅客证件信息

【说明】：证件种类：NI——身份证；PP——护照；ID——其他证件。

7）建立其他服务组

OSI其他服务项，向收电航空公司相关部门提供其所需要的信息，供收电承运人参阅，而不要求答复时，可用其他服务情况组OSI这个项目。PNR封口后，相应的Queue或电报会出现在航空公司有关部门。

其他服务组指令格式：

▶OSI 航空公司两字代码 / 服务代码 / 内容 / 旅客序号

☐　例：P1旅客为VIP，为他建立OSI项。

▶OSI MU VIP MAYOR OF SHANGHAI/P1

8）建立备注组

备注组记录某些可能有助于了解旅客情况的信息，备注组有以下两类。

（1）代理人手工输入的信息。

▶RMK 备注组类型自由格式文本 / 旅客标志

☐　例：为旅客建立备注组"不要取消座位"。

▶RMK PLS NOT CXL SEAT

（2）由ICS系统反馈的记录编号。

9）封口指令 @

建立或修改RMK时使用封口指令使其生效，PNR已经完成，提交系统处理，系统赋予其一个记录编号。

☐　例：正确封口时显示：该机票纪录编号为KX2DE6。

▶@

输入指令后系统显示PNR生成，如图4-25所示。

```
▶@
MU 5401 Y TH10NOV SHACTU RR1 0800 1120
KX2DE6
```

图4-25　输入指令后系统显示PNR生成

（四）PNR 的取消与还原

（1）当建立的 PNR 需要取消时，使用取消指令 XE。

▶XE PNR@+自由格式用以说明取消原因。

（2）当建立或修改 PNR 时，在没有执行封口指令之前，如果不想生成或修改这个 PNR，可以利用还原指令 IG 来恢复。

▶IG

（五）旅客订座过程示例

❑ 例：为旅客王萍预订上海至北京 2 月 6 日早上最早一班直达经济舱机票一张。

预订座位流程如下。

（1）▶ AV H/PVGPEK/6FEB（查询航班信息）。

指令输入后系统中显示的航班信息如图 4-26 所示。

```
▶ AV H/PVGPEK/6FEB
06FEB(TUE) SHABJS
1-  MU564   DS# FA C7 Y3 B7 E2 H4 K5 L5 N5 R9   PVGPEK  0655    0925    33L 0 S   E
>               S2 V6 T9 Z4 Q9                                          2:20
2   CA1858  DS# FA C8 YL BL MQ HQ KS LL QL GQ   PVGPEK 0750     1015    747 0 S   E
>               VL TL                                                   2:25
3   MU5101  DS# F4 CQ YS BS EA H9 K6 LQ NS RQ   PVGPEK 0805     1015+1 763 0 S    E
>               SQ V9 T5 Z4 Q8                                          2:15
4   HU7604  DS# F3 CA Y5 B9 HS KS LA M5 QA X9   PVGPEK 0820     1045    738 0 S   E
>               UL EL TL VL                                             2:25
5   MU5151  DS# FQ CS YL BQ ES HL KS LQ N9 R9   PVGPEK 0830     1050    321 0 S   E
>               S4 V9 T9 Z2 Q1                                          2:20
6   CA1590  DS# FL CS YL B9 M9 H8 K7 LQ QS GQ   PVGPEK 0855     1115    747 0 S   E
>               VQ TL                                                   2:20
```

图 4-26 指令输入后系统中显示的航班信息

（2）▶ SD1Y1（预订航段）（注意确认航段的状态为有效订座）。

指令输入后系统中显示的航段，如图 4-27 所示。

```
▶SD1Y1
1. MU564  Y  TU06FEB  PVGPEK  DK1  0655 0
```

图 4-27 指令输入后系统中显示的航段

（3）▶ NM1 王萍（输入旅客姓名）。

指令输入后系统中显示的旅客姓名，如图 4-28 所示。

```
▶NM1 王萍
1.王萍
2. MU564  Y  TU06FEB  PVGPEK  DK1  0655 0925       33L  0 R E T1T2 A
```

图 4-28 指令输入后系统中显示的旅客姓名

（4）▶ SSR FOID MU HK/NI310103198404070245/p1（输入旅客证件号码）。

指令输入后系统中显示的旅客证件信息，如图 4-29 所示。

```
▶SSR FOID MU HK/NI310103198404070245/p1
1.王萍
2. MU564  Y  TU06FEB  PVGPEK DK1   0655 0925         33L  0  R E T1T2 A
3. SHA/T SHA/T 021-62538888/SHA YI XIAO AIR SERVICE CO.,LTD/GAO LIN ABCDEFG
4. SSR FOID MU HK1 NI310103198404070245/P1
```

图 4-29　指令输入后系统中显示的旅客证件信息

（5）▶OSI MU CTCM13634663088/P1/CT/13811111111（输入联系电话）。

指令输入后系统中显示的旅客联系电话，如图 4-30 所示。

```
▶OSI MU CTCM13634663088/P1
CT/13811111111
1.王萍
2. MU564  Y  TU06FEB  PVGPEK DK1   0655 0925         33L  0  R E T1T2 A
3.SHA/T SHA/T 021-62538888/SHA YI XIAO AIR SERVICE CO.,LTD/GAO LIN ABCDEFG
4.13811111111
5.SSR FOID MU HK1 NI310103198404070245/P1
6.OSI MU CTCM13634663088/P1
```

图 4-30　指令输入后系统中显示的旅客联系电话

（6）▶TKTL/1200/1FEB/SHA888（输入预留时限项）。

指令输入后系统中显示的出票时限，如图 4-31 所示。

```
▶TKTL/1200/1FEB/SHA888
1.王萍
2. MU564  Y  TU06FEB  PVGPEK DK1   0655 0925         33L  0  R E T1T2 A
3.SHA/T SHA/T 021-62538888/SHA YI XIAO AIR SERVICE CO.,LTD/GAO LIN ABCDEFG
4.13811111111
5.TL/1200/01FEB/SHA888
6.SSR FOID MU HK1 NI310103198404070245/P1
7.OSI MU CTCM13634663088/P1
8.SHA888
```

图 4-31　指令输入后系统中显示的出票时限

（7）▶@IK（封口，形成编码后即预订完成，同时请核对订座状态为有效）。

指令输入后系统中显示的 PNR 生成，如图 4-32 所示。

```
▶@IK
JS58E2 -EOT SUCCESSFUL, BUT ASR UNUSED FOR 1 OR MORE SEGMENTS
 MU 564 Y TU06FEB PVGPEK DK1   0655 0925
```

图 4-32　指令输入后系统中显示的 PNR 生成

（8）▶RT JS58E2（提取记录编号 PNR）。

提取出的完整的旅客订座记录显示如图 4-33 所示。

```
▶RT JS58E2
1.王萍 JS58E2
2. MU564  Y  TU06FEB  PVGPEK HK1   0655 0925         E T1T2
3.SHA/T SHA/T 021-62538888/SHA YI XIAO AIR SERVICE CO.,LTD/GAO LIN ABCDEFG
4.13811111111
5.TL/1200/01FEB/SHA888
6.SSR FOID MU HK1 NI310103198404070245/P1
7.SSR ADTK 1E BY SHA01NOV17/2037 OR CXL MU564 Y06FEB
8.OSI MU CTCM13634663088/P1
9.RMK CA/MD5RNC
10.SHA888
```

图 4-33 提取出的完整的旅客订座记录显示

第四节 打票机控制

打票机是一种专用的航空客票打印设备，电子客票采用虚拟打票机。打票机通过电缆与一台终端连接，每台打票机都有唯一一个终端号，即 PID 号，每台打票机还有一个在本部门的序号；在使用打票机之前，需要通过一台终端建立控制；一台打票机同一时间内只能有一台控制终端；本部门 Office 中的任何一台终端（无论其物理位置在哪里）都可以在该部门中定义的打票机上打票。打票机是客票销售人员通过控制终端上的一系列指令进行控制的。

一、显示打票机的工作状态 DI

指令格式：▶DI: 打票机序号。

❑ 例：显示本部门的第八台打票机的状态，如图 4-34 所示。

图 4-34 输入指令后显示打票机状态

【说明】：

（1）左侧状态部分的各项内容为：

STATUS——打票机的工作状态，它有三种形式：UP（工作状态）、DOWN（非工作状态）、DOWN Q 纸质客票打票机会遇到该情况。

INPUT——输入状态，是指打票机是否允许将需要打印的客票送入打印队列。它有两种状态：ACTIVE（工作状态）、INACTIVE（非工作状态）。

OUTPUT——输出状态，是指打票机是否允许输出。它有两种状态：ACTIVE（工作状态）、INACTIVE（非工作状态）。

NACK——数据传输是否正常的标志；空白表示状态正常，'X'表示不正常。

TICKET——等待打印的客票数。

BOARDING PASS——等待打印的登机牌数，未使用。

（2）右侧的设备定义部分的各项内容分别为：

TYPE——打票机的类型，可以分为四种类型：航空公司国际客票、BSP 国际客票、航空公司国内客票、BSP 国内客票。

CURRENCY——打票机可以接收的货币代码，以及各种货币所要求保留的小数点位数。

（3）在这个例子中的最后两行分别记录了最后一张打印客票的票号，以及目前使用的票号范围。若从未输入票号范围，如打票机第一次使用，或电子客票打票机卸票后，输入 DI 时将不显示该内容。本部门任何终端都可以使用该指令查看打票机信息。

二、建立打票机的控制 EC

指令格式：▶EC:打票机序号。

❑ 例：对本部门的第一台打票机建立控制，如图 4-35 所示。

```
▶EC:1
>ACCEPTED
```

图 4-35　输入指令后显示完成建立打票机的控制

【说明】：

（1）一台打票机只有在某台终端建立了控制之后才能使用，而建立控制的这台终端称为控制终端。

（2）一台打票机同一时间只能有一个控制终端，而一台控制终端可以最多控制 5 台打票机。

（3）使用该功能建立控制时，终端与打票机必须定义在同一部门中，并且打票机未被其他的终端控制。

（4）出错信息提示：

DEVICE——打票机的序号不正确；

MAX DVC——该终端已经控制了最大允许的 5 台打票机；

UNABLE——该打票机已经有了控制终端。

三、打开打票机输入状态 TI

指令格式：▶TI: 打票机序号。

❑ 例：打开第一台打票机的输入，如图 4-36 所示。

```
▶ TI: 1
>ACCEPTED
```

图 4-36 输入指令后显示已打开打票机输入状态

【说明】：

（1）该功能必须在控制终端上进行。

（2）该功能允许指定的打票机接受打票请求，允许本部门中的终端向打票机输送打票命令，并将需要打印的客票送入打印队列。系统接收后，DI 中的 INPUT 项由 INACTIVE 变为 ACTIVE。

（3）出错信息提示：

DEVICE——打票机的序号不正确。

UNABLE——该打票机的输入状态已经是 ACTIVE。

AUTHORITY——没有权限，即该终端不是这台打票机的控制终端。

四、上票和卸票

1. 打票机上票

打票机上票功能可以让用户输入票号，以便能够正常出票。

指令格式：▶TN：打票机序号 X/客票号码。

❑ 例：上票票号范围 2017330101-30200，如图 4-37 所示。

```
▶ TN: 1X/2017330101-30200
ACCEPTED
```

图 4-37 输入指令后显示已上票号

【说明】：

（1）1 为打票机号，2017330101 是起始票号，30200 是结束票号。

（2）所输入票号必须是在上述可利用的票号段范围之内（可用 TOL 指令查询），一次上票的票号范围最多不得超过 500 张。

（3）电子客票上票必须遵循的原则为先分配的票号范围优先使用，在上一原则基础上序列号小的票号范围优先使用。

（4）打票机上的客票用完后，控制终端会收到"票证用完"的消息，即在票证用完之后会提示：DEVICE NN OOS，需要再次输入票号。

（5）如果分配的某票号段全部用完，系统定期会将用完的票号段放入历史记录中，用户再使用 TOL 指令将不会看见该票号段。

打票机输入票号后，可以用 DI 指令查看打票机的上票结果。

❏ 例：查看打票机上票结果，如图 4-38 所示。

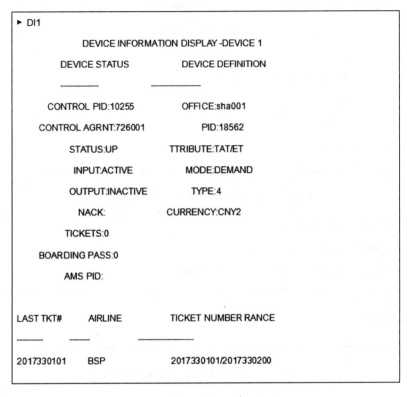

图 4-38　打票机上票后的显示

2. 打票机卸票

打票机卸票功能可以让用户卸下未使用的票号。

指令格式：▶TN：打票机序号 D。

❏ 例：第一台打票机卸票，如图 4-39 所示。

```
▶ TN: 1D
ACCEPTED
```

图 4-39　输入指令后打票机卸票的显示

【说明】：1 为打票机号。

❏ 例：用 DI 指令查看打票机的卸票结果，如图 4-40 所示。

```
▶ DI1
              DEVICE INFORMATION DISPLAY -DEVICE 1
        DEVICE STATUS              DEVICE DEFINITION
        -------------              -----------------
        CONTROL PID:10255          OFFICE:sha001
        CONTROL AGRNT:726001       PID:18562
        STATUS:UP                  TTRIBUTE:TAT/ET
        INPUT:ACTIVE               MODE:DEMAND
        OUTPUT:INACTIVE            TYPE:4
        NACK:                      CURRENCY:CNY2
        TICKETS:0
        BOARDING PASS:0
        AMS PID:
```

图 4-40　输入指令后打票机卸票结果显示

3. 关闭打票机输入状态 XI

指令格式：▶XI:打票机序号。

❑　例：关闭第一台打票机的输入，如图 4-41 所示。

```
▶ XI: 1
>ACCEPTED
```

图 4-41　输入指令后打票机关闭输入的显示

【说明】：

（1）该功能必须在控制终端上进行。

（2）该功能将 DI 中的 INPUT 项由 ACTIVE 变为 INACTIVE，终止由终端向打票机发送打印客票的命令。

（3）出错信息提示：

DEVICE——打票机的序号不正确；

FORMAT——输入的格式不正确；

UNABLE——该打票机的输入状态已经是 INACTIVE；

AUTHORITY——没有权限，即该终端不是这台打票机的控制终端。

4. 退出打票机的控制 XC

指令格式：▶XC:打票机序号。

❑　例：退出第一台打票机的控制，如图 4-42 所示。

```
► XC: 1
>ACCEPTED
```

图 4-42　输入指令后退出打票机控制的显示

【说明】：

（1）XC 功能是与 EC 功能相反的一对指令，退出控制之后，DI 显示中的 CONTROL PID 和 CONTROL AGENT 随之变为空项。

（2）营业员在没有退出打票机的控制之前，不能执行'SO'指令，否则终端上会显示'TICKET PRINTER IN USE'，即打票机正在使用，未退出控制，应先执行 XC 指令退出控制后营业员才可以 SO 退出工作号。

（3）出错信息提示：

DEVICE——打票机的序号不正确；

FORMAT——输入的格式不正确；

ACK NACK 项有'X'应去除。

OUTPUT TICKETS 项有积压客票。

AUTHORITY——没有权限，即该终端不是这台打票机的控制终端。

第五节　客票出票

在完成了客票的预订，并设置好打票机后，就能为旅客进行出票操作了。

为了简化代理人票价查询、计算流程，减少出票过程中的人为操作失误，提高工作效率，中国航信在航空公司的支持下，完善了订座系统中国内销售运价自动计算功能，建立订座记录后输入 PAT：A 指令，系统将根据 PNR 中的航段、航班、舱位、日期、时刻等信息，自动进行运价数据的比对，并返回符合条件的运价结果。代理人无须也无法进行修改，从而降低了运价使用出错的概率。

一、电子客票出票操作

1. 生成票价组

指令格式：►PAT:A[选项]

【说明】：

选项：

——计算儿童票价*CH；

——计算婴儿票价*IN；

——计算因公带伤警察票价*JC；

——计算伤残军人票价*GM；

——计算第一名旅客票价/P1。

注："*"是加在选项前的固定格式，只有指定旅客时不需要加"*"。

❑ 例：对订座记录L68ZHX生成票价组，如图4-43所示。

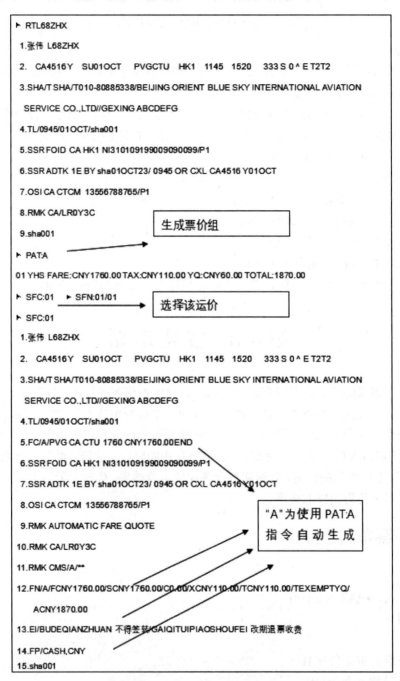

图4-43 输入指令后生成票价组的显示

（1）使用 PAT:A 指令后，系统首先会返回"01 YHS+YHS FARE:CNY2930.00 TAX:CNY220.00 YQ:CNY60.00 TOTAL:3150.00 ▶SFC:01 ▶SFN:01/01 ▶SFN:01/02"，即"PAT:A"指令仅仅是调出了运价。

（2）SFC:01 是系统自动返回的指令，用户只需要将光标放在 SFC:01 后面输入即可将运价添加到记录中，有 2 条或 2 条以上的运价时，将光标放在选定好的运价的 SFC 指令后输入即可。在 PNR 中增加了 FC、FN、FP、EI 等项。

（3）FN 是运价项，显示的是运价总额和各项税金。FC 是运价计算项，显示的是 FN 中运价总额的组成。FP 是付款方式项，显示的是票款的支付方式。EI 是签注栏，显示的是该客票的限制使用条件。TC 是旅游代码组，显示的是该客票适用的运价文件。

2. 删除出票时限

系统要求出票时需要将订座记录中的出票时限项删除，否则无法成功出票。

指令格式：▶XE:序号

❑ 例：删除以下订座记录中的出票时限项，如图 4-44 所示。

```
▶ RTL68ZHX
1.张伟 L68ZHX
2.  CA4516 Y  SU01OCT   PVGCTU  HK1  1145  1520   333 S 0 ^ E T2T2
3.SHA/T SHA/T010-80885338/BEIJING ORIENT BLUE SKY INTERNATIONAL AVIATION
   SERVICE CO.,LTD//GEXING ABCDEFG
4.TL/0945/01OCT/sha001
5.FC/A/PVG CA CTU 1760 CNY1760.00END
6.SSR FOID CA HK1 NI310109199009090099/P1
7.SSR ADTK 1E BY sha01OCT23/0945 OR CXL CA4516 Y01OCT
8.OSI CA CTCM 13556788765/P1
9.RMK AUTOMATIC FARE QUOTE
10.RMK CA/LR0Y3C
11.RMK CMS/A/**
12.FN/A/FCNY1760.00/SCNY1760.00/C0.00/XCNY110.00/TCNY110.00/TEXEMPTYQ/
    ACNY1870.00
13.EI/BUDEQIANZHUAN 不得签转/GAIQITUIPIAOSHOUFEI 改期退票收费
14.FP/CASH,CNY
15.sha001
▶ XE4
1.张伟 L68ZHX
2.  CA4516 Y  SU01OCT   PVGCTU  HK1  1145  1520   333 S 0 ^ E T2T2
3.SHA/T SHA/T010-80885338/BEIJING ORIENT BLUE SKY INTERNATIONAL AVIATION
   SERVICE CO.,LTD//GEXING ABCDEFG
4.FC/A/PVG CA CTU 1760 CNY1760.00END
5.SSR FOID CA HK1 NI310109199009090099/P1
6.SSR ADTK 1E BY sha01OCT23/0945 OR CXL CA4516 Y01OCT
7.OSI CA CTCM 13556788765/P1
8.RMK AUTOMATIC FARE QUOTE
```

图 4-44 输入指令后出票时限项删除后的显示

【说明】：

该订座记录中的第 5 行"TL/0945/20JUL/sha001"已删除。

3. 更改客票状态

国内各航空公司要求在出票前，必须将客票的状态更改为再确认状态。

指令格式：▶航段序号 RR

☐ 例：将上述客票更改为再确认状态，如图 4-45 所示。

```
▶2RR
1.张伟 L68ZHX
2. CA4516 Y  SU01OCT   PVGCTU RR1  1145  1520   333 S 0 ^ E T2T2
3.SHA/T SHA/T010-80885338/BEIJING ORIENT BLUE SKY INTERNATIONAL AVIATION
  SERVICE CO.,LTD//GEXING ABCDEFG
4.FC/A/PVG CA CTU 1760 CNY1760.00END
5.SSR FOID CA HK1 NI3101091990090900099/P1
6.SSR ADTK 1E BY sha01OCT23/ 0945 OR CXL CA4516 Y01OCT
7.OSI CA CTCM 13556788765/P1
8.RMK AUTOMATIC FARE QUOTE
```

图 4-45　输入指令后客票状态已更改的显示

【说明】：该客票状态已从 HK 状态更改为 RR 状态。

4. 打印电子客票

电子客票可以使用 ETDZ 指令打印。

指令格式：▶ETDZ:打票机序号/旅客序号,结算航空公司代码,出票选项

【说明】：

（1）出票选项包括成人和婴儿：ADL 表示只打印指定旅客序号的成人客票；INF 表示只打印指定旅客序号的婴儿客票。如果不指定，则表示成人及其携带的婴儿客票同时打印。

（2）当营业员执行 ETDZ 指令后，系统会自动完成出票并且对该 PNR 封口。

（3）一次打印的团体客票数不超过 30 张，大于 30 人的团体可分多次打印。

☐ 例：将客票继续操作完成出票，如图 4-46 所示。

```
▶ETDZ:1
CNY1980.00        L68ZHX
999-2017330101
ET PROCESSING...PLEASE WAIT!
ELECTRONIC TICKET ISSUED
```

图 4-46　输入指令后完成出票的显示

【说明】：

（1）执行 ETDZ 指令后，系统首先会返回金额和 CRS 系统中的 PNR 记录编码，然后显示票号，只有当出现"ELECTRONIC TICKET ISSUED"时，才表示出票成功。

（2）打印客票指令。

ETDZ►打票机号

ETDZ►打票机号/P 旅客序号

ETDZ►打票机号/P 旅客序号范围

ETDZ►打票机号，INF（只打印婴儿电子客票）

二、电子客票查询

1. 查询电子客票信息的常用指令

►DETR：TN/票号　　　　　　根据票号提取航信数据库电子客票记录。
►DETR：CN/PNR 记录编号　　按照 PNR 记录编号提取电子客票记录。
►DETR：NM/旅客姓名　　　　按照旅客姓名提取电子客票记录。
►DETR：NI/居民身份证号　　　按照居民身份证号提取电子客票记录。
►DETR：PP/护照号　　　　　　按照护照号提取电子客票记录。
►DETR：TN/票号，H　　　　　提取电子客票历史记录信息。
►DETR：TN/票号，P　　　　　提取已归档的电子客票记录。
►DETR：TN/票号，P，H　　　提取已归档的客票历史记录信息。
►DETR：TN/票号，F　　　　　显示指定票号的旅客身份信息。
►DETR：TN/票号，S　　　　　显示指定票号的电子客票行程单信息。
►DETR：TN/票号，K　　　　　根据票号查询旅客身份及其他出票信息。
►DETR：TN/票号，I　　　　　根据票号打印电子客票行程单。
►DETR：CN/PNR 记录编号，I　根据 PNR 编号打印电子客票行程单。

2. 电子客票历史记录查询

►DETR：TN 票号，H
►DETR：TN 票号，P，H（已归档的电子客票历史记录）

常见历史记录操作简码说明如表 4-2 所示。

表 4-2　常见历史记录操作简码说明表

简码	说明	简码	说明
TRMK	注释	ETLU	系统 ETL 报文自动更新航段状态
CKIN	值机操作	CRSU	CRS 系统更新
RAVL	更改航班和日期	EOTU	CRS 系统 PNR 封口
TKSU	手工修改航段状态	NFMT	生成结算数据报告

3. 电子客票历史记录的识读

电子客票历史记录的识读如图 4-47 所示。

图 4-47 电子客票历史记录的识读

（1）提取的旅客姓名为航信票面里的旅客姓名。

（2）记录序号：指票联状态或 PNR 中航段出现变化时，系统会在操作记录中显示。

（3）航段序号：指此客票的第几票联，如数字"1"表示该票号的第一个航段。

（4）此操作时间为中国时区，不需要加上 8 个小时。

（5）工作号是指操作此步的工作号，其中，9955、9940、9983 为系统工作号，不属人为操作，在系统自动交换控制权、PNR 取消、旅客误机等情况下，系统会记录相关操作。

（6）票联变化过程：指该客票的票联状态从一个状态修改为另一个状态。如第 14 步，"14115SEP/0715/18507CKIN O/C CZ3324/15SEP07/H/ZHACZN"表示：该客票的第一航段，在 9 月 15 日的 0715，工作号 18507，办理了 ZHA 至 CZN 的 2007 年 9 月 15 日的 CZ3324 航班的值机手续，舱位为 H 舱。其中，O/C 表示客票状态从 OPEN FOR USE 变成 CHECK-IN，O，C 均表示各自的票联代码。

（7）TSU 小组操作记录：第 22 步表示 2007 年 9 月 19 日 1555，工作号为 6781，将该客票的第二航段从 CPN 状态修改为 USED/FLOWN 状态。

第六节　Queue 的处理

Queue 系统是计算机订座系统中的待处理项目，简称 Q。它提供了系统与任何一个安装终端的部门之间进行业务联系的手段。系统会自动将有关旅客记录、订座电报、票价、航班更改等有关信息及时发送给不同的部门。每个部门的工作人员应及时处理 Q，以便更好地完成本部门的业务，确保航班及座位的正常管理。Q 的作用与电报相同，不过 Q 比电报更直接和方便，通过处理 Q，可以对订座进行检查，对过时的 PNR 进行清理，对更改过的航班及超订的 PNR 进行检查等工作。

一、常见 Q 种类介绍

每个部门都有一个综合 Queue（GQ），当某些 Q 在系统中无法识别其种类或本部门没有建立此种类的 Q 时，就会将它传送到 GQ 中。按照 Q 所包含的不同内容，Q 又可分为不同的种类，每个种类又有相应的两字代码。订座系统常见的 Q 种类及其含义如表 4-3 所示。

表 4-3 Q 种类及其含义

Q 种类	含 义	Q 种类	含 义
GQ	综合 Queue	PT	预付票款通知
GR	团队订座检查	SC	航班更改
CQ	可以进行候补	TL	出票时限
KK	证实回复电报	VP	重要旅客

二、出 Q 操作指令

出 Q 操作指令说明如表 4-4 所示。

表 4-4 出 Q 操作说明表

指令（再按 XMIT 键）	用 途
QS：Q 种类 或 QS：Q/ 城市部门代号	开始进入某一类 Queue
QN	处理下一个此类 Queue
QR	重新显示当前的 Queue
QE：Q 种类 / 城市部门代号	将有关信息转送到相应部门
QC：Q 种类 / 城市部门代号	将当前显示的 Q 转移到另一个 Q 种类中
QB	将修正后的正确电报重新送回系统内

三、退出指令

在处理部门 Queue 的过程中，系统会拒绝某些要求，当出现以下情况时可按表 4-5 所示的指令退出。

表 4-5 退出指令说明表

屏 幕 显 示	退 出 指 令	屏 幕 显 示	退 出 指 令
NO QUEUE	QN：E	WORKING Q	QD：E
Q EMPTY	QN：E	NO PNR	QN:E

第七节　客票退改签的办理

一、客票退票的办理

旅客购票后，在有效期内未使用的部分或全部航段的票证，旅客要求退还其所支付的客票款称为退票。旅客要求退票时，航空公司应根据退票的有关规定及时、正确地办理。

退票分为自愿退票和非自愿退票两种，与客票变更分类相同。

1. 退票的一般规定

（1）定期客票应在客票旅行始发之日起一年内申请办理，不定期客票应在客票填开之日起一年内申请办理，逾期不予办理。

（2）应提供旅客本人的有效身份证件办理退票，如果委托他人办理还必须持有旅客本人的委托书和旅客本人及退票人的有效身份证明，对于电子客票退票，若已打印过行程单需退还行程单。

（3）持婴儿票的旅客要求退票，免收退票费。

（4）旅客在航班的经停地点自动终止旅行，该航班未使用航段作自动放弃，票款不退，但其他航班未使用航段的乘机联仍可作为运输或退票的依据。

（5）退款在任何情况下都不得超过旅客原付票款，通常按原收款货币、原收款方式退款，退票费一般以元为单位，元以下四舍五入，具体以各航空公司的规定为准。

（6）如果受票价使用的限制或规定不得退票，并在客票中注明"不得退票"的，不予办理退票。

（7）所有未使用航段的机场建设费和燃油附加费全额退款。

2. 退票地点

（1）旅客在出票地自愿退票，应在原购票地点办理退票。

（2）旅客在出票地以外的地方要求退票，可在当地直属售票处或经承运人授权的销售代理人处办理退票。

（3）非自愿退票原则上在原购票售票处或原购票销售代理人处办理退票，在特殊情况下，可在航班始发地、经停地、终止旅行地的承运人直属售票处或引起非自愿退票事件发生地的承运人授权的代理人处办理退票。

（4）通过网站购票的旅客，必须在网站上提交退票申请。

（5）退款人（承运人）有权向客票上所载明姓名的旅客本人办理退款，客票上载明的旅客不是客票的付款人，并在客票上载明退票限制条件的，承运人应按照载明的退票限制条件将票款退给付款人或其指定人。

3. 部分航空公司的具体退票规定

每个航空公司在退票的一般规定的指导下，具体退票规定各不相同。

（1）国航退票规定如图4-48所示。

舱位		头等 P/F	头等折扣 A	公务 J	公务折扣 C/D/Z/R	超经全价 G	超经折扣 E	高端全价 Y	商旅知音 B/M/U	折扣经济 H/Q/V	特价经济 W/S	超值特价 T/L/N/K
变更手续费	航班起飞前	免费	5%	免费	5%	免费三次，第四次起收费5%	10%	免费三次，第四次起收费5%	10%	20%	30%	30%
	航班起飞后	5%	10%	5%	10%	10%	20%	10%	20%	30%	40%	50%
退票手续费	航班起飞前	5%	10%	5%	10%	10%	20%	10%	20%	30%	50%	只退税费
	航班起飞后	10%	20%	10%	20%	15%	30%	15%	30%	40%	只退税费	只退税费
自愿签转	经济舱（全价、折扣、特价）：补齐至Y舱正价，少补多不退，同时收取改期费 两舱（头等、公务）：补齐至实际承运航空公司对应舱位价格，少补多不退，同时收取改期费 <仅限部分产品适用>											

图4-48 国航退票规定

（2）东航退票规定如图 4-49 所示。

舱位等级	OPEN	自愿签转	自愿变更 航前	自愿变更 航后	自愿退票 航前	自愿退票 航后	客票有效期
U、F	允许	允许	免费	5%	5%	10%	除客票另有规定外，客票有效期自旅行开始之日起，一年内运输有效；如果客票全部未使用，则从填开之日起，一年内运输有效
P	不允许	不允许	10%	20%	20%	30%	
J	允许	允许	免费	5%	5%	10%	
C/D/Q/I	不允许	不允许	10%	20%	20%	30%	
Y	允许	允许	免费	5%	5%	10%	
B	不允许	不允许	免费	5%	5%	10%	
M/E/H			10%	20%	20%	30%	
K/L/N/R			20%	30%	30%	50%	
S/V/T/Z			30%	50%	50%	不允许	
注：航前和航后以航班起飞前2小时作为时间划分截点							

图 4-49 东航退票规定

（一）自愿退票

由于旅客本人的原因，在客票有效期内不能完成部分或全部航程而要求办理退票手续的，称为自愿退票。

自愿退票办理操作：有折扣票价的旅客自愿申请退票，航空公司将根据旅客提出退票的时间距航班起飞时间以及票价折扣率收取一定的退票手续费。具体以各航空公司的退票规定为准。客票上已注明"不得退票""NON-REF"的，该客票不得退票。如果客票全部未使用，那么应从全部原付票款中减去根据退票规定收取的退票费余额，连同所有税费一起退还给旅客。如果客票部分已使用，那么应从全部原付票款中减去已使用航段的票价，并扣除根据退票规定收取未使用航段的退票费后的余额及未使用航段的税费一起退还给旅客。旅客在航班的经停地自动终止旅行，则该航班未使用航段的票款不退。

（二）非自愿退票

由于航空公司的原因或其他不可抗力因素，不能正常承运旅客，旅客要求办理退票手续的，称为非自愿退票。

非自愿退票包括以下几种情况。

（1）承运人取消航班。

（2）承运人未按班期时刻表飞行。

（3）航班未在旅客所持客票上列明的目的地点或分程地点降停。

（4）航班衔接错失。

（5）承运人不能提供旅客原订座位。

（6）旅客健康情况经医疗单位证明不适宜乘机。

（7）承运人要求旅客中途下机或拒绝旅客乘机（因旅客证件不符合规定或违反有关国家或承运人规定者除外）。

1. 非自愿退票办理操作

（1）客票全部未使用，退还全部票款及税费，免收退票手续费。

（2）客票已部分使用，应从总票款中扣除已使用航段的适用票价，将其余额与未使用航段的票价比较，取其高者连同未使用的税费一起退还给旅客，免收退票手续费。

（3）通过网站自行购票的旅客，在网站上提交退款申请，同时选择"非自愿退票"命令，并详细注明退款原因，工作人员在查实无误后，在一定时间内将应退还票款按原支付方式退还。

（4）航班如在非规定的航站降落，旅客要求退票，原则上退降落站至旅客的到达站的票款，但退款金额以不超过原付票款金额为限。

2.旅客因病退票

旅客购票后，因病不能旅行而要求退票的，必须在航班规定起飞时间前提出并提供县级以上医疗机构出具的客票列明的航班飞行期间不适宜乘机的诊断证明书原件（包括诊断书原件、病历和旅客不能乘机的证明，缴费单原件或复印件）。如因病情突然发生，或在航班经停站临时发生病情，一时无法取得医疗单位证明，也必须经航空公司认可后才能办理。这种退票属于非自愿退票，按照非自愿退票的规定办理，不收取退票费。在航班始发站因病提出退票，退还全部票款；在航班经停站提出，退还的票款金额为旅客所付票价减去已使用航段相同折扣率的票价金额，剩余部分全部退还给旅客；但所退金额不得超过原付票款金额，患病旅客的陪伴人员要求退票，应以航空公司具体规定为准。

（三）退票操作流程

国内 BSP 电子客票的退票流程如下。

第一步：查验旅客证件，若打印过行程单，收回行程单。

第二步：执行 DETR 指令提出电子客票的票面信息，确认所退航段状态是否为 OPEN、FOR 或 USE，且客票上没有"不得退票"的票价限制条件。

第三步：判断并计算退票手续费，执行 DETR 指令将指定票号的指定航段退票，指令格式为 TRFD:AM/打票机序号/D 或者 TRFD:A/打票机序号/D，如图 4-50 所示。

图 4-50 系统退款申请显示

第四步：填写退票单界面的信息并提交；使用 TSL 指令查看退票的结算报表，用 DETR 指令查看电子客票票面的状态是否已更改为 REFUNDED。

第五步：提取 PNR，取消已退的航段组或 PNR。

❑ 例：成人旅客吴军由于自身原因提出退票号为 781-2546865521 的上海至北京的客票。

已知中国东方航空公司的退票规定如图 4-51 所示。

```
1) 航班规定离站时间（含）前：
F/C/Y 如航程全部未使用,票价全退;已使用部分航程,扣除已用航段的单程票价,并将余额返回给旅客；
B/E/H 收取实际票面价格 5%的退票手续费;
L/M/N/R 收取实际票面价格 20%的退票手续费;
S/V/T/W 收取实际票面价格 40%的变更手续费。

2) 航班规定离站时间后：
F/C 如航程全部未使用,票价全退;已使用部分航程,扣除已用航段的单程票价,并将余额返回给旅客；
Y/B/E/H 收取实际票面价格 10%的退票手续费;
L/M/N/R 收取实际票面价格 30%的退票手续费;
S/V/T/W 收取实际票面价格 50%的变更手续费。
```

图 4-51　中国东方航空公司的退票规定

为旅客办理退票手续的操作如下。

第一步：查验旅客证件，若打印过行程单，收回行程单。

第二步：执行 ▶DETR 指令，提取电子客票票面，查看是否满足退票条件，如图 4-52 所示。

```
ISSUED BY: CHINA EASTERN AIRLINES     ORG/DST: SHA/BJS     BSP-D
E/R:不得签转，退票收费
TOUR CODE:
PASSENGER: 吴军
EXCH:                  CONJ TKT:
O FM:1SHA MU 5103 R 19JUN 0825 OK Y60      20K REFUNDED
   RL: HCZR7 / QZ8OB
 TO: PEK
FC:19JUN12SHA MU PEK680.00CNY680.00END
FARE:       CNY  680.00 | FOP: CASH(CNY)
TAX:        CNY  50.00CN | OI:
TAX:        CNY 140.00YQ
TOTAL:      CNY  870.00 | TKTN: 781-2546865521
```

图 4-52　电子客票票面显示

第三步：根据航空公司的规定，该旅客自愿退票应收取 20%的退票手续费。即 680.00×20%=136.00（元），计算实退金额 870.00-136.00=734.00（元）。

第四步：在系统中通过 TRFD:AM/打票机序号/D 或者 TRFD:A/打票机序号/D 指令，填写退票单界面的信息并提交，如图 4-53 所示，使用 TSL 指令查看退票的结算报表，用 DETR 指令查看电子客票票面的状态是否已更改为 REFUNDED，如图 4-54 所示。

```
▶TRFU:M/ 1 /D/0
AIRLINE CODE  781 TKT NUMBER   254685521 - 6865521 CHECK
CONJUNCTION NO.  1 COUPON NO. 1 1000 2 0000 3 0000 4 0000
PASSENGER NAME    吴军
CURRENCY CODE  CNY-2 FORM OF PAYMENT   CASH
GROSS REFUND    680.00       ET-(Y/N):  Y
DEDUCTION  136.00    COMMISSION  3.00 % =  20.40
TAX [ 1 ]  CN    50.00   [ 2 ]  YQ  140.00  [ 3 ] __ _____
    [ 4 ] __ _____   [ 5 ] __ _____   [ 6 ] __ _____
    [ 7 ] __ _____   [ 8 ] __ _____   [ 9 ] __ _____
REMARK         CREDIT CARD
NET REFUND = 713.60      CNY
```

图 4-53　系统中申请退款

```
ISSUED BY: CHINA EASTERN AIRLINES    ORG/DST: SHA/BJS    BSP -D
E/R:不得签转，退票收费
TOUR CODE:
PASSENGER: 吴军
EXCH:              CONJ TKT:
O FM:1SHA MU 5103 R 19JUN 0825 OK Y60     20K REFUNDED
       RL: HCZR7 / QZ8OB
   TO: PEK
FC:19JUN12SHA MU PEK680.00CNY680.00END
FARE:       CNY 680.00  | FOP: CASH(CNY)
TAX:        CNY 50.00CN | OI:
TAX:        CNY 140.00YQ |
TOTAL:      CNY 870.00  | TKTN: 781-2546865521
```

图 4-54　系统显示原票面退票状态

二、客票变更的办理

由于旅客原因或承运人原因在客票有效期内所发生的承运人、航班、乘机日期或舱位的改变称为客票变更。客票变更分为自愿变更和非自愿变更。

客票变更的一般规定如下。

（1）要求变更的客票必须在客票有效期内并且客票乘机联为 OPEN、FOR 或 USE 状态。

（2）要求变更的客票不得违反票价限制条件。

（3）自愿变更航程和乘机人时，按退票处理，重新购票；非自愿变更航程时，必须使用客票换开的方式处理，如果地面服务值机部门和特别授权的地面服务代理有《航班中断舱单（FIM）》，应按其相关规定进行处理。

（4）自愿变更舱位等级按非自愿退票处理，重新购票，非自愿变更舱位等级按下列规定办理：①非自愿提高舱位等级，不需要重新购票，票价差额不补。②非自愿降低座位等级，应重新购票，票价差额退还旅客。

（一）自愿变更

由于旅客原因造成的变更，称为自愿变更。自愿变更应按照各航空公司的规定办理。

1. 同舱位航班、日期变更的处理程序

旅客购票后，需要变更乘机日期、航班，售票人员按照旅客所提的要求，查看订座情况，如有座位，且原订座记录里的航班日期还未过期，应提取原订座的记录做相应的更改，原 PNR 订座记录编号不变。如原 PNR 已取消，或原订座记录里的航班日期已经过期，则重新订座。

电子客票航班变更处理程序如下。

（1）删除旧航班信息，重新订新的航班，更新 SSR TKNE。

（2）修改航段日期指令：

▶XE 编码记录编号，日期。

❑ 例：▶ XE 2，2NOV（修改 PNR 的第二项的日期为 11 月 2 日）。

（3）输入新的 ▶ SSR TKNE。

指令格式：

▶SSR TKNE 航空公司/行动代码/城市对/航班号/舱位/日期/票号/航段序号/旅客序号

❑ 例：▶ SSR TKNE MU HK1SHAPEK 564 Y 27OCT 78133005001483/1/P1

【说明】：

（1）电子客票的改期操作，除了修改航班日期，还需重新输入 SSR TKNE 项，使关联的电子客票上的航班信息能够正确地更新。一般情况下，系统会自动更新相关的 SSR TKNE 信息；如果发现系统未自动更新，必须手动输入新的 SSR TKNE 信息。

（2）所更改的航班在航段、航空公司和舱位上应保持一致。

（3）PNR 中的旅客姓名应与电子客票票面中的姓名一致。

（4）婴儿客票航段信息发生变化时，必须输入新的 SSR INFT 时，婴儿姓名必须与票面中婴儿的姓名项一致。国内票婴儿姓名是中文的，SSR INFT 中英文名也必须与票面婴儿姓名一致。

（5）儿童客票发生改期，也必须输入新的 SSR CHLD 信息。

2.旅客身份信息的变更处理程序

电子客票允许更改旅客身份标识信息。更改电子客票旅客身份标识信息的操作流程如下：

（1）提取 PNR。

（2）删除 PNR 中原旅客身份标识信息，输入新的旅客身份标识信息。

（3）封口生效。

（4）提取 PNR，检查旅客身份标识信息是否修改成功。

❑ 例：旅客张伟已购买机票的票号为 999-2017330101，由于预订客票时居民身份证信息录入错误，现需要将居民身份证信息修改为 310109199101012233。

第一步：提取电子客票旅客订座记录 PNR，如图 4-55 所示。

第二步：删除 PNR 中的原居民身份证信息，输入新的居民身份证信息，如图 4-56 所示。

```
► RTL68ZHX
**ELECTRONIC TICKET PNR**
 1.张伟 L68ZHX
 2.  CA4516 Y   SU01OCT    PVGCTU  RR1   1145    1520    333 S 0 ^ E T2T2
 3.sha/T sha/T010-80885338/BEIJING ORIENT BLUE SKY INTERNATIONAL AVIATION SERVIC
     E CO.,LTD//GEXING ABCDEFG
 4.T
 5.SSR FOID CA HK1 NI310109199009090099/P1
 6.SSR TKNE CA HK1 PVGCTU 4516 Y01OCT 9992017330101/1/P1
 7.SSR ADTK 1E BY sha01OCT23/ 0945 OR CXL CA4516 Y01OCT
 8.OSI CA CTCM 13556788765/P1
 9.RMK AUTOMATIC FARE QUOTE
10.RMK CA/LR0Y3C
11.RMK CMS/A/**
12.FN/A/FCNY1760.00/SCNY1760.00/C0.00/XCNY110.00/TCNY110.00/TEXEMPTYQ/
     ACNY1870.00
13.EI/BUDEQIANZHUAN 不得签转/GAIQITUIPIAOSHOUFEI 改期退票收费
14.TN/9992017330101/P1
15.FP/CASH,CNY
16.sha001
```

图 4-55　输入指令后 PNR 订座记录的显示

```
► XE5
► SSR FOID CA HK/NI310109199101012233/P1
**ELECTRONIC TICKET PNR**
 1.张伟 L68ZHX
 2.  CA4516 Y   SU01OCT    PVGCTU  RR1   1145    1520    333 S 0 ^ E T2T2
 3.sha/T sha/T010-80885338/BEIJING ORIENT BLUE SKY INTERNATIONAL AVIATION SERVIC
     E CO.,LTD//GEXING ABCDEFG
 4.T
 5.SSR FOID CA HK1 NI310109199101012233/P1
 6.SSR FOID CA XX1 NI310109199009090099/P1
 7.SSR TKNE CA HK1 PVGCTU 4516 Y01OCT 9992017330101/1/P1
```

图 4-56　输入指令后居民身份证信息已变更的显示

第三步：封口，如图 4-57 所示。

```
► @
  CA4516  Y SU01OCT   SHACTU RR1   1145     1520
L68ZHX
```

图 4-57　输入指令后 PNR 封口的显示

第四步：提取 PNR，查看旅客居民身份证号码是否修改成功，如图 4-58 所示。

```
▶RTL68ZHX
**ELECTRONIC TICKET PNR**
 1.张伟 L68ZHX
 2. CA4516 Y  SU01OCT  PVGCTU  RR1  1145  1520  333 S 0 ^ E T2T2
 3.SHA/T SHA/T010-80885338/BEIJING ORIENT BLUE SKY INTERNATIONAL AVIATION SERVIC
   E CO.,LTD//GEXING ABCDEFG
 4.T
 5.SSR FOID CA HK1 NI310109199101012233/P1
 6.SSR TKNE CA HK1 PVGCTU 4516 Y01OCT 9992017330101/1/P1
 7.SSR ADTK 1E BY sha01OCT23/0945 OR CXL CA4516 Y01OCT
 8.OSI CA CTCM 13556788765/P1
 9.RMK AUTOMATIC FARE QUOTE
10.RMK CA/LR0Y3C
11.RMK CMS/A/**
12.FN/A/FCNY1760.00/SCNY1760.00/C0.00/XCNY110.00/TCNY110.00/TEXEMPTYQ/
   ACNY1870.00
13.EI/BUDEQIANZHUAN 不得签转/GAIQITUIPIAOSHOUFEI 改期退票收费
14.TN/9992017330101/P1
15.FP/CASH,CNY
16.sha001
```

图 4-58　输入指令后显示更改后的 PNR

3. 不支持改期的航班的客票处理程序

1）手工换开客票

（1）先提取电子客票信息（DETR），确认客票状态为 OPEN、FOR 或 USE，且签注栏没有"不得变更航班、日期"的限制条件。

（2）提取电子客票旅客记录 PNR。

（3）删除航段组、所有的票号项、票价及付款方式。

（4）重新预订航班。

（5）使用换开指令（OI）输入换开内容。

（6）重新计算票价并按照航空公司的规定收取变更手续费。

（7）使用打印客票指令（ETDZ）完成出票。

（8）重新提取电子客票信息（DETR）确认客票航班信息是否已更新。

下面举例说明电子客票换开操作流程。

（1）先提取电子客票信息（DETR），确认客票状态为 OPEN、FOR 或 USE，且签注栏没有"不得变更航班、日期"的限制条件。

（2）提取原 PNR，删除原 FN、TN、SSR TKNE 项。

（3）输入新的 FN 票价信息、FC、OI 项。

换开的 FN 指令格式：▶FN R 新票价单位新票价 /S 新票价单位票价 /C 代理费 /T 新税单位新税/O 已付旧税单位旧税 /ACNY 差价

❑ 例：▶FN RCNY1990.00/SCNY0.00/C0.00/TCNY20.00TQ/OCNY28.00YQ/ACNY500.00

【说明】：

RCNY——以运输始发国货币显示全航程新票价；

SCNY——新票实收价；

TCNY——新税；

OCNY——旧税；

ACNY——补收票款差额（不包括税费差额）。

备注：必须先输入新税（TCNY），再输入旧税（OCNY）。

换开的 FC 指令格式：▶FC 城市 1/ 航空公司城市 2/ 航段票价 / 货币单位 / 总价 /END/XT 新税 /OXT 已付旧税。

【说明】：

换开 FC 后，通过 OXT 列明已支付的 XT 税的金额和种类。

已部分使用的航段换开，必须在第一个未使用航程的三字代码前加注"T-"标识，以表示该航段之前的航段已经旅行完毕。

❑ 例：CANPEK 段已使用，换开 PEKCAN。

▶FC CAN CZ T-PEK   CZ CAN 1700.00YCNY1700.00END

换开的 OI 格式如下。

指令一：

▶OI：ET/ 票号 # 票联号 / 原出票地 / 出票日期 / 原出票年份的尾数（一位数）/ 旅客序号

指令二：（婴儿客票 OI 关联指令格式）。

▶OI：ET/IN/ 票号 # 票联号 / 原出票地 / 出票日期 / 原出票年份的尾数（一位数）/ 旅客序号

❑ 例：

▶OI：ET/784-4401336778#1200 CAN 24OCT8 P1

▶OI：ET/IN/784-4401336779#1200 CAN 24OCT8 P1

目前部分航空公司为了保证换开的准确性，已开通自动计算换开差价功能，使用指令 TRD：X/Pn

（4）输入 EI、TC、FP 等信息。

① 输入原票的 EI 栏信息，如果新票价有新的客票使用规定，那么补充在旧 EI 信息后面。使用 MCO 等收取变更费的换开，在 EI 栏注明 MCO 号码。

② 换开的 TC 信息：按照新票和相关文件规定输入。

③ 付款方式信息：按照新票的付款方式输入。

2）自动换开客票

自动换开客票的操作流程分以下两种情况。

（1）在新建的 PNR 里进行换开：

① 确定原 PNR 已经删除或过期后，建立新的 PNR。
② 完成新 PNR 的基本信息后输入 OI 项。
③ 输入自动计算换开运价指令 TRD:X。
④ 打印客票 ETDZ。
（2）在原有的 PNR 里进行换开：
① 删除原 PNR 里所需变更的航段以及出票相关项。
② 删除 PNR 中历史部分的过期航段。
③ 建立新航段。
④ 完成新 PNR 的基本信息后输入 OI 项。
⑤ 输入自动计算换开运价指令 TRD:X。
⑥ 打印客票 ETDZ。

换开的 OI 指令与手动换开中的 OI 指令类似，这里不再赘述。

自动计算换开运价指令是进行国内客票自动换开的运价计算。

指令格式：TRD:X

【说明】：

① 对第 n 名旅客进行自动计算，只有一名旅客时不用输入 P 项：TRD:X/Pn。
② 以旅客类型为婴儿进行自动计算：TRD:X*IN。
③ 进行婴儿运价的自动计算：TRD:X*IN/P1。
④ 以原票旅客类型进行信用卡换开自动计算：TRD:X/CC。

TRD 指令计算返回结果后，使用 SFC：序号来选择运价组合。

自动计算指令"TRD:X"不支持 OPEN 票的变更、非自愿变更、承运人变更、航线变更、多次变更和团队旅客变更，因为原票出票时不是用"PAT:A"计算的运价。

4. 变更舱位等级的处理程序

旅客购票后，如要求改变舱位等级，承运人及其销售代理人应在航班有可利用座位和时间允许的条件下，予以积极办理，票款的差额多退少补。

1）从低等级舱位升至高等级舱位

旅客要求从经济舱升至公务舱/头等舱，或从公务舱升至头等舱，或在子舱位销售中，由于旅客的自愿变更，旅客要从子舱位的较低舱位升至较高舱位，可采用换开客票或填开"退票、误机、变更收费单"的方法补收差额，不收取手续费。

❑ 例：自愿换开旅客王一明购买北京至广州的客票一张，当改期时没有对应舱位开放，要求将原客票由 Q 舱升至 Y 舱，有效期为半年。

▶AV：PEKCAN/日期（显示航班情况）

▶SD：1Y/RR1（显示适当的航班，建立航段组及订好座位）

NM 1 王一明

CT：TEL010-66017755H

SSR FOID　　CZ　HK/NI110101119801000321/P1

FN RCNY1700.00/SCNY0.00/C0.00/OCNY50.00CN/OCNY80.00YQ/ACNY760.00

（A- additional 760 元为所付升舱差额）

FC：PEK　　B-18JUL A-18JAN CZ　CAN　　1700.00Y/UPQ　　CNY1700.00　END

FP：CASH，CNY

OI：ET/ 784-2432603888#1000　CAN15DEC6P1（电子客票换开需要在票号前标识 ET）

ETDZ：1（1 表示打票机号码）

换开后系统票面的显示如图 4-59 所示。

```
DETR TN/784-2432603889,D
  ISSUED BY: CHINA SOUTHERN AIRLINES    ORG/DST: BJS/CAN         ARL -D
  TOUR CODE:
  PASSENGER: 王一明
  EXCH: 784-2432603888              CONJ TKT:
O FM:1PEK CZ 3108   Y 18JUL 0915 OK Y/UPQ 18JUL6/18JAN7 20K AIRP CNTL/UNK
     T2T1 RL:NH1D08   /
   TO: CAN
FC: 18JUL16BJS CZ CAN1700.00CNY1700.00END
  FARE:         CNY 1700.00  |FOP:CASH(CNY)
  TAX:       PD  50.00CN |OI: 784-2432603888 CAN 15DEC6
  TAX:       PD  80.00YQ |
  TOTAL:       CNY 760.00A |TKTN: 784-2432603889
```

图 4-59　换开后系统票面的显示

换开前系统票面的显示如图 4-60 所示。

```
DETR TN/784-2432603888,D
  ISSUED BY: CHINA SOUTHERN AIRLINES    ORG/DST: BJS/CAN         ARL -D
  TOUR CODE:
  PASSENGER: 王一明
  EXCH:                            CONJ TKT:
O FM:1PEK CZ    3108   Q 18JUL 0915 OK Q        18MAR6/18MAR7 20K EXCHANGED
     T2T1 RL:NH1D08   /
   TO: CAN
FC: 18JUL17BJS CZ CAN940.00CNY940.00END
  FARE:        CNY  940.00|FOP:CASH
  TAX:        CNY 50.00CN|OI:
  TAX:        CNY 80.00YQ|
  TOTAL:        CNY 1070.00 |TKTN: 784-2432603888
```

图 4-60　换开前系统票面的显示

2）从高等级舱位降至低等级舱位

旅客要求从公务舱/头等舱降至经济舱，或从头等舱降至公务舱，或在子舱位销售中，由于旅客的自愿变更，旅客要从子舱位的较高舱位降至较低舱位，则先按自愿退票的有关规定办理后，重新购票。

5. 变更航程或乘机人的处理程序

客票为记名式，如果旅客要求变更乘机人，应按自愿退票处理。

国内客票不得改变航程，如果旅客要求更改航程，也按自愿退票处理。

（二）非自愿变更

由于航班取消、提前、延误、航程改变等原因未能向旅客提供原订座位，或未能在旅客的中途分程地点或目的地点停留，或造成旅客已订妥座位的航班衔接错失，旅客要求变更客票，均属于非自愿变更。

旅客因病要求变更日期、航班或航程，应提供医疗单位的证明，并在航班规定的离站时间前提出，按非自愿变更的有关规定办理。

1. 非自愿变更航班或乘机日期

由于承运人的原因造成旅客无法乘坐原定航班出行，旅客要求变更航班，承运人应积极为旅客优先安排有可利用座位的承运人的后续航班。

2. 非自愿变更承运人

由于承运人的原因要求旅客变更承运人，承运人应征得旅客及被签转承运人的同意后，免费为旅客办理签转手续。

由于航空公司原因引起的非自愿签转，一般发生在机场，可以使用飞行中断舱单或非自愿换开客票的形式进行航空公司之间的签转。

3. 非自愿变更舱位等

因承运人原因引起旅客的舱位等级变更时，票款差额多退少不补，免费行李额按原订舱位等级的有关规定办理。

（1）非自愿升舱。值机员在离港系统中使用升舱指令直接为旅客办理乘机手续，在客票上不做任何更改。

（2）非自愿降舱。售票柜台票务员或者值机人员在旅客的行程单上加盖"非自愿降舱"章，并告知旅客必须保留登机牌及盖章的凭证，回出票地退差额。

三、客票签转的办理

旅客或航空公司要求改变客票的乘机联上指定的承运人所需办理的手续，称为客票签转。

1. 电子客票签转分类

（1）自愿签转：旅客本人要求更改其原定航段的承运航空公司。

（2）非自愿签转：因承运航空公司原因，旅客不能按原定航班旅行，原承运航空公司将旅客安排至其他航空公司的航班继续旅行。

2. 电子客票签转规定

（1）客票签转仅限在有多边联运协议 MTTA 或双边联运协议 BITA 的承运航空公司之间进行。

（2）旅客要求自愿签转时，只有无任何限制条件和无折扣的全价客票，才可以自愿签转至其他承运航空公司；任何有限制条件和有折扣的客票不得自愿签转至其他承运航空公司。

（3）因航空公司承运的航班延误、取消以及航空公司自身原因而导致旅客无法成行的情况下，折扣客票可以签转至其他承运航空公司的航班。

（4）客票签转必须事先征得原承运航空公司或出票航空公司的同意。

3. 有权签转的航空公司

（1）原出票航空公司。

（2）出票航空公司。

（3）在"Carrier"栏内指定的航空公司。

4. 航班中断舱单

1）航班中断舱单的概念

航班中断舱单（Flight Interruption Manifest，FIM），是以 IATA 标准制订的一种三联的旅客名单表，主要用于航空运输企业因特殊原因无法按原计划航班完成与旅客的运输合同而填开的，由其他航空运输企业或其他航班完成旅客运输的凭证。航班中断舱单既是旅客乘坐接运航空公司的运输凭证，也是接运航空公司与交运航空公司的结算凭证，具有与客票乘机联同等的效力。在当今的电子客票时代，没有纸质乘机联的提供，所以在机场遇到航班变更，签转到其他航空公司时，使用 FIM 是最为方便快捷的。

2）航班中断舱单的组成

航班中断舱单共三联：第一联为白色，填开后送交接运公司财务结算部门；第二联为黄色，填开单位交本公司财务结算部门；第三联为粉红色，由填开单位留存，如图 4-61 所示。

图 4-61　航班中断舱单样本

3）航班中断舱单使用规定

航空公司可以接受其他承运航空公司填开的航班中断舱单，也可以向其他承运航空公司填开航班中断舱单，但与本公司无客票结算协议的承运航空公司除外。航班中断舱单不适用于旅客自愿签转。FIM 须盖机打章（或财务专用章），并经值班主任（含）以上人员签名后方生效。

课后练习

一、简答题

1. 什么是客票？客票可分为哪些类型？
2. 旅客的有效购票证件有哪些？
3. 什么是旅客订座记录？一个完整的订座记录至少包含哪些内容？
4. 列举常用的查询电子客票信息指令。
5. 旅客客票如需变更航班日期、变更承运人、变更舱位等级、变更航程和乘机人，分别该如何处理？
6. 旅客退票可分为几种类型？该如何处理？
7. 旅客客票签转可以分几种类型？电子客票签转的规定是什么？

二、综合题

成人旅客吴军由于自身原因提出退掉票号为781-2546865521的上海至北京至哈尔滨的第二个航段客票，如图 4-62 所示。

```
ISSUED BY: CHINA EASTERN AIRLINES          ORG/DST: SHA/BJS           BSP-D
E/R:不得签转，退票收费
TOUR CODE:
PASSENGER: 吴军
EXCH:                                      CONJ TKT:
O FM:1SHA   MU   5103   R   19JUN   0825   OK   Y60        20K   USED
         RL: HCZR7  /  QZ8OB
O TO:2PEK   MU   5637   E   25JUN   1450   OK   Y85        20K   OPEN FOR USE
         RL: HCZR7  /  QZ8OB
   TO: HRB
FC:19JUN12SHA MU PEK680.00MU HRB720.00CNY1400.00END
FARE:         CNY   1400.00  |  FOP: CASH(CNY)
TAX:          CNY    100.00CN |  OI:
TAX:          CNY    280.00YQ |
TOTAL:        CNY   1780.00  |  TKTN: 781-2546865521
```

图 4-62　电子客票

（1）请根据航空公司的规定，为旅客吴军计算退票费。
（2）正确填写退款单（见表 4-6）。

表 4-6 退款单

REFUND

NO.0000474

客票/货运单号码 TICKET/AWB NO.		全航程 COMPLETE ROUTING	
原付金额 AMOUNT PAID		退款航程 REFUNDSECTOR	
扣已使用金额 AMOUNT USED		退票原因 REASONS	
扣退票费/退运费 SERVICE CHARGE			
实退金额 AMOUNT REFUNDED			

日期和出票地点　　　　　　　　　　经办人　　　　　　　　　签收人

(3) 完成系统中的退款操作（见图4-63）。

```
AIRLINE CODE    TKT NUMBER            -            CHECK
CONJUNCTION NO.  1   COUPON NO.  1 0000  2 0000  3 0000  4 0000
PASSENGER NAME
CURRENCY CODE  CNY-2  FORM OF PAYMENT   CASH
GROSS REFUND   _____      ET-(Y/N): _____
DEDUCTION                   COMMISSION ___ % =
TAX    [1] _____    [2] _____    [3] _____
       [4] _____    [5] _____    [6] _____

REMARK                CREDIT CARD
NET REFUND =          CNY
```

图 4-63 申请退款

机场旅客地面服务篇

第五章 航站楼公共服务

 本章学习重点

1. 航站楼旅客服务的流程。
2. 航站楼问询服务的分类和工作流程。
3. 航站楼广播的操作流程。
4. 航班调度的工作内容。

航站楼,又称航站大厦、候机楼、客运大楼、航厦,是机场内供乘客转换陆上交通与空中交通的设施,方便乘客上下飞机。在航站楼内,乘客购票后需办理乘机手续、托运行李,并经过安全检查及证照查验后才能登机。本章具体介绍了航站楼的设施和相关服务,并对航站楼问询、广播、调度等公共服务内容进行了讲解。

第一节 航站楼的功能设施和服务流程

一、航站楼的功能

航站楼是为航空旅客提供地面服务的主要建筑物,又称候机楼,一般根据跑道和通往城市的公路的布局而设置在航空港内比较适中的位置。其主要功能为:保证出发、使到达和中转的旅客能迅速且有秩序地登上飞机或离开机场,同时为旅客或迎送旅客的亲友提供候机和休息等场所。

二、航站楼的设施

航站楼的基本设施有车道边、公共大厅、安全检查设施、候机大厅等,具体如表 5-1 所示。

表 5-1 航站楼的基本设施及其功能

基本设施	功　能
车道边	车道边是航站楼陆侧边缘外,在航站楼进出口附近所布置的一条狭长地带,其作用是让接送旅客的车辆在航站楼门前做短暂停靠,旅客可以方便地上下车辆、搬运行李
公共大厅	航站楼的公共大厅主要用以办理乘机手续、交运行李、旅客及迎送者等候以及安排各种公共服务设施等。通常设有值机柜台、问讯柜台、各航空公司售票处、银行、邮政、电讯等设施,以及供旅客和迎送者购物、休闲、餐饮的服务区域
安全检查设施	为确保航空安全,出发旅客登机前必须接受安全检查,安全检查设施一般设在值机柜台和候机大厅之间
政府联检设施	政府联检设施包括海关、边防和卫生检疫,是国际旅客必须经过的关卡
候机大厅	候机大厅是出发旅客登机前的集合、休息场所,通常分散设置在航站楼机位附近。候机大厅一般设在二层,以便旅客通过登机桥登机
行李处理设施	行李处理设施,可使旅客快速、安全地托运或提取行李。进、出港行李流程应严格分开,旅客的提取行李装置,按在行李提取层行李输送装置的形状,可分为直线式、长圆盘式、跑道式和圆盘式四种形式
机械化代步设施	为方便人们在航站楼内的活动,特别是增加旅客在各功能区转换时的舒适感,航站楼常装设有机械化代步设备。常见的机械化代步设备有电梯、自动扶梯、自动人行步道等
登机桥	登机桥是航站楼在空侧与飞机建立联系的设备,它是航站楼门位与飞机舱门的过渡通道。采用登机桥,可使下机、登机的旅客免受天气、飞机噪声、发动机喷气吹袭等因素影响,也便于机场工作人员对出发、到达旅客客流进行组织和疏导
商业经营设施	航站楼商业经营设施已成为机场当局创收的一个重要渠道,甚至商业收入占到机场总收入的60%以上
旅客信息服务设施	主要指旅客问询查询系统、航班信息显示系统、广播系统、时钟等
其他设施	除直接与旅客发生联系的设施,还包括如机场当局、航空公司、公安以及各职能、技术、业务部门的办公、工作用房和众多的设施、设备

三、航站楼旅客服务的流程

航站楼旅客服务包括旅客离港、进港和中转服务。具体流程如表 5-2 所示。

表 5-2 航站楼旅客服务的流程

服务流程类别	流　程	详　解
旅客离港	01 换登机牌	旅客购票到达机场离港大厅后,在航班信息显示屏上查询所乘坐航班相应的值机柜台,凭本人有效身份证件到该值机柜台办理乘机和行李托运手续,领取登机牌。旅客一般可以在国内航班起飞前90分钟办理乘机手续,应注意国内大部分机场在航班起飞前30分钟关闭办理乘机手续

续表

服务流程类别	流程	详　解
旅客离港	02 托运行李	
	03 安全检查	在接受安全检查时，旅客准备好登机牌、有效身份证件交给安全检查员查验。为了飞行安全，旅客须从安全门通过接受人身安检，随身行李物品须经X光机检查
	04 候机及登机	经安全检查后，候机旅客可以根据登机牌上的登机口号码到相应候机区休息候机。 登机时需要出示登机牌，旅客应提前准备好。通常情况下，在航班起飞前约30分钟开始登机，旅客应留意广播提示
旅客进港	01 航班到达	如果航班停靠航站楼登机桥，旅客可沿进港廊道前往一楼行李提取厅；如果旅客是乘摆渡车到达航站楼，下车后可进入行李提取厅
	02 提取行李	大多机场行李提取厅位于一楼，其入口处设有行李转盘显示屏，旅客可根据航班号查找托运行李所在的转盘；如行李较多，可使用免费行李手推车或选择收费手推车服务；为确保旅客的行李不被误领，在出口处将会有工作人员对旅客的行李牌/号进行检查核对。旅客如有疑问可到行李查询柜台咨询
	03 离开机场	提取行李后旅客将进入到达大厅，在那里与接机的亲友会面，或到宾馆接待及问讯柜台进行咨询，或到银行兑换货币；出了到达大厅，旅客可选择机场巴士或出租车离开机场
旅客中转	01 航班到达	
	02 办理中转	中转旅客是等候衔接航班的旅客，一般不到航站楼外活动，所以要专门安排他们的流动路线。中转旅客可分为国内转国内、国内转国际、国际转国际、国际转国内

第二节　航站楼问询服务

　　航站楼问询可向旅客提供诸如航班信息、机场交通、候机楼设施使用等问询服务。
　　问询服务往往能直接解决旅客在旅行过程中遇到的许多麻烦，或为旅客解决问题指明方向，深受旅客欢迎。因此，在机场设立专门的问询柜台，为旅客提供各种问询服务，已经成为航空运输企业为旅客服务的不可或缺的窗口。

一、问询服务的分类

　　问询服务根据服务提供方的不同可以分为航空公司问询服务、机场问询服务和联合问询服务，其中联合问询是航空公司与机场共同派出问询服务人员组成联合问询柜台，向旅客提供最为全面的问询服务。

问询服务根据服务提供方式的不同可以分为现场问询服务和电话问询服务。现场问询是指在问询柜台当面向旅客提供问询服务。电话问询是通过电话的方式向来电的旅客提供各类问询服务。通常电话问询还可以分为人工电话问询和自动语音应答问询。人工电话问询主要用来解决旅客提出的一些比较复杂或非常少见的问题;自动语音应答则由旅客根据自动语音提示进行操作,通常能较好地解决旅客所关心的常见问题,它能大大地节省人力,提高服务效率。

根据服务柜台的设置位置不同,还可以将问询服务分为隔离区外的问询服务和隔离区内的问询服务。

二、问询岗位的工作流程

(一)现场问询

1. 现场问询岗位的定义

现场问询柜台位于候机楼值机大厅中央,主要负责为出入候机大厅的旅客提供方位引导、现场航班动态信息查询、机场相关交通信息查询和航空业务知识查询等服务,如图5-1所示。

2. 现场问询岗位的职责

(1) 负责了解本岗位的服务项目、内容、服务标准和流程,执行各项管理制度。

(2) 负责掌握问询查询系统及相关服务设备设施的操作方法,确保设备操作的正确、规范。

(3) 负责提供航站楼内各类柜台、功能设施方位引导、航班信息查询、机场相关交通信息指南及应急服务。

(4) 负责接受岗位相关安全知识、服务业务、操作技能的学习、培训,并接受相关考核,确保自身知识水平和服务能力符合岗位要求。

(5) 负责现场查询系统、服务设备设施的日常检查、监测和报修工作,确保系统及设备设施运行正常。

(6) 负责岗位操作、服务过程中各类问题的及时上报、反馈工作。

图 5-1　机场现场问询柜台

(7) 负责现场各项操作、服务记录的查看、填写和交接工作。

(8) 负责环境清扫,确保岗位整洁、舒适。

(9) 服从旅客服务科的人员调配。

(10) 完成领导交办的其他工作。

3. 现场问询岗位的工作流程

现场问询的工作流程如图5-2所示。

（1）迎候旅客时，当没有客人前来询问时，服务人员坐在座椅上等候。当有客人询问时，站立迎候，并致问候。

（2）解答问询主要分为航班信息类问询、航空业务类问询、方位指引类问询、交通信息类问询四种。当旅客咨询航班信息时，服务人员应请旅客出示机票或航班号，在航班查询系统中输入航班号，计算机显示该航班相关信息后，给予旅客相应信息解答。当旅客咨询航空业务类问询时，服务人员需要问清旅客所要询问的是哪一家航空公司，确认旅客所要询问的业务范围，根据确认后的信息提供解答服务。当旅客咨询方位指引类问询时，服务人员需要了解旅客问询内容，根据旅客需要介绍或指引相应的服务点及相关信息，方位指引应五指并拢，使用规范用语：先生/女士，请往××走，在××号柜台。当旅客咨询交通信息类问询时，服务人员了解旅客问询内容后，查询相关内容，向旅客提供所需的交通信息。

图 5-2　现场问询的工作流程图

（3）道别时，应使用规范用语：先生/女士，再见。

（4）注望。旅客离开后，服务人员应观察旅客走向是否正确，以确认旅客是否完全明白解答内容，如发现旅客误解信息或走错方向时，应立即向前重新说明或引导。

（二）电话问询

1. 电话问询室岗位的定义

电话问询室是一个为中外旅客提供航班出发、到达等动态信息，以及相关航空业务信息的电话查询服务的地方。

2. 电话问询室岗位的职责

（1）负责了解本岗位的服务项目、内容、服务标准和流程，执行各项管理制度。

（2）负责提供航班时刻信息及相关航空业务查询服务。

（3）负责掌握问询设备的操作方法，确保信息查询操作正确、规范。

（4）负责接受岗位相关安全知识、服务业务、操作技能的学习、培训，并接受相关考核，确保自身知识水平和服务能力符合岗位要求。

（5）负责问询系统、设备设施的检查、监测和报修工作，确保问询系统及设备设施运行安全、正常。

（6）负责岗位操作、服务过程中各类问题的及时上报、反馈工作。

（7）负责现场各项操作、服务记录的查看、填写和交接工作。

（8）负责环境清扫，确保岗位整洁、舒适。

（9）服从旅客服务科的人员调配。

（10）完成领导交办的其他工作。

3. 电话问询的操作流程

电话问询的操作流程如图 5-3 所示。

（1）接听电话。服务人员听到铃声后按下应答键，问候旅客，听取旅客问询内容。

（2）输入查询内容。服务人员将旅客所要查询的内容输入计算机查询系统，再按 Enter 键，核对信息，将计算机显示的信息与旅客所要查询的内容进行核对。

（3）核对信息。计算机显示的信息内容必须与旅客所查一致。

（4）回答问询。问询主要分为航班类信息问询和非航班类信息问询两种。当回答航班类信息问询时，问询员应征求旅客意见是否需要提供回电服务，如旅客愿意接受回电服务，并待得到信息中心确切信息通知后立即答复，将回电内容记录在《电话问询室回电记录本》内。当回答非航班类信息时，问询员应使用规范用语："很抱歉，我们没有这方面的信息，请您拨打×××查询。"

（5）挂机。问询员回答完毕后按下应答键挂机。旅客先挂电话后，问询员再挂电话。问询员应使用规范用语："没关系，再见。"

图 5-3　电话问询的操作流程图

第三节　航站楼广播服务

航站楼广播系统是机场航站楼必备的重要公共宣传媒体设备，是机场管理部门播放航班信息、特别公告、紧急通知等语言信息的重要工具，是旅客获取信息的主要途径之一，也是提高旅客服务质量的重要环节。

一、航站楼广播服务系统

航站楼广播服务系统由基本广播、自动广播、消防广播三部分组成。广播系统应采用当今先进的计算机矩阵切换器，对各种音源进行管理和分配，并限定它们的广播范围和广播权限，使所有的广播呼叫站都在设定的范围内工作，避免越权广播。

该系统有自动语言合成功能，可把数字信号转换成语言信号播出，合成后的语音标准、自然、流畅。系统语种一般为中文普通话和英语。

该系统有自动广播功能，在航班信息或航班动态信息的控制下，按时间顺序和不同的广播分区进行广播，无须人工操作即可自动地进行。同时，航班信息的广播可与航班信息的显示同步。

该系统还设有噪声控制处理器，设置地点应包括国际、国内办票大厅，迎客大厅，国际、国内候机厅，通过获取现场噪声信号可自动调节音量，增加语言的清晰度。候机楼广播系统的功率放大器设备应设有自检、备份功能，系统能自动检测功率放大器故障，并自动将功率放大器故障单元的负载切换至备用功率放大器上，并显示报警，从而提高了系统的可靠性，使广播不致中断。

广播分区划分应结合旅客进出港流程，按照建筑物的自然隔断而形成的不同功能区域来划分。图 5-4 为登机口广播图。

二、广播室岗位的职责

（1）负责了解本岗位的服务项目、内容、服务标准和流程，执行各项管理制度。

（2）负责掌握自动广播系统、人工广播设备设施的操作方法，确保广播信息操作的正确、规范。

图 5-4　登机口广播图

（3）负责各类广播信息的接收和发布工作，包括航班类、宣传类、公益类和应急类信息。

（4）负责接受岗位相关安全知识、服务业务、操作技能的学习、培训，并接受相关考核，确保自身知识水平和服务能力符合岗位要求。

（5）负责广播系统、设备设施的日常检查、监测和报修工作，确保问询系统及设备设施运行正常。

（6）负责岗位操作、服务过程中各类问题的及时上报、反馈工作。

（7）负责现场各项操作、服务记录的查看、填写和交接工作。

（8）负责环境清扫，确保岗位整洁、舒适。

（9）服从旅客服务科的人员调配。

（10）完成领导交办的其他工作。

三、广播室岗位的操作流程

广播室岗位的操作流程图如图 5-5 所示。

（1）信息接收。接收生产调度室发布的航班信息。航班信息包括正常登机信息、航班延误信息、变更登机口信息、航班取消信息。接收对讲机发布的航班信息，对未听清的信息打电话核实确认；接收计算机传输的航班信息；接听航空公司、旅客的来电信息。

（2）信息核实。首先核实生产调度室的信息，复核生产调度室发布的航班信息，将计算机传输的航班信息与生产调度室发布的信息进行核对，如有疑问，单击该航班信息广播提示对话框中的"取消"按钮，打电话再核实确认。

图 5-5　广播室岗位的操作流程图

其次核实航空公司、旅客的来电信息。先判断来电广播需求是否属于广播范围，然后答复航空公司、旅客。

（3）信息记录。正常航班登机信息记录在《当日进出港航班时刻预报表》内；延误航班信息、不正常服务记录在《广播室不正常航班记录本》上；寻人寻物广播信息记录在《广播室临时广播记录本》上；登机口变更信息记录在《广播室登机口变更信息记录本》上。

（4）确定信息广播方式。航班信息采用自动广播；寻人信息采用人工广播；寻物信息采用自动或人工广播。

（5）发布广播信息。信息广播方式分为自动广播和人工广播。

自动广播时，计算机发布航班信息，单击航班信息广播对话框中的"确定"按钮，调整航班信息广播的先后次序，监看计算机区域广播显示屏，如果出现故障应向报修中心报修，通知科值班领导，转入《广播设备故障应急作业标准》。

人工广播时，首先拟定寻人和寻物广播稿，其次判断广播区域，确定广播区域代码。

第四节　航班调度服务

一、航班调度服务概述

调度室负责航班信息的收集、发布、楼内设备设施故障报修受理以及各类突发事件的通报、协调。

调度室作为航站区管理部的指挥中心，其主要作用是成为航班操作室、广播室、电话问询室与运行指挥中心、各航空公司之间的桥梁，集中收集各类信息，为航空公司及旅客服务的一个重要岗位。图5-6为航班调度工作图。

图 5-6　航班调度工作图

二、航班调度岗位的职责

（1）执行各项规章制度，负责将航班到达、出发、延误、取消、转场、备降、合并、更改计划等信息及时、准确、规范地传递给各相关部门。

（2）使用普通话发布信息，发布后及时检查对外显示是否准确。

（3）岗上相互配合，处理突发事件相互沟通。

（4）负责接收楼内各类（自行安装除外）设施设备的故障报修，并及时、准确地通知保障部门进行维修。

（5）负责做好各类数据的统计、整理、存档工作。

（6）负责做好一年两季航班换季工作，尽快了解、掌握换季后航班变化。

(7) 认真做好不正常航班的信息保障工作，随时向运行指挥中心、航空公司了解相关航班动态，及时向相关部门发布。

(8) 完成领导交办的其他工作。

三、航班调度岗位的操作流程

航班调度岗位的操作流程如图 5-7 所示。

(1) 航班正常时，航空公司/机场负责将出港航班信息（登机、更改门号）通知调度室；调度室从机场保障系统上获取最新进港航班信息，记录在航班预报纸上；当航班不正常时（延误、取消），运行指挥中心负责了解不正常航班信息，并使用对讲机向调度室通报。

(2) 调度室进行记录核对后，使用对讲机向操作室、广播室、电话问询室进行信息发布。

(3) 操作室、广播室、电话问询室根据自己的要求直接向旅客发布信息。

(4) 旅客获取信息。

图 5-8 为国航航班调度图。

图 5-7　航班调度岗位的操作流程图

图 5-8　国航航班调度图

 课后练习

一、简答题

1. 简述航站楼的定义和功能。
2. 简述问询工作的分类和各分类的定义。
3. 简述航站楼广播室的操作流程。
4. 简述航班调度的定义和作用。

二、自测题

第六章 值机服务

 本章学习重点

1. 了解值机手续的办理方式。
2. 了解离港系统各前端产品的区别。
3. 掌握值机手续办理前的准备工作。
4. 掌握值机手续办理的程序。
5. 掌握值机关闭的处理方式。

航空运输流程包括三个部分：航空客票销售、地面服务和空中运输。值机服务是民航旅客运输服务连接地面服务和空中运输最关键的一个环节，做好值机工作对于提高民航服务质量和保证飞行正常及安全都具有十分重要的意义。

本章首先对值机手续办理的方式进行了介绍，然后是对值机人员在乘机手续办理前的准备工作进行说明，紧接着是对旅客乘机手续的正确办理流程及航班关闭操作方式进行介绍，最后是对计算机离港系统产品进行介绍。

第一节 值机的业务常识

值机作为民航旅客运输中的一个环节，是为旅客办理乘机手续，包括换登机牌、收运旅客的托运行李、安排旅客的座位等工作。值机在早期不仅是办理乘机手续，还包括行李统计、配载、登机、放行等一系列工作。一个人或者是多个人负责某个航班从头到尾的工作，也就是这个飞机（航班）的值勤。随着航班数量和旅客人数的增加，这个工作的分工更加细化，现在值机部门主要负责办理乘机手续。

一、办理航班值机手续的方式

随着民航业信息化建设的不断进步，各航空公司在确保飞行安全的前提下将服务重心转向旅客的出行体验上。在以实现航空公司成本的降低、旅客出行的方便快捷、航空服务质量的提高为目标下，多样化的值机模式不断涌现。

1. 柜台值机办理

柜台值机办理（check-in counter）是普通的传统值机方式。它的最大特征是：旅客将登机牌换取和行李登记综合在机场的同一时间、同一地点由机场或航空公司相关服务人员主导完成。柜台值机办理一般需要在航班起飞前提前 30 分钟或 45 分钟办理完成。图 6-1 为值机柜台图。

2. 机场自助值机及自助行李托运

机场自助值机及自助行李托运（kiosk check-in self check-in with baggage）是为了减少旅客在机场的排队等候时间，让旅客获得更多的因自主完成所带来的愉悦性和舒适性体验，在机场自助值机柜台前，旅客自动在机器上读取二代居民身份证后，自选座位，自动打印登机牌及完成行李的托运。

（1）自助值机柜台：是一种自助办理值机登机牌的机器，一般设于机场的办票大厅，由旅客自己操作来进行乘机手续办理，如图 6-2 所示。这种办理方法适用于经常乘坐飞机，熟悉机场办理乘机手续流程，同时无须行李托运的旅客。

图 6-1　值机柜台图

图 6-2　自助值机柜台

（2）自助办理行李托运的柜台：为了提升办理乘机手续的效率，航空公司不仅设立了自助值机柜台，还开发了一种可以自助办理行李托运的柜台，旅客可在工作人员的帮助下自助办理行李托运手续，大大节省了旅客排队等候的时间，如图 6-3 所示。

3. 网上值机

网上值机（net-self service）是指购买了电子客票的旅客，可以在航空公司官网的自助值机页面，自行操作完成身份证件验证、选择座位并打印 A4 纸登机牌。如果需要交运行李，旅客应在登机前在专设柜台完成行李交运。旅客可用自行打印的 A4 纸登机牌通过安检并登机。

航空公司对网上值机的一般规定是：旅客可于航班起飞前 2～24 小时登录航空公司网站办理乘机手续。图 6-4 为网上值机选定座位界面。

图 6-3　自助行李交运柜台

图 6-4　网上值机选定座位界面

4. 手机值机

手机值机（mobile phone service）是指旅客使用手机上网登录航空公司离港系统的自助值机界面，自行操作完成身份证件验证、选择并确定座位后，会收到航空公司发送的二维码电子登机牌，旅客到达机场后在专设柜台完成行李交运、打印登机牌或者直接扫描二维码，完成安检并登机。这种方式与网上值机类似，都是突破了时间和地域的限制，提前预订航班座位，操作极为简单、便捷，是航空公司推广的一种利用旅客的智能手机办理乘机手续的模式，如图 6-5 所示。

图 6-5　手机值机

5. 城市值机

城市值机（city terminal）也称为异地候机，是指无须在机场候机厅内办理乘机登记和行李托运手续，而是通过民航机场在市区或者没有机场的城市开设的异地候机楼的值机柜台办理乘机登机手续和行李托运的业务模式，如图 6-6 所示。城市值机模式拓展了民航机场的服务半径，打破了原有机场的空间局限，将值机业务前移到客源地。城市值机在方便非空港城市旅客出行的同时，还拓展了机场的业务范围。

图 6-6　城市值机

二、办理乘机手续的时间规定

旅客应按承运人的要求，提前一定时间到机场办理乘机手续。提前办理乘机手续的时间有以下规定。

（1）200 个座位（含 200）以上的客机在离站时间前 120 分钟开始办理乘机手续，在离站时间前 30 分钟停止办理乘机手续。

（2）90 个座位（含 90）至 200 个座位的客机在离站时间前 90 分钟开始办理乘机手续，在离站时间前 20 分钟停止办理乘机手续。

（3）90 个座位以下的客机在离站时间前 60 分钟开始办理乘机手续，在离站时间前 20 分钟停止办理乘机手续。

在实际工作中，根据机场和航班的不同，办理乘机手续的具体时间规定略有差异，应遵照具体要求执行。

三、行李牌及行李标签

行李牌（baggage tag）是承运人运输行李的凭证，也是旅客领取行李的凭证之一。行李牌从航段上可分为直达运输行李牌和联程运输行李牌；从使用方式上可分为机打行李牌和手工行李牌；从式样上可分为粘贴式和拴挂式。粘贴式行李牌是目前承运人中使用最多的一种，它具有防止行李牌脱落的功能。

（1）直达运输行李牌适用于无须转机直达目的地的托运行李。

（2）联程运输行李牌也称联运行李牌，适用于在两个以上航班运输中的托运行李。

（3）手工行李牌的填制方法如下：

① 在"TO"栏内填写联运行李的终点站的机场三字代码。

② 在"FLT/DATE"栏内填写最后运送至目的站的航班及日期。

③ 在"VIA"栏内填写中途经停站的机场三字代码。

④ 从目的地城市全称、航班号/日期开始，按到达顺序依次填写经停城市的三字代码，多余的"VIA"栏和"FLT/DATE"栏空着不填。

手工联运行李牌如图 6-7 所示。

图 6-7　手工联运行李牌

（4）机打粘贴式行李牌是旅客在机场值机柜台托运行李时常使用的一种行李牌，行李牌号由离港系统产生并打印出来，如图 6-8 所示。

图 6-8　机打粘贴式行李牌

四、旅客乘机证件

1. 查验旅客的有效身份证件

旅客身份证件是指旅客本人居住地所在国家有关部门颁发的带有免冠照片显示本人身份的证明。

查验证件有效性的要求如下。

（1）破损和模糊不清并影响使用的证件均不予接受。

（2）任何经伪造、涂改的证件均被视为无效证件。

（3）证件必须在证件本身注明的有效期内使用，任何处在有效期之外的证件均被视为无效证件。

（4）任何证件必须由旅客本人使用，冒用和借用他人证件均为无效使用。

（5）在办理值机过程中，值机人员需认真确认居民身份证、护照上的旅客姓名与机票上或离港系统里电子客票票面信息上的旅客姓名一致；同时确认旅客持有有效的签证及相关文件，需特别注意的是旅客持有的签证及相关文件必须在有效期限内。

2. 值机员对旅客证件的检查标准

（1）检查证件上的照片是否与旅客相符，证件是否有效。

（2）查验计算机系统中的姓名是否与旅客证件中所列姓名相符。

（3）检查旅客手持证件种类是否符合乘机要求。

（4）检查旅客是否持有出境及入境国必需的其他证件。

五、机上座位安排

机上座位安排应符合安全及飞机载重平衡的要求,根据旅客所持客票的舱位等级在"先到先服务"的原则下选择座位。

(1)航班座位不满时,要兼顾机舱各区对飞机平衡的影响,尽量安排旅客平均分布。

(2)同行旅客、家庭旅客应尽量安排在相邻座位上。

(3)病残旅客(包括轮椅旅客)、孕妇、无人陪伴儿童、盲人等需要特殊照顾的旅客应安排在靠近服务员或靠走廊、卫生间、方便出入的座位上,但不应该安排在紧急出口旁边的座位上。

(4)紧急出口座位应严格按照相关规定发放,老人、儿童、孕妇、外籍旅客、轮椅旅客、担架旅客、病残旅客、犯人、智力障碍者、语言不通者、在紧急情况不愿意协助他人者等特殊旅客均不得安排在紧急出口的座位上。

(5)犯人旅客安排在离一般旅客较远,不靠近紧急出口和不靠窗的座位上,其押运人员必须安排在犯人旅客旁边的座位上,乘机时应先上后下。

(6)须拆机上座椅的担架旅客必须本着避免影响其他旅客的原则,一般应安排在客舱尾部,避免其他旅客在进出客舱时引起注意,所拆座位不能在紧急出口旁边。

(7)婴儿如乘坐有摇篮位的飞机,则安排在摇篮位中;如果乘坐没有摇篮位的飞机,在航班不满的情况下,可将其旁边的座位空出。根据飞机上对婴儿座位的要求,相连的座位不能同时安排两个婴儿,旅客要求时应做好解释。

(8)高大、肥胖的旅客不能安排在紧急出口处和影响紧急出口旅客疏散的座位上;在航班不满的情况下,可将旅客旁边的座位空出;有头等舱座位的机型,在没有重要客人占用经济舱第一排且配载平衡允许的情况下,可将其安排在经济舱第一排的座位上。

(9)混舱销售的航班,经济舱旅客升舱原则是:在经济舱座位全部发满后才可升舱;全价票旅客比折扣票旅客优先免费升舱。升舱旅客座位应由后向前发放,正常头等舱或公务舱旅客座位从前往后发放,尽量将正常头等舱及公务舱旅客与升舱旅客分隔开。因承运人原因造成旅客非自愿降舱的情况,应尽可能安排旅客在较舒适的位置上。

第二节 值机手续办理前的准备工作

做好值机的准备工作是办理旅客乘机手续的重要环节,有助于应对值机过程中的各种复杂情况,减少运输差错和服务事故,缩短办理乘机手续的时间,提高工作质量和服务水准。

值机员在正式开始办理值机前,一般需要完成如下准备工作。

一、个人仪容仪表准备

(1)上岗前需按规定统一着装,衣纽、裤纽扣齐,衬衫束在裤、裙内,穿长袖衬衫时扣好袖扣,不得挽裤腿,必须着黑色皮鞋,做到衣裤整洁,熨烫整齐,按规定佩戴领花和领带。男性员工着深色短袜,女性员工皮鞋不得露脚尖和脚跟,着透明或近肤色袜子,袜子不得有破损。

(2)上岗时必须佩戴通行证、工号牌,文字面必须外露,不得遮掩。

(3)保持仪表端庄,头发要保持自然色,男性员工不得留长发、鬓角和胡须,女性员工长发必须用网罩束发,且露出双耳,前发不遮眼,短发长不得过衣领,不得有外露项链、手链、手镯等饰物,戒指只能戴一只,耳环必须是贴耳垂式的,戒指和耳环均不得过大,如图6-9所示。

图6-9 仪态要求

(4)指甲要保持清洁,不得留长指甲,在岗位上不得吃任何食品(包括不得嚼口香糖)。

(5)女性员工上岗必须化淡妆,不得使用任何指甲油。

(6)上岗期间,站坐姿端正,不得抖腿、跷脚、袖手,不勾肩搭背,不扎堆聊天,不斜靠、倚在任何固定物体上,不在工作岗位上做与工作无关的事,如图6-10所示。

图6-10 站坐姿要求

二、业务用品配备和设备检查

(一)业务用品配备

(1)准备好执行航班所需打印的登机牌、行李牌。

(2)准备其他应备物品,例如:

① 逾重行李通知单。

② 易碎物品标志。

③ 头等舱、公务舱旅客行李挂牌。

④ 重要旅客行李挂牌。
⑤ 速运行李牌。
⑥ 免除责任行李。
⑦ "小心轻放"贴纸。
⑧ VIP 交运行李及发报信息交接单。
⑨ 旅客特殊服务通知单。
⑩ 候补旅客登记表。
⑪ 免责书。
⑫ 紧急出口旅客须知。
⑬ 头等舱、公务舱旅客休息室邀请卡。
⑭ 票证交接袋。
⑮ 值机箱、一次性锁扣、计算器、订书机、起钉器、笔等。

（3）根据订座人数及机型情况，准备相应的手工行李条、登机牌及机位布局图，以备航班需要或特殊情况时使用。

（二）设备检查

值机员按照上岗时间至少提前 5 分钟到达指定岗位。检查对讲机、离港计算机、打印机、行李磅秤和行李传输带、航显等设备的运行情况是否良好，正确登录离港系统并查看系统状态是否正常，发现不正常情况应及时通知机场维修人员，并做好特殊情况处置预案。

三、航班信息掌握

值机员在上岗前了解各类航班信息，包括以下几方面。

（1）查阅当日航班预报人数，了解执行航班的机型、机号、座位布局、预定离站时间、值机柜台方位及各航线始发站、经停点和终点站的机场情况、航班动态情况。

（2）收集整理航班各类客运电报，如旅客名单预报（PNL）、特殊服务电报（PSM）、无成人陪伴儿童服务电报（UM）等。

（3）通过订座系统和离港系统，了解执行航班和中转航班各舱位等级的旅客订座情况、座位预留、中转旅客人数、重要旅客和特殊旅客服务要求及其他注意事项。

（4）根据了解到的航班信息和情况，填制《出口航班准备表》。

第三节　航班值机手续的办理

值机是航空港服务的一个重要组成部分，它的工作内容包括换登机牌、接收旅客托运行李、安排旅客的座位等。值机不仅是旅客了解航空公司的一个窗口，值机工作的好坏还会影响运输产品质量以及飞行安全，因此做好值机工作对于提高服务质量和保证飞行正常及安全具有重要意义。

一、国内电子客票的识读与查验

电子客票是普通纸质机票的一种电子映像，它将普通纸质机票的票面信息存储在系统中，包含了普通纸质机票的全部信息，具有与普通纸质机票相同的操作功能，可执行出票、退票、改期、换开等操作。电子客票按照运输类型分为国内电子客票和国际电子客票，按照使用对象分为航空公司电子客票和 BSP 中性电子客票。航空公司电子客票是由航空公司自行制定、出具的标准运输凭证，主要通过网站、直属售票处等直销渠道进行销售，以电子支付方式进行实时在线结算。BSP 中性电子客票是由国际航空运输协会指定某会员航空公司作为承运人出具的标准运输凭证，完全通过代理人进行销售，并由 BSP 银行清算网络进行非实时线下结算。

（一）国内电子客票票面信息的识读

旅客国内电子客票票面信息的识读如图 6-11 所示。

图 6-11　国内电子客票票面

说明：

ET——标识（左上角）。

票证类型（右上角）

BSP-D——航协电子客票-国内。

BSP-I——航协电子客票-国际。

ARL-D——航空公司电子客票-国内。

ARL-I——航空公司电子客票-国际。

电子客票状态说明如表 6-1 所示。

表 6-1　电子客票状态说明

编　号	代　码	客票状态	说　　明
1	O	OPEN FOR USE	客票有效
2	V	VOID	已作废

续表

编号	代码	客票状态	说明
3	R	REFUND	已退票
4	C	CHECK IN	正在办理登机
5	F	USED/FLOWN	客票已使用
6	S	SUSPENDED	系统处理，客票禁止使用
7	E	EXCHANGED	电子客票换开
8	X	PRINT/EXCH	已换开为纸票
9	L	LIFT /BOARDED	已登机
10		FIM EXCH	已使用 FIM 签转至其他航空公司

（二）国内电子客票的查验

电子客票的查验内容包括以下几个方面。

（1）值机人员可通过有效证件号码、电子客票票号或订座记录编码 PNR 等方式提取电子客票信息，并查看电子客票状态，只有当电子客票票面状态显示"OPEN FOR USE"时，才表明客票有效。

（2）电子客票上显示的信息必须与实际承运的航段和承运人一致。

（3）电子客票上所列明的航程，要从始发站地点开始按顺序使用。如客票的第一段未被使用，而旅客在客票所列明的中途分程地点或约定的经停地点开始旅行，该客票运输无效，航空公司不予接受。

（4）查验电子客票是否在有效期内。旅客必须在客票有效期内完成客票上列明的中途分程、联程、回程的全部航程。

（5）查验旅客所持有效证件信息与电子客票信息是否一致，若不符，不予办理值机手续。

二、电子客票行程单的使用规定

电子客票行程单由国家税务局监制印刷，是旅客购买电子客票的付款凭证和报销凭证，其规格为 238mm×106.6mm。其中包含旅客姓名、航程、航班、旅行日期、起飞及到达时间、票号等内容。旅客到机场办理登机手续，在柜台前出示有效身份证件就可以办理登机牌，然后凭登机牌和身份证件就可以办理安全检查。电子客票行程单不作为机场办理乘机手续和安全检查的必要凭证。

1. 电子客票行程单使用的相关规定

（1）旅客购买电子客票后，售票人员应根据旅客的需要为旅客打印航空运输电子客票行程单。

（2）每张电子客票行程单对应一本电子客票（连续客票视为一本客票），每本电子客票只能打印一张行程单，电子客票全部航段使用后超过 7 天则不能打印行程单，如果该客票未使用，则在一年内可打印行程单。

（3）电子客票行程单采取遗失不补原则，旅客应妥善保管。

（4）如果发生电子客票作废或退票，必须回收对应的行程单原件。

2. 电子客票行程单的样式

电子客票行程单的样式如图 6-12 所示。

图 6-12　电子客票行程单样式

三、值机办理的流程

1. 柜台引导

值机柜台开放办理乘机手续期间,由引导员在值机区域入口处回答旅客询问,为旅客提供指引以及排队疏导,指引旅客至相应柜台办理乘机手续。

2. 主动问候

采用"十步微笑,五步问候"法,在十步之内以目光迎接旅客,当旅客至值机柜台时,值机员起立迎候,并主动问候旅客,用"您好""让您久等了"等问候性的语言。

3. 请旅客出示有效证件,全程服务用姓氏称呼,查验证件

双手接过旅客居民身份证、护照,识别旅客姓氏后,在全程服务中以姓氏或先生、女士等称呼旅客。检查身份证件有效期,核对旅客本人与证件照片是否相符;持电子客票的旅客无须查验旅客的行程单,只需查看旅客的有效身份证件,持电子客票的儿童或婴儿办理乘机手续时,必须查验该儿童或婴儿的有效身份证件及出生日期,确认证件上的旅客姓名与机票上的一致,主动与旅客核对航班号、目的地及有关转机事项;核对完毕后,将旅客证件正面朝上,面对旅客视觉方向双手递还。

4. 查验票证

值机员应认真查验旅客所持客票的有效性,包括客票的有效期、航班号、乘机日期、起飞时间、到达站、舱位等级、订座状态、签转栏和限制条件等信息。确认证件上的旅客姓名和客票上的姓名是否一致,客票是否符合按顺序使用规则,查验 DCS 系统中的 ET 标识。如为电子客票,须确认电子客票的状态为 OPEN FOR USE,若该电子客票已被换开成 FIM 时(状态为 FIM EXCHANGE),应请旅客出示 FIM 单,并指引其前往相应的航空公司的

乘机登记柜台；若该电子客票已办理退款（状态为 REFUND），则不得办理乘机手续。如旅客未事先订妥座位，则在旅客候补登记表上按顺序为旅客进行登记。

5. 服务信息确认

若 DCS 系统备注中无 FF 标识，应主动询问旅客是否有常旅客会员卡，并在离港系统中准确录入会员卡号；检查离港系统显示的特殊服务信息并与旅客进行确认，如餐食、轮椅等服务需求。

6. 办理交运行李

（1）询问旅客交运行李的件数和目的地，并提醒旅客拴挂名牌并检查行李外包装。

（2）询问旅客手提行李情况（包括拉杆箱）的具体情况，明确告知超规行李如发生损坏、遗失，由此造成的损失及费用，航空公司不承担责任。要求超规行李必须托运，如旅客拒绝托运，须在登机口拦截。

（3）如旅客交运的行李超过免费行李额，须收取逾重行李费用。

7. 拴挂行李牌

（1）行李牌拴挂位置适当，粘贴牢固。去除旧牌，拴挂新牌前与旅客再次确认行李交运目的地，将行李牌小联粘贴在行李上。

（2）主动询问旅客是否在交运行李内夹带易碎物品，如有，应粘贴易碎物品标识，同时请旅客签字确认后使用行李周转箱（如有）或由专人负责将易碎行李送至行李分拣区。

（3）头等舱、公务舱旅客的交运行李须拴挂头等舱、公务舱行李挂牌；重要旅客的交运行李须拴挂重要旅客行李牌及头等舱或公务舱行李挂牌。

8. 办理登机牌

（1）主动询问旅客座位喜好，结合座位分配原则，尽可能予以满足。如无法满足，需诚恳解释，取得旅客谅解。

（2）尽量安排团体旅客或同行旅客集中就座。

（3）需向安排在紧急出口座位的旅客做必要说明，如旅客不愿履行相应职责，需为其调换座位。

9. 递交行李牌登机牌

手工填制的登机牌应注明航班号、日期、座位号。登机牌只有在旅客办妥登机手续、托运完行李并付清有关费用后方可交付给旅客。对于持电子客票的旅客，应查验登机牌上的 ET 标识及票号。

（1）再次与旅客确认航班号、目的地、行李情况，在登机牌上圈出座位、登机口及登机时间。

（2）将旅客的登机牌正面朝上，和行李牌一起，面对旅客视觉方向双手递还。

（3）对于头等舱、公务舱的旅客还需发放贵宾室休息卡，向旅客指引贵宾室方位。

（4）向旅客致谢，用"祝您旅途愉快"等语言向旅客告别，指引安检口方向。

第四节 航班值机关闭的处理

一、航班值机关闭的操作

(一)航班初始关闭

一般在航班起飞前 30 分钟做航班初始关闭。航班即将初始关闭前,值机员应广播通知并检查柜台前是否有未办理此航班乘机手续的旅客。如有,应及时通知航班主管,并在征得其他旅客同意后先为其办理,办理完毕后通知值机主管,正常旅客接收完毕后,接收候补旅客。在离港系统中做 CI 指令,并通知信息调度航班初始关闭,填写本航班行李交接单。

(1)航班初始关闭后,值机员应不再为此航班旅客办理乘机手续;如还有晚到旅客未办理乘机手续,航班有空余座位时,应立即通知信息调度,在获取信息调度同意后,方能接收。

(2)对晚到旅客表现出关心和诚意。安排专人或与联检人员联系优先办理联检手续,之后由负责引导的工作人员将旅客引导至登机口,如确实不能安排晚到旅客成行时,需做好解释工作,并根据旅客的客票性质做后续航班的安排工作。

(3)值机员各自统计办理情况,包括旅客人数、行李件数、重量、特殊旅客服务,与离港系统中的数据进行核对。

(二)航班中间关闭

航班中间关闭最迟在航班起飞前 25 分钟操作。信息调度室接到航班初始关闭的信息后,在离港系统中做 CCL 指令,将航班中间关闭。

(1)信息调度向生产调度室及平衡科报客。报客内容:生产调度室——航班办理总人数,航班各航段、各舱位成人/儿童、婴儿人数,特殊餐食、VIP 信息。

(2)平衡部门统计航班办理总人数,航班各航段、各舱位成人/儿童、婴儿人数,航班各航段的行李件数及重量,各平衡区域人数。

(3)在航班中间关闭后,一般不再增加旅客。值机员根据行李收运情况填写行李交接单,并通过行李转盘将其交予地面服务部、行李部。

(4)负责清点机票的值机员收集并检查整个航班的乘机联,交票证检查人员。

(5)送机。值机员与联检单位交接相关单据,并且值机员收集各类送机单据放入随机业务箱,到登机口与旅客服务部的工作人员交接。

(三)航班最终关闭

航班起飞后,信息调度将航班最终关闭,在离港系统中做 CC 指令,一般在航班起飞后 10 分钟。离港系统自动拍发 TPM、PTM、FTL 等电报。值机员手工拍发 PSM 电报。

二、打开已关闭航班

关闭航班后,没有特殊情况,不能随便打开航班。重新开放航班需修改航班数据,应征得相关部门同意，再次关闭后需及时通知相关部门。打开航班与关闭航班顺序相反。

三、临时变更机型的处置

在航班办理乘机手续过程中，如发生临时更换机型，应按照如下程序进行操作处置。

（1）暂停办理乘机手续，并向旅客做好解释工作。

（2）清点各自所办理的旅客人数，报航班控制员。

（3）待航班控制员重新分配座位后，在离港系统中接收未办理乘机手续的旅客；对于更换机型前已办理乘机手续的旅客，由航班控制员按更换机型的离港操作为更换机型后座位不匹配的旅客重新安排座位，待航班登机时，由值机员为旅客更换登机牌，并做好相应的解释、安抚工作，而更换机型后座位匹配的旅客仍使用原登机牌。

（4）如果更换机型，改为手工办理乘机手续，航班控制员准备手工登机牌，并根据已办理乘机手续旅客的数量，拿出相同数量更换机型后的新登机牌，待航班登机时值机员从已办理乘机手续的旅客中换回旧的登机牌；而未办理乘机手续的旅客，值机员则发给旅客更换机型后的新手工登机牌。

在航班结束办理乘机手续后，如发生更换机型的情况，操作程序如下。

待航班登机时，在登机口值机员用准备好的新机型登机牌，更换旅客手中原来的旧登机牌。

第五节　离港系统

一、计算机离港控制系统介绍

计算机离港控制系统（departure control system，DCS），又称离港系统，是中国民航引进美国优利公司的航空公司旅客服务大型联机事务处理系统，分为旅客值机（CKI）、航班数据控制（FDC）、配载平衡（LDP）三大部分。

（1）旅客值机（CKI）是旅客购买机票后乘机前必经的程序，包括核对旅客姓名、确认机上座位、发放登机牌、交运行李等一系列操作。

（2）航班数据控制（FDC）部分负责值机系统的数据管理工作。通常旅客值机航班由航班数据控制系统编辑季节航班表生成，旅客名单可以向订座系统申请得到。

（3）配载平衡（LDP）是飞机起飞前工作人员进行业载分配工作，确保飞机处于制造商要求的重量与平衡条件内的过程。

在日常的工作中主要使用旅客值机（CKI）和配载平衡（LDP）两大部分。CKI与LDP可以单独使用，也可以同时使用。

二、离港系统与订座系统之间的关系

离港系统（DCS）的应用是与订座系统（ICS）紧密相连的。在办理值机前，订座系统向离港系统传送旅客名单报 PNL 和名单增减报 ADL。值机结束后，离港系统向订座系统传送最终销售报 PFS，向订座系统提供详细的最后登机人数、头等舱旅客名单、GO-SHOW 人数和 NO-SHOW 旅客人数，以便于订座部门控制人员了解航班实际使用情况。

离港系统与订座系统之间的数据流向如图 6-13 所示。

图 6-13　离港系统与订座系统数据流向图

三、离港系统几种前端产品的比较

目前国内各机场根据自己的实际情况选择使用不同的前端产品，其主要有两类：字符界面和图形界面。它们的优缺点比较如表 6-2 所示。

表 6-2　各离港系统的优缺点

前端产品	字符终端	APPS（Unisys）	SEATS（Videcom）	UPCS（华东凯亚）	New App（中国航信）
应用界面	屏幕输入	Windows	Windows	Windows	Windows
值机/控制/配载功能完备情况	主机所有处理功能	除ET、APIS等功能以外的大部分主机功能	除ET、APIS等功能以外的大部分主机功能	除ET、APIS等功能以外的大部分主机功能	大部分主机功能
与主机连接方式	支持DCP和路由器方式	必须通过DCP方式连接	支持DCP和路由器方式	支持DCP和路由器方式	支持DCP和路由器方式
汉字功能支持情况	支持	支持	支持	支持	支持
客户界面友好程度	差	友好	友好	友好	友好

四、主机与客户端

中国航信的离港系统是基于大型主机的集中式系统，分为前后两部分。后台是设在中国航信北京总部的主机系统，所有数据的处理最终都在主机上完成；前端系统则设在使用中国航信离港系统的各个机场，用户在终端上所做的指令都要传到主机进行处理，然后将反馈信息传回用户终端。它们通过长途通信线路与主机保持联系，主机和前端系统要实时地、频繁地交换数据。其中主机由中国航信负责维护，通信线路由网络运营商负责，前端系统的使用权则在机场或航空公司手中。

主机与客户端的关系如图 6-14 所示。

图 6-14 主机与客户端的关系图

五、使用离港系统的意义

1. 对航空公司的意义

（1）实现计算机办理乘机手续。

（2）假票识别。

（3）代码共享（Code Share）。

（4）可以使用电子客票。

（5）开展机场旅客服务。

（6）可办理联程和异地值机。

（7）ASR 座位提前预订。

（8）管理数字化、快速化。

（9）为效益分析系统提供原始数据源。

（10）提高飞行安全性，节省航油。

2. 对机场的意义

（1）提高航班正点率。

（2）减轻值机及配载人员的劳动强度。

（3）减轻统计人员的劳动强度。

（4）节省电报拍发费用。

（5）提高旅客服务水平。

（6）提高机场现代化管理水平。

（7）能够提供数据源，是机场构建信息系统的基础。

3. 对航空相关管理机构的意义

（1）能得到各机场生产的实时数据。

（2）节省大量用于统计的人力和物力。

六、离港系统办理航班的工作流程

使用离港系统，不仅可以给旅客提供快捷的服务，同时还可以提高地面服务人员的工作效率，减少不必要的人工误差。使用离港系统的工作流程如下。

1. 建立航班计划信息

航班计划信息是根据各航空公司制订的季节性航班计划来建立的，在一定的时间内是相对固定的，只有在各航空公司季节性航班计划调整后，才需要重新建立。

2. 准备办理值机航班

航班在办理值机手续之前，需要由控制人员完成航班的初始化工作，即旅客名单的申请、航班座位的管理及各种限额的分配等。

3. 柜台办理值机手续

航班准备工作完毕后，由值机人员为旅客办理值机手续，其间若出现限额不足或座位分配方面的问题，应及时与航班控制人员联系。

4. CKI 关闭航班

在航班起飞前 30 分钟，由值机柜台完成航班初始关闭，即值机关闭，系统会自动传递消息给航班控制部门，航班控制部门会相应地做中间关闭，这样配载员就可以进行配载平衡工作。

5. 航班配载平衡

配载员在中间关闭后，对航班进行配载平衡，打印舱单，并发送相关的配载报文。

6. 航班最后关闭

航班起飞后控制人员对航班做最后关闭，系统会自动向相关的航站发送所需报文。

课后练习

一、简答题

1. 简述旅客办理乘机手续的方式。
2. 简述机上座位发放应遵循的一般规则。
3. 简述电子客票行程单的使用规定。
4. 简述离港系统与订座系统之间的关系。
5. 简述值机办理工作流程。

二、综合题

根据图 6-15 所示的电子客票行程单回答以下问题。

图 6-15　航空运输电子客票行程单

1. 该客票的电子客票号码是多少?
2. 写出该旅客的航班号、航班日期、航程、客票舱位等级、免费行李额。
3. 分别写出该客票的票价、税费种类及客票的总额。
4. 该客票是否可以签转、退票、改期?为什么?
5. 该客票生效日期和有效截止日期分别是?

第七章 安检服务

📖 **本章学习重点**

1. 安检的定义和人员要求。
2. 安检的工作流程。
3. 安检的服务内容。

民航安全技术检查是民航空防安全保卫工作的重要组成部分。为了保障航空安全，要依照国家法律法规对乘坐民航班机的中、外籍旅客及物品以及航班货物、邮件进行公开的安全技术检查。

本章共分两节，第一节主要介绍了安检的定义、安检的法律法规、安检机构和人员要求；第二节主要介绍了旅客的安检流程和安检过程中每个岗位工作人员的具体职责。

第一节 安检机构和人员要求

一、安检的定义

安检是安全技术检查的简称，是指在民航机场实施的为防止劫（炸）机和其他危害航空安全事件的发生，保障旅客、机组人员和飞机安全而采取的一种强制性的技术性检查。

安检服务的根本目的是防止机场和飞机遭到袭击；防止运输危险品及事故的发生；确保旅客的人身和财产安全。

二、安检的法律法规

我国的民航机场安检法律法规和制度主要由国际公约与国内的法律法规和制度两部分构成：国际公约有《国际民用航空公约》附件17、《东京公约》《海牙公约》《蒙特利尔公约》补充议定书等，如表7-1所示；我国的法律法规和制度包括《中华人民共和国民用航空法》《中华人民共和国民用航空安全保卫条例》《中国民用航空安全检查规则》（CCAR-339SB）、《中国民用航空危险品运输管理规定》（CCAR-276）。

表 7-1 安检的国际公约

公约名称	《东京公约》	《海牙公约》	《蒙特利尔公约》	《国际民用航空公约》附件17	《蒙特利尔公约》补充议定书
签署或生效时间	1963年9月签署	1971年10月生效	1973年1月生效	1974年3月生效	1988年2月签署
主要内容	第一个反劫机公约	确定犯罪行为	防止危害干涉、破坏和损坏航空安全的各种行为	防止对国际民航进行非法干扰行为的安全保卫	明确规定了危害国际民用机场安全罪的犯罪行为

2023年10月1日，《制止与国际民用航空有关的非法行为的公约》，又称《北京公约》，正式对我国生效。该公约是首个以中国城市命名的国际民航公约。

《北京公约》的批准是全面贯彻习近平法治思想和习近平总书记关于民航安全工作的重要指示批示精神的重要体现，是强化民航安全国际法治保障的重要举措，表明了我国对于严惩针对民航业的国际犯罪活动、维护航空运输安全的决心和积极态度。

《北京公约》于2010年由国际航空保安公约外交大会在北京制定。2022年10月30日，第十三届全国人大常委会第三十七次会议批准《北京公约》。截至2023年，共有包括中国、俄罗斯、法国、德国、新加坡等在内的46个国家批准了该公约。

《北京公约》共有25条，主要内容包括：一是将已经出现或可能出现的危害民航安全的非法干扰行为规定为犯罪，包括使用航空器作为武器、组织或指挥犯罪等；二是明确了缔约国的强制性管辖权和任择性管辖权；三是要求缔约国应当采取必要措施对公约所列的犯罪给予严厉惩罚；四是吸收其他国际反恐公约中的有益规定，如政治犯不例外条款和军事活动排除条款；五是规定了引渡和司法协助义务，要求各缔约国承诺将公约规定的犯罪作为可引渡犯罪；六是规定了与公约有关的争端解决条款及公约生效条款等。

《北京公约》弥补了此前航空保安公约存在的空白，完善了国际航空保安公约体系，扩大了对危害国际民航安全行为的刑事打击范围，提升了对民航安全的保护力度，将对保障我国航空运输业安全健康发展、保证旅客生命财产安全发挥积极作用，对新时代规范引领民航业高质量发展，深入推进民航治理体系和治理能力现代化具有十分重要的意义。

三、安检机构

安检机构须取得中国民航局审核同意并颁发的《民用航空安全检查许可证》，该许可证的有效期为 5 年，到期后由颁证机关重新审核换发。安检机构必须具备以下条件。

（1）有经过培训并持有《安检人员岗位证书》的人员，且其配备符合《民用航空安检人员定员定额标准》。

（2）有从事安检工作所必需的、经中国民航局认可的仪器和设备。

（3）有符合《民用航空运输机场安全保卫设施建设标准》的工作场地。

（4）有根据该规则和《民用航空安全检查工作手册》制订的安检工作制度。

中国民航局公安局、民航地区管理局公安局，或经委托的其他民航公安机关，应当会同有关部门定期对安全检查仪器的射线泄漏剂量进行检测，检测次数每年不少于一次。

四、安检人员

机场安检人员如图 7-1 所示。

图 7-1　机场安检人员

民航总局发布的《中国民用航空安全检查规则》中规定从事安检工作的人员应符合下列条件。

（1）遵纪守法，作风正派，品质良好。

（2）未受过少年管教、劳动教养或刑事处分。

（3）具有高中以上文化程度，志愿从事安检工作。

（4）招收的人员年龄不得超过 25 周岁。

（5）身体健康、五官端正，男性身高在 1.65 米以上，女性身高在 1.6 米以上；无残疾，无重听，无口吃，无色盲、色弱，矫正视力在 1.0 以上。

另外，安检人员实行岗位证书制度，没有取得岗位证书的，不可单独作为安检人员上岗执勤。安检人员执勤时应着制式服装，佩戴专门标志，服装样式和标志由中国民航局统一规定。

安检部门应当按照《民用航空安检业务培训大纲》制订本单位业务培训计划，开展在职、在岗、脱产、半脱产等形式和站、科、班（组）多层次的业务训练。

持有《安全人员岗位证书》的安检人员应当接受年度岗位考核复查。考核前，持证者应当至少接受一次培训。新招收的安检人员（大、中专院校安检专业毕业生除外）上岗前，应当接受不少于 160 学时的空防安全、安检规章、勤务技能、职业道德、礼仪、外事常识及军事技能等有关知识、技能的培训，经考试合格的，方可成为见习检察员，见习检察员的见习期为一年。见习期满经考试合格后，按照原中国民航总局规定颁发上岗证书。安检人员实行职业技能等级标准。根据安检人员业务、技能水平和学历、工龄等评定技能等级，确定待遇。

安检人员的工作对于维护航空安全有着举足轻重的作用，因此，对于安检人员的工作行为有着明确的奖励和惩罚措施。在安检工作中，有下列表现之一的单位或个人，由安检部门或其上级主管部门给予通报表扬、嘉奖、记功、授予荣誉称号的奖励。

（1）模范执行国家的法律、法令，严格执行安全工作规章制度，成绩突出的。

（2）积极钻研业务，工作认真负责，完成安全检查任务成绩突出的。

（3）爱护仪器设备，遵守操作规程，认真保养维修，成绩突出的。

（4）执勤中检查出冒名顶替乘机或持伪造、变造身份证件的。

（5）执勤中查获有预谋动机或其他非法干扰民用航空安全的嫌疑人，以及隐匿携带危害航空安全物品的。

（6）遇有劫机或其他非法干扰民用航空安全的紧急情况，不怕牺牲、英勇顽强、机智灵活制服罪犯的。

（7）执勤中其他方面有突出表现的。

对因前述行为受奖励者，可按照规定给予一定的物质奖励。

安检人员有下列行为之一者，由安检部门或其上级主管部门根据具体情况，分别给予批评教育或警告、记过、记大过、开除等行政处分；违法或者构成犯罪的，由有关机关依法追究责任。

（1）在安检工作中因责任心不强，麻痹大意、不负责任，对危及空防安全的物品或伪造、变造、冒用的身份证件发生漏检，造成一定后果和影响的。

（2）违反安检工作制度，造成不良影响，情节严重的。

（3）违反操作规程，造成仪器设备损坏的。

（4）遇有劫机或其他非法干扰民用航空安全的紧急情况，临时脱逃或擅离岗位，不服从命令，造成严重后果的。

（5）其他违反《中国民用航空安全检查规则》规定并造成不良影响的。

第二节　安检工作

安检工作包括对乘坐民用航空器的旅客及其行李、进入候机隔离区的其他人员及其物品，以及空运货物、邮件的安全检查；对候机隔离区内的人员、物品进行安全监控；对执行飞行任务的民用航空器实施监护。

表 7-2 为旅客安检流程表。

表 7-2 旅客安检流程表

机场安检流程	具体内容解读	图　片
1. 行李安检	托运行李、非托运行李必须经过安全检查仪器检查。发现可疑物品，须开箱（包）检查	
2. 证件核查	对国内航班旅客，机场安检人员核查其有效乘机身份证件、客票和登机牌	
3. 盖章	对核查无误的旅客，机场安检人员在其登机牌上加盖验讫章	
4. 通过安全门	安检时，安检人员引导旅客逐个通过安全门	
5. 安全复查	人身复查：旅客通过安全门时报警的，应当重复过门检查或使用手持金属探测器或手工人身检查的方法进行复查，排除疑点后方可放行	
	行李复查：对行李扫描过程中有问题的行李，需要进行行李的复查	
6. 从严检查	对于手工人身检查仍有疑点的旅客，经安检部门值班领导批准后，将其带到安检室从严检查，检查由同性别的两名以上安检人员实施	

一、旅客及行李、货物、邮件的检查

（一）证件检查

对国内航班旅客应当核查其有效乘机身份证件、客票和登机牌。有效乘机身份证件的种类包括中国籍旅客的居民身份证，临时身份证，军官证，武警警官证，士兵证，军队学员证，军队文职干部证，军队离退休干部证，军队职工证，港、澳地区居民和台湾同胞的旅行证件，外国旅客的护照、旅行证、外交官证等，以及民航局规定的其他有效乘机身份证件。十周岁以下未成年人可凭其身份证、户口本或者户口所在地公安机关出具的身份证明放行。

对核查无误的旅客，应在其登机牌上加盖验讫章，如图 7-2 所示。对于使用电子登机牌的乘客，需要扫描乘客的电子登机牌上的二维码来验证乘客的身份和机票信息。

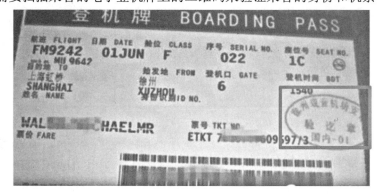

图 7-2　加盖验讫章的登机牌

（二）人身检查

对旅客实施安检时，引导员应当引导旅客逐个通过安全门，提示旅客取出身上的金属物品。通过安全门后再使用手持金属探测器或手工人身检查的方法进行复查，如图 7-3 所示。

（a）安检棒　　　　（b）安检门

图 7-3　安检棒和安检门

对通过安全门时报警的旅客，应当重复过门检查或使用手持金属探测器或手工人身检查的方法进行复查，排除疑点后方可放行。

对经过手工人身检查仍有疑点的旅客，经安检部门值班领导批准后，可将其带到安检室从严检查，检查应当由同性别的两名以上安检人员实施。

（三）物品检查

旅客的托运行李和非托运行李都必须经过安全检查仪器检查，如图 7-4 所示。发现不得作为行李运输的可疑物品时应当开箱（包）检查，必要时也可以随时抽查。开箱（包）检查时，可疑物品的托运人或者携带者需在场。

图 7-4　X 光行李检查机

旅客申明所携物品不宜接受公开检查的，安检部门可根据实际情况，在适当场合检查。

空运的货物应当经过安全检查或存放 24 小时，或者采取民航局认可的其他安全措施。对空运的急救物品、鲜活货物、航空快件等有时限要求的货物，应当及时进行安全检查。

对特殊部门交运的保密货物，不宜检查的精密仪器和其他物品，按规定凭免检证明予以免检。

航空邮件应当经过安全检查，发现可疑邮件时，安检部门应当会同邮政部门开箱（包）查验处理。

按照国家有关规定应当予以免检的，按照有关规定办理。

行李运输限制物品种类如图 7-5 所示。

图 7-5　行李运输限制物品种类

二、安全检查岗位的主要职责

安全检查岗位有验证检查员、人身检查员、X射线检查仪操作员、开箱（包）检查员、仪器维修员等岗位，各岗位及其主要职责如表7-3所示。

表7-3　安全检查的主要岗位及其职责

岗　　位	主　要　职　责
基础岗位	基础岗位包括待检区维序检查岗位、前传检查员岗位。其职责如下： （1）维持待检区秩序并通知旅客准备好身份证件、客票和登机牌。 （2）开展调查研究工作。 （3）在安全技术检查仪传送带上正确摆放受检行李物品
验证检查员	（1）负责对乘机旅客的有效身份证件、客票、登机牌进行核查，识别涂改、伪造、冒名顶替以及其他无效证件。 （2）开展调查研究工作。 （3）协助执法部门查控在控人
人身检查员	人身检查岗位包括引导和安全门检查两个具体岗位。其职责如下： （1）引导旅客有秩序地通过安全门。 （2）检查旅客自行放入盘中的物品。 （3）对旅客人身进行仪器或手工检查。 （4）准确识别并根据有关规定正确处理违禁物品
X射线检查仪操作员	（1）按操作规程正确使用X射线检查仪。 （2）观察辨别监视器上受检行李（货物、邮件）图像中的物品形状、种类，发现、辨认违禁物品或可疑图像。 （3）将需要开箱（包）检查的行李（货物、邮件）及重点检查部位准确无误地通知开箱（包）检查员
开箱（包）检查员	（1）对旅客行李（货物、邮件）实施开箱（包）手工检查。 （2）准确辨认和按照有关规定正确处理违禁物品。 （3）开具暂存或移交物品单据
仪器维修员	（1）负责各种安全技术检查仪器的安装、调试工作。 （2）负责安全技术检查仪器的定期维护保养。 （3）负责安全技术检查仪器故障的修理，保证安检仪器正常运行
现场值班领导	（1）负责向当班安检人员传达上级有关指示和通知。 （2）提出本班要求和注意事项。 （3）组织协调安检现场勤务。 （4）督促检查各岗位责任制的落实情况。 （5）按规定处理安检现场发生的问题

三、航空器安全监护

安检部门应当派人员在机场隔离区内巡视，对重点部位加强监控。执行航班飞行任务的民用航空器在客机坪短暂停留期间，由安检部门负责监护。对出港民用航空器的监护，从机务人员将民用航空器移交监护人员时开始，至旅客登机后民用航空器滑行时止；对过港民用航空器的监护从其到达机坪时开始，到滑离（或拖离）机坪时止；对执行国际、地区及特殊管理的国内航线飞行任务的进港民用航空器的监护，从其到达机坪时开始，至旅客下机完毕，机务人员开始工作为止。

民用航空器监护人员应当根据航班动态，按时进入监护岗位，做好对民用航空器监护的准备工作。

民用航空器监护人员应当坚守岗位，严格检查登机工作人员的通行证件，密切注视周围动态，防止无关人员和车辆进入监护区。在旅客登机时，民用航空器监护人员协助维持秩序，防止未经过安全检查的人员或物品进入航空器。

空勤人员登机时，民用航空器监护人员应当查验其中国民航空勤登机证，对其携带的物品，应当查验是否经过安全检查，未经过安全检查的，不得带上民用航空器。

在出、过港民用航空器关舱门准备滑行时，监护人员应当退至安全线以外，记载飞机号和起飞时间后，方可撤离现场。

民用航空器监护人员接受和移交航空器监护任务时，应当与机务人员办理交接手续，填写记录，双方签字。

民用航空器客、货舱装载前的清舱工作由航空器经营人负责。必要时经民航公安机关或安检部门批准，公安民警、安检人员可以进行清舱。

四、安检特殊情况的处置

（1）拒绝接受安全检查的人员，不准登机或进入候机隔离区，损失自行承担。

（2）对持居民身份证复印件、伪造或变造证件、冒用他人证件者不予放行登机。

（3）对有下列情形之一者，应带至安检值班室进行教育，情节严重的，交由民航公安机关处理。

① 逃避安全检查的。
② 妨碍安检人员执行公务的。
③ 携带危险品、违禁品又无任何证明的。
④ 扰乱安检现场工作秩序的。

（4）有下列威胁航空安全行为之一的，交由民航公安机关查处。

① 携带枪支、弹药、管制刀具及其仿制品进入安检现场的。
② 强行进入候机隔离区不听劝阻的。
③ 伪造、冒用、涂改身份证件乘机的。
④ 隐匿携带危险品、违禁品企图通过安全检查的。
⑤ 在托运货物时伪报品名、弄虚作假或夹带危险物品的。
⑥ 其他威胁航空安全的行为。

（5）对违反《中华人民共和国民用航空安全保卫条例》第 32 条规定，携带《民航旅客禁止随身携带和托运物品目录》中所列物品的，安检部门应当及时交由民航公安机关处理。

（6）对违反《中华人民共和国民用航空安全保卫条例》第 33 条规定，携带《民航旅客限制随身携带或托运物品目录》中所列物品的，应当告诉旅客可作为行李托运或交给送行人员；如来不及办理托运，安检部门按规定办理手续后移交机组带到目的地后交还。

不能按上述办法办理的，由安检部门代为保管。安检部门应当登记入册，妥善保管；对超过30天无人领取的，及时交由民航公安机关处理。

（7）对含有易燃物质的生活用品实行限量携带。对超量部分可退给旅客自行处理或暂存于安检部门。

安检部门对旅客暂存的物品，应当为物主开具收据，并进行登记。旅客凭收据在30天内领回；逾期未领的，视为无人认领物品，按月交由民航公安机关处理。

 课后练习

一、简答题

1. 安全检查的定义是什么？
2. 安检的主要国际法律法规有哪些？
3. 我国对安检人员资质的要求有哪些？
4. 安检的主要岗位和职责有哪些？

二、自测题

第八章 联检服务

 本章学习重点

1. 国际旅客运输联检流程。
2. 海关机构和职责、海关检查规定。
3. 检验检疫机构和职责、检验检疫规定。
4. 边防检查机构和职责、出入境基础知识、边防检查规定。

出境旅客办理购票手续之后,需要通过出境联检区域,经过海关、检验检疫、边防检查、安全检查后才能登机。其中,安全检查由机场当局实施安全管理,海关、检验检疫、边防检查则由国家政府部门派出机构行使国家主权对出入境旅客和货品实施行政管理。

第一节 国际旅客运输联检流程

一、各联检部门的职责

海关、检验检疫、边防检查、安全检查的区别如表 8-1 所示。

表8-1 海关、检验检疫、边防检查、安全检查的区别

名　　称	海关	检验检疫	边防检查	安全检查
监管对象	行李、货物、货币	旅客、运输工具货物、动物、植物出口商品	运输工具、旅客、证件、旅行文件	旅客、证件、携带物品、行李、货物
主要监管内容	走私物品	病疫防治、出入境动植物防疫、违禁物品入境	护照、签证、机票的真实性及有效性	证件真伪鉴定、违禁物品、危险物品
检查方式	自我申报、随机抽查、开包检查	自我申报、人群筛检、开包检查	人脸证件比对、证件真伪鉴别	全身扫描、开包检查
技术手段	X光机	X光机、红外线	视频监控系统、证件识别、指纹比对	视频监控系统、证件识别、X光机、安全门
处理方式	征税、罚没、处罚	隔离、销毁、处罚	拒绝、阻止、遣返处罚	没收、处罚、保存

二、联检流程

1.国际旅客出发联检流程

旅客地面交通→出发大厅→办理登机手续→托运行李（含托运行李安全检查）→联检区域办理海关申报、检验检疫、边防出境护照检查→安检手续（个人及手提行李）→国际候机厅候机→检查登机牌→登机（远机位旅客转驳车登机）。

国际旅客出发流程图如图8-1所示。

图8-1 国际旅客出发流程图

2.国际旅客到达联检流程

旅客下机进入到达通道（远机位旅客下机转驳车进入到达通道）→国际联检区办理相关联检手续→检验检疫→边防入境护照签证检查→行李提取大厅提取行李→海关行李检查→行李标签检查→迎客大厅出口→按照指示牌乘相应的交通工具。

国际旅客到达流程图如图8-2所示。

图 8-2 国际旅客到达流程图

第二节 海 关

一、中华人民共和国海关

中华人民共和国海关是国家的进出关境（简称进出境）监督管理机关。中国海关总署是中华人民共和国国务院下属的正部级直属机构，实行垂直管理体制，统一管理全国海关。国家在对外开放的口岸和海关监管业务集中的地点设立海关。海关的隶属关系，不受行政区划的限制。海关依法独立行使职权，向海关总署负责。

海关是国家对出入境的物品和运输工具进行检查并征收关税的监督管理机构。航空口岸海关按授权承担指定口岸和区域范围内海关各类管理工作。办理国际机场空港口岸进出境货物、物品、运输工具及人员的通关、检验检疫、监管、征税等工作，实施口岸卫生监督，反馈执法作业结果。其基本任务是进出境监管、征收关税和其他税费、查缉走私、编制海关统计，并承担口岸管理、保税监管、海关稽查、知识产权海关保护、国际海关合作等。

二、海关机关的主要职责

（1）负责海关监管工作。
（2）负责进出口关税及其他税费征收管理。
（3）负责出入境卫生检疫、出入境动植物及其产品检验检疫。
（4）负责进出口商品法定检验。
（5）负责海关风险管理。
（6）负责国家进出口货物贸易等海关统计。
（7）负责全国打击走私综合治理工作。
（8）负责制定并组织实施海关科技发展规划、实验室建设和技术保障规划。
（9）负责海关领域国际合作与交流。

三、航空口岸实行旅客书面申报制度

为进一步简化和规范进出境旅客申报手续，方便旅客进出境，海关总署经研究决定，自2008年2月1日起，在全国各对外开放口岸实行新的进出境旅客申报制度，有关事项如下。

（1）进出境旅客没有携带应向海关申报物品的，无须填写《中华人民共和国海关进出境旅客行李物品申报单》（以下简称《申报单》），选择"无申报通道"（又称"绿色通道"）通关。

（2）除海关免于监管的人员以及随同成人旅行的16周岁以下旅客外，进出境旅客携带有应向海关申报物品的，须填写《申报单》，向海关书面申报，并选择"申报通道"（又称"红色通道"）通关。

（3）进境旅客。进境旅客携带有下列物品的，应在《申报单》相应栏目内如实填报，并将有关物品交海关验核，办理有关手续。

① 动、植物及其产品，微生物、生物制品、人体组织、血液制品。

② 居民旅客在境外获取的总值超过人民币5000元（含5000元，下同）的自用物品。

③ 非居民旅客拟留在中国境内的总值超过2000元的物品。

④ 酒精饮料超过1500毫升（酒精含量12度以上），或香烟超过400支，或雪茄超过100支，或烟丝超过500克。

⑤ 人民币现钞超过20 000元，或外币现钞折合超过5000美元。

⑥ 分离运输行李，货物、货样、广告品。

⑦ 其他需要向海关申报的物品。

（4）出境旅客。出境旅客携带有下列物品的，应在《申报单》相应栏目内如实填报，并将有关物品交海关验核，办理有关手续。

① 文物、濒危动植物及其制品、生物物种资源、金银等贵重金属。

② 居民旅客需复带进境的单价超过5000元的照相机、摄像机、手提电脑等旅行自用物品。

③ 人民币现钞超过20 000元，或外币现钞折合超过5000美元。

④ 货物、货样、广告品。

⑤ 其他需要向海关申报的物品。

（5）非居民旅客返程出境时，如需要选择"申报通道"通关，可在其原进境时填写并经海关批注和签章的《申报单》上出境栏目内填写相关内容，或者另填写一份《申报单》，向海关办理出境申报手续。

居民旅客回程进境时，如需要选择"申报通道"通关，可在其原出境时填写并经海关批注和签章的《申报单》上进境栏目内填写相关内容，或者另填写一份《申报单》，向海关办理进境申报手续。

（6）持有中华人民共和国政府主管部门给予外交、礼遇签证的进出境旅客，通关时应主动向海关出示本人有效证件，海关予以免验礼遇。

（7）违反海关规定，逃避海关监管，携带国家禁止、限制进出境或者依法应当缴纳税款的货物、物品进出境的，海关将依据《中华人民共和国海关法》和《中华人民共和国海关行政处罚实施条例》予以处罚。

图 8-3 为进出境旅客行李物品申报单。

图8-3 进出境旅客行李物品申报单

四、暂不予放行旅客行李物品暂存有关事项

2016 年海关总署《关于暂不予放行旅客行李物品暂存有关事项》第 14 号公告暂不予放行旅客行李物品暂存有关事项如下。

（1）旅客携运进出境的行李物品有下列情形之一的，海关暂不予放行。

① 旅客不能当场缴纳进境物品税款的。

② 进出境的物品属于许可证件管理的范围，但旅客不能当场提交的。

③ 进出境的物品超出自用合理数量，按规定应当办理货物报关手续或其他海关手续，其尚未办理的。

④ 对进出境物品的属性、内容存疑，需要由有关主管部门进行认定、鉴定、验核的。

⑤ 按规定暂不予以放行的其他行李物品。

海关暂不予以放行的行李物品，可以暂存。

上述暂不予放行物品不包括依法应当由海关实施扣留的物品。

（2）暂不予放行的行李物品有下列情形之一的，海关可以要求旅客当场办理退运手续，或者移交相关专业机构处理，因此产生的费用由旅客承担。

① 易燃易爆的。

② 有毒的。
③ 鲜活、易腐、易失效等不宜长期存放的。
④ 其他无法存放或不宜存放的情形。

（3）对暂不予放行的行李物品办理暂存的，海关应当向旅客出具《中华人民共和国海关暂不予放行旅客行李物品暂存凭单》（以下简称《凭单》），旅客核实无误后签字确认。

（4）交由海关暂存的物品有瑕疵、损毁等情况的，海关现场关员应当在《凭单》上予以注明，并应当由旅客签字确认。对于贵重物品或疑似文物等物品，海关可以采用拍照、施封等办法进行确认。

（5）旅客办理物品的提取手续时，应当向海关提交《凭单》原件并出示旅客本人有效的进出境证件。旅客委托他人代为办理物品提取手续的，接受委托的代理人应当向海关提交《凭单》原件、旅客本人出具的书面委托书、旅客有效的进出境证件复印件，并出示代理人本人有效的身份证件。

（6）海关暂不予放行的物品自暂存之日起三个月内，旅客应当办结海关手续。逾期不办的，由海关依法对物品进行处理。需要有关主管部门进行认定、鉴定、验核的时间不计入暂存时间。

五、海关检查的方式

海关检查以非嵌入式查验方式进行，即将行李物品通过 X 光机的形式查验，必要时进行开箱查验。查验按照一定比例实施进行。

对个人行李物品的查验是指海关检查旅客携带进出境的物品：一是核对进出境旅客申报内容是否属实；二是检查有无违禁品；三是检查有无应税物品；四是确定物品征税、免税、扣留、退运或放行。在通关的时候，行李会放在 X 光机传送带上机检，经机器检查后，如果发现有可疑物品，则进行进一步开箱手工查验。

机场海关 X 光机检查能精准地检测出各种包装产品中的异物，如金属、玻璃、陶瓷、石头、橡胶、PVC 等。X 光机广泛应用于机场、地铁、博物馆、大使馆、海关、车站、港口码头、旅游景点、亚运安检、奥运安检、会议中心、博览中心、酒店学校、公检法、工厂企业以及其他公共场所的重要部门。

六、案例

案例1：2017年，海关总署在全国范围内组织开展了打击走私"国门利剑2017"联合专项行动。行动期间，全国海关缉私部门共立案侦办走私犯罪案件3260起，其中挂牌督办的案件177起，共对4810名犯罪嫌疑人采取强制措施；立案调查走私行为案件25 718起。查处了一批大案要案，取得了丰硕战果，可以说中国海关缉私警察在这一贯穿全年的打私行动中做出了巨大的努力，如图8-4所示。

案例2：2018年2月28日，一名旅客去泰国旅游回来，在机场免税店买了2个挎包自用，回扬州时，在泰州国际机场过关被留下。被告知买了超过5000元的商品要交30%的税钱才能放行。

图 8-4 "国门利剑 2017"打击走私联合专项行动战果

《关于进境旅客所携行李物品验放标准有关事宜》的公告第二条，进境居民旅客携带超出 5000 元人民币的个人自用进境物品，经海关审核确属自用的，进境非居民旅客携带拟留在中国境内的个人自用进境物品，超出人民币 2000 元的，海关仅对超出部分的个人自用进境物品征税，对不可分割的单件物品，全额征税。《中华人民共和国进境物品归类表》和《中华人民共和国进境物品完税价格表》的公告附件中所列：箱包及鞋靴，包括各种材质的箱子；各种材质的挎包、背包、提包；各种材质的钱包、钥匙包、卡片包；其他化妆包、包装袋（盒、箱）等，税率为 30%。根据以上公告可知旅客要交 30% 的税才能放行。

案例 3：2017 年 5 月 21 日下午，重庆海关隶属江北机场海关在重庆航空口岸查获首起"水客"与机场工作人员内外勾结走私奢侈品案。值班关员在一名机场工作人员携带的两件大件行李中，查获爱马仕首饰，路易威登、古驰、香奈儿提包等奢侈品 51 件。重庆海关缉私局已刑事立案调查，并刑事拘留两名犯罪嫌疑人。

案例 4：截至 2019 年 7 月，中国海关针对象牙等濒危物种制品"非洲启运、多国中转、周边囤积、偷运进境"的走私特点，加强国际执法合作，已实施多次跨境联合打击，精准指引新加坡、越南、中国香港等海关查获象牙 11 吨、穿山甲鳞片 59.8 吨、犀牛角 90.5 千克，实现了对走私策源、中转、跨境的全链条打击。

根据《濒危野生动植物种国际贸易公约》，以及我国的《中华人民共和国海关法》《中华人民共和国野生动物保护法》等法律法规的规定，邮寄、携带、托运野生动物及其制品出入国境的，必须持国家濒危办或其驻各地办事处出具的允许进出口证明书，向出入境海关申报。

据海关介绍，除象牙外，下列野生动物及其制品也属于国家限制进境物品：河马牙、犀牛角、野生牛角、扭角羚羊角、海龟壳、珊瑚、贝壳的雕刻品及由其制成的项链、耳环、手镯等装饰品；虎、豹、熊等食肉动物毛皮或者制品；蟒蛇、眼镜蛇等蛇类和鳄鱼、巨蜥、穿山甲等爬行动物皮革及制成品以及野生动物的狩猎纪念物。

案例 5：2015 年 6 月 11 日，昆明机场海关破获一起外籍女子利用随身行李夹藏毒品走私出境案件，查获毒品冰毒 3484 克。

海关运用风险分析手段，经监控锁定该名外籍女子有从事走私活动的重大嫌疑。

6月11日，海关对该旅客的行李物品进行了布控查验，通过X光机检查，发现其托运的黑色双肩背包夹层有不明物体，海关关员遂进行了开包检查，发现用黑色塑料袋、锡箔纸等包装的毒品冰毒3484克。这是2015年以来昆明机场海关在旅检渠道查获的第二起毒品走私出境案件。

案例6：2017年3月3日，一名外籍男子自非洲飞抵上海浦东国际机场入境，选择无申报通道通关。经海关现场检查，发现其托运行李过机图像存在明显异常，内有若干包可疑白色粉末。经鉴定，该可疑粉末为毒品海洛因，净重979.07克。上海海关依法刑事拘留该外籍男性犯罪嫌疑人。

据介绍，不同于近年来进境旅客中被查获的"地毯"藏毒、"鞋底"藏毒、"红酒"伪装藏毒等藏匿手段，此次毒品走私"回归"至行李夹藏，企图以此蒙混过关。上海海关借助监控视频对飞机停机位、边检通道、行李转盘进行实时监控，全程盯防，在不影响守法旅客正常通关的前提下，提前锁定嫌疑旅客，在嫌疑人携带行李通过海关无申报通道时，成功将其截获。

第三节　出入境检验检疫

一、海关检验检疫部门和职责

原"国家质量监督与检验检疫总局"，简称"国家质检总局"，2018年3月已并入海关总署，分别成立卫生检疫司、动植物检疫司、商品检验司，是主管出入境卫生检疫、动植物检疫和商品检验的行政执法机构。

机场海关出入境检验检疫部门主要职责任务如下。

（1）负责实施出入境卫生检疫查验和卫生监督，负责传染病、核生化有害因子及医学媒介等监测工作，负责口岸传染病的预防与控制工作，负责突发公共卫生事件的紧急处置工作，负责实施管辖范围内的国境口岸卫生行政许可及其监督管理工作。

（2）负责实施出入境动植物及其产品和其他检疫物的检验检疫和监督管理，负责实施动植物疫情的紧急预防措施，负责出口动植物及其产品和其他检疫物的生产、加工和存放等单位的注册登记和日常监督管理工作。

（3）负责实施进出口商品的法定检验和监督管理，负责实施出口商品注册登记的考核与监督检查，负责实施国家实行进口许可制度的民用商品的入境验证和出口、转口商品的出境验证，负责管辖范围内进出口企业的分类管理工作，负责办理进出口商品复验工作。

二、检验检疫的作用

随着改革开放的不断深入和对外贸易的不断发展，特别是中国加入世界贸易组织后，出入中国国境的人流、物流、货流其范围之广、规模之大、数量之多是前所未有的，中国出入境检验检疫作为"国门卫士",将发挥其不可替代的、越来越重要的作用。检验检疫的主要目的是防止外来国家或地区传染病及有害动植物资源的传入、传出,以保护人体健康、保护本国和本地区动植物资源的安全。具体来讲,检验检疫的作用主要表现在以下四个方面。

(1)国境卫生检疫对防止检疫传染病的传播,保护人体健康是一个十分重要的屏障。近年来,各种检疫传染病和监测传染病仍在一些国家和地区发生和流行,还出现了一批新的传染病,特别是鼠疫、霍乱、黄热病、艾滋病等一些烈性传染病及其传播媒介。随着国际贸易、旅游和交通运输的发展,出入境人员迅速增加,随时都有传入的危险,给各国人民的身体健康造成威胁。因此,对出入境人员、交通工具、运输设备以及可能传播传染病的行李、货物、邮包等物品实施强制性检疫,对防止检疫传染病的传入或传出,保护人体健康具有重要作用。

(2)保证农业、林业、牧业、渔业的安全生产。有效地防止了动物传染病、寄生虫、植物危险性病害、虫害、杂草及其他有害生物等的传入、传出,保证了本国、本地区的农业、林业、牧业、渔业的安全生产。

(3)保证动植物及其产品国际贸易的顺利进行。动植物检验检疫不仅能够防止动植物疫病的传播,而且能够保护国际正常贸易,阻止不合理贸易壁垒的产生,是国际贸易正常进行不可或缺的技术和法律保障。

(4)防止经济效益的损失和保障人民身体健康。动植物的检验检疫不仅能够有效地预防动植物及其产品疫病的产生和传播,而且能有效地保护人民身体健康、防止农林牧渔业产业经济的损失和保护正常的国际贸易。

三、出入境检验检疫入境健康检疫申报

2020—2022年我国周边国家新冠疫情形势严峻复杂,海关总署坚持"外防输入、内防反弹"总策略,按照国务院联防联控机制的要求,部署全国海关毫不放松抓好边境口岸疫情防控工作,坚决把疫情防控的各项措施落实落细落到位。

全国海关从严从紧开展口岸卫生检疫,自新冠疫情发生以来,在海、陆、空口岸对入境人员严格实施健康申明卡核验、体温监测、医学巡查、采样检测、病毒测序等措施,坚决做到"四个必严",对所有健康申报事项必须严格核验,对所有疑似人员必须严格实施排查,对所有进境旅客必须严格进行采样检测,对所有检出阳性必须严格快速上报。同时,各地海关与地方相关部门不断强化联防联控,严格落实转运隔离等防控措施,实现无缝衔接、闭环管理,切实做到"四早"。

2020年1月26日,为进一步做好口岸新冠疫情防控工作,海关总署在全国口岸重新启动出入境人员填写《中华人民共和国出/入境健康申明卡》制度,出入境人员必须向海关卫生检疫部门进行健康申报,并配合做好体温监测、医学巡查、医学排查等卫生检疫工作。

根据口岸新冠疫情防控形势,海关总署于2022年8月31日零时启用第九版《中华人民共和国出/入境健康申明卡》。全国海关迅速升级航空口岸防控措施,整合健康申报和快速流调,进一步强化重点人群的流行病学调查,缩短旅客通关时间,最大限度降低疫情在口岸环节的传播。在流行病学调查岗位设置物理隔断,最大限度避免交叉感染。

根据全球新冠疫情变化和《中华人民共和国国境卫生检疫法》及其实施细则的有关规定，海关总署决定自 2023 年 11 月 1 日零时起，出入境人员免于填报《中华人民共和国出/入境健康申明卡》。

同时海关总署还表示，有发热、咳嗽、呼吸困难、呕吐、腹泻、皮疹、不明原因皮下出血等传染病症状，或已经诊断患有传染性疾病的出入境人员须主动向海关进行健康申报，并配合海关做好体温检测、流行病学调查、医学排查、采样检测等卫生检疫工作。如有隐瞒或逃避检疫的，将承担相应法律责任；引起检疫传染病传播或者有传播严重危险的，承担相应刑事责任。

根据《中华人民共和国国境卫生检疫法》及其实施细则等法律法规的规定，每当出现重大传染病在国际流行时，《中华人民共和国出/入境健康申明卡》都会"解除封印"，投入使用。

四、依法对进出境邮寄物实施检疫

（一）进出境邮寄检疫管理办法规定

国家质检总局、国家邮政局关于印发《进出境邮寄检疫管理办法》的通知，国质检联 2001 年第 34 号文件中第三条规定，本办法所称邮寄物是指通过邮政寄递的下列物品：（1）进境的动植物、动植物产品及其他检疫物；（2）进出境的微生物、人体组织、生物制品、血液及其制品等特殊物品；（3）来自疫区的、被检疫传染病污染的或者可能成为检疫传染病传播媒介的邮包；（4）进境邮寄物所使用或携带的植物性包装物、铺垫材料；（5）其他法律法规、国际条约规定需要实施检疫的进出境邮寄物。

第四条规定国家质检总局统一管理全国进出境邮寄物的检疫工作，国家质检总局设在各地的出入境检验检疫机构负责所辖地区进出境邮寄物的检疫和监管工作。

第六条规定依法应实施检疫的进出境邮寄物，未经检验检疫机构检疫，不得运递。

（二）国家禁止携带和邮寄进境物品

农业部、国家质检总局 2012 年第 1712 号公告：为防止动植物疫病及有害生物传入，保护我国农林牧渔业生产和公共卫生安全，根据《中华人民共和国进出境动植物检疫法》《中华人民共和国动物防疫法》《中华人民共和国种子法》规定，农业部和国家质检总局组织修订了《中华人民共和国禁止携带、邮寄的动植物及其产品和其他检疫名录》，现予以发布。

第四节　出入境边防检查

一、出入境边防检查总站机构和职责

中华人民共和国出入境边防检查总站，简称"边检总站"，组建于 1952 年，是国家设

立在对外开放口岸的重要执法力量，由公安部垂直领导，担负着维护国家主权、安全和社会秩序，管理人员和交通运输工具出入境的重要职责。目前，我国共在对外开放口岸设立了302个出入境边防检查站，涵盖空港、海（河）港和陆路三大类型口岸，其中出入境口岸机场有63个，公安部出入境管理局统一指导全国边防检查工作。

1998年，北京、天津、上海、广州、深圳、珠海、厦门、海口、汕头9个城市边防检查机构根据《国务院关于北京等九城市边防检查职业化改革试点方案的批复精神》，由现役制改为职业制，着人民警察服装，其余边检站为现役制，着武警服装，两支队伍虽然着装不同，但所承担的职责、任务以及在口岸的执法权限和方式完全相同。

2018年12月25日，根据《深化党和国家机构改革方案》，公安边防不再列入武警部队序列，全部退出现役。

边检总站为维护国家主权、安全和社会秩序，履行下列职责：一是对出境、入境的人员及其行李物品、交通运输工具及其载运的货物实施边防检查；二是按照国家有关规定对出境、入境的交通运输工具进行监护；三是对口岸的限定区域进行警戒，维护出境、入境秩序；四是执行主管机关赋予的和其他法律、行政法规规定的任务。

二、出入境的基础知识

（一）出入境的定义

出入境是指一国公民经本国政府主管机关批准和前往国家或地区以及途经国家或地区的许可，持规定有效的证件和签证，通过对外开放或指定的口岸从本国出境进入其他国家或地区，或者从其他国家或地区返回本国境内。

（二）护照

1. 护照的定义

护照是一个主权国家发给本国公民或居住在本国的外国籍及无国籍人士，供其出入国境和在国外旅行、居留时证明其国籍和身份的一种证件。公民出入境在国际上往来，必须持有本国政府颁发的护照。

2. 护照的种类

护照的种类大致有普通护照、公务护照、外交护照、侨民护照、团体护照、外籍护照、领事护照、特别护照、南森护照、联合国护照、红十字护照等。

3. 护照的有效期限

护照有一定的有效期限，各个国家所规定的有效期不同，规定1年、3年、5年、10年不等。有些国家在办理入境签证时，对护照有效期有具体要求，如美国、法国、日本、泰国等国家，除要求签证有效外，亦要求护照从入境日起有效期必须为半年及以上。

4. 双重国籍

持有两个或两个以上国家护照的旅客称为双重国籍人，该类旅客可持任一护照出国旅行，对签证的要求将视其所持的护照而定。中国大陆地区的国人不享有双重国籍待遇。中国大陆地区的国人遵守《中华人民共和国国籍法》，即在出生国籍上采用血统主义和出生地主义相结合的原则，不承认中国公民具有双重国籍。《中华人民共和国国籍法》规定，凡定居外国的中国公民，自愿加入或取得外国国籍的，即自动丧失中国国籍。

（三）签证

1. 签证的定义

签证是一个主权国家的主管机关允许本国人和外国人出入或过境本国而颁发给他们的一项签注式的证明，签证是国家实施出入境管理的一种有效手续。

2. 签证的类别

（1）按照申请人的身份划分，主要有外交、公务、普通和礼遇签证。

（2）按照申请人的目的划分，一般有出境、入境、出入境或入出境及过境签证。

（3）按照签证的使用效力划分，分为一次有效、二次有效及多次有效签证。

（4）按照居留的时间划分，有短期、长期及永久居留签证。

（5）按照居留资格划分，可分为移民、观光旅游、留学、就业、投资、商务及偕行配偶签证。

（6）按照签发机构角度划分，有领事和口岸签证。

（7）除以上签证外，还有团体签证、电子签证及互免签证。

3. 签证的有效期

有效期是签证中最重要的内容，由发签证的当天算起，一般为 3 个月，也有 1 个月或 6 个月，各自不同。

签证有效期是签证的一项十分重要的内容。世界上所有主权国家签发的签证基本上都标明了有效期。也就是说，没有有效期的签证是不存在的。签证有效期，就是签证在某一段时间内有效，超过了这段时间，签证也就无效了。所以，对于申请某国（地区）签证的申请人来说，必须在获得签证后，牢记该签证的有效期，并在该有效期内抵达目的地。

签证有效期的表达方式有以下几种。

世界上各个国家表达签证有效期的方式各有不同。大多数国家的签证用"有效期至"方式表达。如"有效期至某年某月某日"，英文用"VALID UNTIL"或"VALIDITY"，或"USE BY"等；有的用"从……到……"或"自……起，到……止"，英文用"FROM...TO..."，"……"内填写年、月、日；也有的国家用"在某个月内有效"，英文用"WITHIN...MONTH（S）""……"内填写阿拉伯数字。一般国家的签证基本上是在 3 个月内的任何一天抵达都有效；有的则是指必须在这 3 个月之内入境并出境。所以，申请人取得签证后，一定要向签发签证的官员询问清楚。

4. 签证的停留期

签证的停留期是指准许签证获得者在前往国家（地区）停留的期限。其在签证页上的表达方式有以下几种。

（1）每次停留×天，英文为"DURATION OF EACH STAY...DAYS"或"DURATION OF STAY...DAYS"。

（2）停留期与有效期一致，英文为"FROM...TO..."。

（3）准许停留×天英文为"WITH A STAY OF ... DAYS"，...处填写阿拉伯数字。

5. 签证的有效期和停留期的关系

签证的有效期和停留期是两个不同的概念，但又相互联系。

（1）两者是相同的，即"从某年某月某日到某年某月某日"，英文为"FROM...TO..."。

（2）停留期的"每次停留×天"和"可以停留×天"，是指在签证有效期内抵达前往国家（地区）后，"每次停留×天"和"可以停留×天"。

（3）签证停留期包括在有效期之内，即签证获得者必须在签证有效期内停留×天。

6. 签证的有效次数

签证的有效次数是指在签证有效期或停留期允许的时间内，可以一次、二次或多次出入其国境。例如，一位签证获得者的签证有效期是 3 个月，允许停留期为 15 天，有效次数是二次，是指此人在 15 天停留期内可以有两次出入该国国境的机会。

（四）外国人出入境登记卡

外国人出入中华人民共和国国境必须填写外国人出入境登记卡，如图 8-5 所示。为进一步提高边检服务水平，为广大出入境旅客提供方便、舒适、安全的通关服务，全国出入境边防检查机关从 2007 年 10 月起，针对包括内地居民、台湾居民及华侨在内的所有中国公民，实行免填出入境登记卡的便民措施。

图 8-5　外国人出入境登记卡

外国人出入境登记卡为联体式，分入、出两联。边检民警为外国旅客办理入境边防检查手续后，撕下入境卡留存，将出境卡交还外国旅客保存，出境时使用。

为了使旅客能够了解在华注意事项，边检机关将在外国人出入境登记卡的背面，用英文标识"外国人入境中国后，需在 24 小时（农村 72 小时）内办理住宿登记，在宾馆饭店以外居住的需到居住地派出所办理临时住宿登记""持有 Z、X、J-1 签证的外国人，必须自入境之日起 30 日内到居住地（市级）公安机关出入境管理部门办理外国人居留许可""未经有关主管部门批准，不得擅自在中国就业""外国人入境中国后，应当随身携带护照或居留证件以备查验""如遇到危急情况，请拨打报警电话：110"等需要注意的重要事项。同时，为了便于非英语国家人员和外籍华人了解这些内容，边检机关还将根据口岸特点，印制相同内容的中、日、韩等语种的《重要提示宣传单》，放置于边检现场，供入境外国人阅取。

（五）申根签证

越来越多的中国公民跨出国门到国外旅游，其中办理申根签证到欧洲多国旅游是一件十分方便的举措。1985 年，德国、法国、荷兰、比利时、卢森堡五国在卢森堡边境小镇申根（SCHENGEN）签署协定：其成员国对短期逗留者颁发统一格式的签证，即申根签证，如图 8-6 所示。申请人一旦获得某个国家的签证，即可在签证有效期内在所有申根国家自由旅行。《申根协定》同时包括旅客必须落实沿途经停申根国家的饭店等若干原则规定。截至 2024 年 1 月，申根的成员国增加到 29 个：奥地利、比利时、丹麦、芬兰、法国、德国、冰岛、意大利、希腊、卢森堡、荷兰、挪威、葡萄牙、西班牙、瑞典、匈牙利、捷克、斯洛伐克、斯洛文尼亚、波兰、爱沙尼亚、拉脱维亚、立陶宛、瑞士、列支敦士登、马耳他、克罗地亚、保加利亚和罗马尼亚。另外，下列国家因为与申根邻国没有实际上的边境检查，也可以凭申根签证任意进入：安道尔、梵蒂冈、圣马力诺、摩纳哥。

图 8-6　申根签证图

1. 申根协定的内容

（1）申根协议国家应在人员流动方面，尤其是在签证方面采取统一的政策规定。

（2）申根协议国家决定颁发在申根区域内普遍有效的统一签证。

（3）允许一次或二次入境的短期旅行签证，其前提条件是逗留的天数总和在第一次入境后半年内不能超过 3 个月。

（4）在申根签证使用前，各个国家的国别签证应该得到承认。

（5）根据《申根协议》的规定，持有任何一个申根协议成员国有效居留许可证的旅行者，3 个月内无须签证即可在申根区域内自由旅行。在申根区域外的旅行者，只要持有某申根国家有效的居留许可证和护照，无须办理签证即可前往该申根国家。超过 90 天的逗留，申请者应根据有关法律及其逗留目的申请国别签证。

（6）统一的申根签证应由协议国家的外交和领事部门颁发。

（7）原则上说，颁发某申根签证的国家应该是该签证持有者的主要目的地国家，如果有两个目的地国家所停留时间相差无几（精确到小时），则可以由首次入境的国家颁发申根签证；根据普遍的经验，申请停留时间最久的国家的签证这一点非常重要，否则很可能导致使领馆直接拒绝接受申请。

（8）旅行证件的有效期必须长于签证的有效期，该旅行证件必须保证申根国家以外的外国人能够顺利回到自己的国家或进入申根区域外的国家。

（9）每个国家都有权决定某人是否有权进入该国，或被拒绝入境，他国颁发的申根签证在另一申根国家使用时将得到限制，但该国必须将有关情况通报其他协议国家。

2. 申根签证的种类

申根签证分为入境签证和过境签证两类。

（1）入境签证有一次入境签证和多次入境签证两种。签证持有者分别可一次连续停留90天或每半年多次累计不超过3个月，如需长期停留，可向某一成员国申请只在该国使用的国别签证。

（2）过境签证是指过境前往协定国以外国家的签证。一般有一次签证和两次签证两种，特殊情况下可颁发多次过境签证。每次过境时间一般为3天，最长为5天。

3. 直接申根和间接申根

（1）直接申根。到29个申根国的人员，凡是申请以短期停留为目的而得到的签证，都是多次出入申根国家的申根签证，3个月之内（不包括3个月）都算短期。一般从哪个国家入境或者在哪个国家停留时间最长，就向哪个国家的使馆申请申根签证。如果不是去一个国家，同时还要去多个申根国，那么就在申请申根签证的同时递给所要去的这些申根国的邀请信或住宿证明，使馆会根据旅客在这些国家一共所需停留的时间，给旅客相应的允许停留天数。旅客可以在签证有效期内（允许停留时间），在这29个国家中穿梭往返，"一路绿灯"。例如，虽然旅客在德国使馆申请并得到申根签证，但旅客第一个入境国不一定是德国，旅客可以选择这29个国家中任何一个国家入境和停留。

（2）间接申根。间接申根就是针对取得某个国家申请长期居住（3个月以上包括3个月）的有效的签证。申请到哪个国家的签证，就只能从颁发签证的国家入境，而到了那个国家后的一周左右时间内办理该国家的长期居住手续，然后凭该国家的长期居住卡即可在申根国自由出入，享受申根待遇。

4. 申根签证应注意的问题

申根国家和欧盟国家是两个完全不同的概念，虽然有不少国家同属这两个概念的范围，但是也有不少例外，例如，属于申根国家的挪威和冰岛不属于欧盟，属于欧盟的保加利亚和罗马尼亚不实施申根协定。

一次申根签证只要不出申根国家范围，凭一次有效的签证就可以在各个申根国家之间任意来往，签证也依然有效。如出了申根国家到了非申根国家，一次签证就失效了，不能再凭此签证重新进入申根国家。

申根签证上的 DURATION OF STAY 一栏中的天数，只是有效期内允许停留的总天数，而非每次入境后可以停留的天数，无论签证是一次还是多次有效。

例如，1月1日至3月31日有效的多次签证，DURATION OF STAY 如果注明30天，就意味着无论什么时候入境，无论入境一次、二次还是更多次，每次入境停留的天数相加后不能超过30天，而不是每次入境后可以停留30天。另外，3月31日有效期满，签证失效。这时，无论停留时间是否满30天，都必须及时离境，否则作为逾期停留，可能导致严重后果。

（六）出入境规定中应把握的重点

每一个国家的出入境规定都是不同的，而且经常变化，最好从各国驻华使馆中获取最新出入境信息，中国籍旅客对目的国的出入境规定应把握好以下几个重点。

（1）入境后护照的有效期。
（2）旅游旅客入境是否可享受免签证或落地签证。
（3）签证的有效期及停留期。
（4）转机是否需要过境签证。
（5）转机续程机票要求及转机停留时间。
（6）现金担保数额。

三、边防检查

口岸稳定是安全的基础。只有口岸稳定有序，才能更好地服务旅客。边防总站通过建立现场勤务处理中心，提高勤务案件的处理速度；依托先进的科学技术，完善视频监控，消除监控盲区，采用红外线防漏验系统，防止旅客漏验事故的发生；加强证件鉴别能力建设，严厉打击采用伪假护照偷私渡活动；成立指挥中心应急处突分队，提高快速反应处置能力；慧眼巧识蛛丝马迹的破绽，细心甄别出证件的伪假。

（一）旅客办理出入境边检手续的有关规定

出入境旅客必须向边防检查站交验本人的有效护照或者其他出境、入境证件，出境旅客需出示所乘航班登机牌，经边防检查站查验核准后，方可出境、入境。

外籍旅客需按规定填写外国人出入境登记卡。办理入境边检手续后，边防检查站收存入境卡，本人保留出境卡，待出境时使用。持团体签证来华的外籍旅客不需填写外国人出入境登记卡。

（二）旅客携带枪支、弹药出入境的有关规定

旅客携带枪支、弹药出入境应提前向规定机关申请批准函件，并向边防检查站如实申报，办理相关检查手续。

（三）中国公民出入境的有关规定

（1）内地居民出入境：内地居民出国，应持有效护照和前往国签证（前往免办签证国家除外）；内地居民往来港澳地区，应持有《往来港澳通行证》及有效签注；内地居民往来台湾地区，应持有《大陆居民往来台湾通行证》及有效签注；内地居民赴港澳台签注为

旅游签注（"L"签注）的，应随旅游团团体出入境。

（2）港澳居民出入境：凭有效《港澳居民回乡证》或《港澳居民来往内地通行证》办理边检手续。

（3）台湾居民出入境：凭有效《台湾居民来往大陆通行证》（简称《台胞证》）办理边检手续。

（四）外国旅客出入境的有关规定

外国旅客出入境，除免办签证者外，凭有效护照和中国签证（或永久居留、居留许可）办理边检手续。

旅客在华逾期停留或旅游团入境后因特殊原因需分团的，应到当地公安机关出入境管理部门办理相关手续后再出境。

旅客入境后在华丢失护照的，应向驻华使（领）馆申请护照并到当地公安机关出入境管理部门办理相关手续后再出境。

（五）人脸识别技术助机场边检快速通关

机场边检人员使用护照阅读机检查证件，采用专用高清人脸证件比对系统对提取身份证内的信息与现场拍摄到的护照持有者图像进行对比，快速地识别出证件与证件使用人是否相一致，识别率达到98%以上，比肉眼更快速、更准确。

位于边检口的摄像头在捕捉人脸图像后，系统会自动将旅客证件照片与之核对，识别旅客身份，其准确率远高于人眼识别，即使旅客换了发型、化了浓妆也能识别。人脸识别系统采集的人脸图像又可以作为非常重要的监控数据记录下来，存储在监控数据库中，作为事后检索的索引，或者与公安、安全部门的数据库接驳，进行取证、认定。

公安部自2016年8月起开设边检自助查验入境通道，凡持办证时已采集指纹信息的电子普通护照的中国公民和持办证时已采集指纹信息的电子《往来港澳通行证》和有效赴香港或澳门签注的内地居民，无须备案即可自助通关。旅客在第一道闸机处，读取了护照证件电子芯片内存储的照片、指纹，随后进入通道，在第二个闸机前扫描本人的人脸和指纹。比对完成后，第二道闸机打开，旅客就可以入境了。工作人员则在一旁提醒，如果需要在护照上加盖入境章，可直接向机场当日执勤队提出申请，执勤队核查出入境记录后当场予以补盖。

在机场、海关、口岸、边检等重要区域，对大规模人群进行准确的身份识别及信息鉴定，是保障社会公共安全的重要手段。在机场出入境安全监控系统中，人脸识别发挥着多重功效，一方面是对出入境人员的身份信息验证检测，另一方面是对机场人流量情况进行控制管理，当然最重要的是不给可疑人员出逃或入境的机会。

课后练习

一、简答题

1. 海关、检验检疫、边防检查、安全检查四大联检部门有何区别？

2. 正确描述国际旅客出发和到达的联检流程。
3. 我国海关书面申报制度和海关检查是如何实施监管的?
4. 我国出入境检验检疫的作用有哪些?
5. 简述签证的有效期和停留期的关系。
6. 申根签证在使用中应注意什么问题?
7. 人脸识别技术在管理中有哪些特点?

二、自测题

第九章　候机楼内旅客服务

 本章学习重点

1. 候机服务原则和服务内容。
2. 登机口航班服务操作要求。
3. 进港服务原则和服务流程。
4. 中转和过站服务区别和服务要求。

在航站楼内，旅客经过安检，进入候机楼区，候机楼内主要旅客服务包括候机服务、中转和过站服务、登机服务和进港服务等，本章对这些内容进行了介绍。

第一节　候机服务

候机服务是指在旅客进入隔离区等待登机的阶段，航空公司根据旅客的需求，满足旅客个性化、偏好需求，提供的宽敞而舒适的多功能休息室服务及相关信息查询服务等。

一、候机服务的原则

候机服务的原则如下。
（1）旅客办理乘机手续后，指引其在指定的候机区等候登机。
（2）头等舱旅客、公务舱旅客和高端旅客安排在头等舱休息室或贵宾室候机。

（3）旅客候机时，应提供登机口、航班号、航班动态显示等必要的信息和引导服务。

（4）旅客候机时，国际航班国内航段应与国际旅客分开候机。

图9-1为候机旅客图。

图9-1　候机旅客图

二、登机前的准备工作

（一）登机物品准备

工作人员根据航班任务，了解航班信息（航班号、飞机号、目的地、预计起飞时间、停靠位置等），并根据航班预计过站旅客人数准备好过站登机牌、手工行李牌等登机服务用品。

（二）登机口柜台准备

工作人员根据各航空公司或各机场的规定提前到达登机口。

（1）检查区域广播设备、内通设备等设施是否正常。

（2）核对航显信息，如航班号、目的地是否与预报相符。

（3）打开计算机，输入相关指令，将计算机切换至相应航班页面上。

（4）提供旅客问询服务。

（5）巡视大厅，观察旅客手提行李，及时处理超规行李，做好解释工作。

（6）巡视大厅，了解老、弱、病、残、孕及怀抱婴儿的旅客的情况，准备安排其优先登机。

（7）掌握特殊服务旅客情况，适时通知其登机。

（8）设置登机口护栏隔离带，确保登机顺畅。

（9）核对飞机号与预报飞机号是否一致。

三、发布旅客登机通知

在航班开始登机前，通过以下方法通知旅客登机。

（1）通知机场广播室调整登机航显。

（2）通知机场广播室进行航班登机广播。
（3）使用登机口自带的小广播组织旅客登机。

第二节 登 机 服 务

一、旅客登机总则

旅客登机总则如下。
（1）在符合载重平衡的需要下，安排旅客登机。
（2）登机时应满足特殊旅客的需要。
（3）登机时，除机组成员和允许登机的工作人员外，禁止无关人员进入飞机客舱。

二、旅客登机次序

以下旅客将优先登机。
（1）担架旅客。
（2）遣返旅客、犯罪旅客、押运人员。
（3）病人、行动不便的旅客和老年旅客。
（4）无成人陪伴儿童和携带婴儿旅客。
（5）头等舱、公务舱旅客，持金卡和银卡的旅客（根据旅客意愿）。
（6）特殊团队旅客。
（7）过境、过站旅客。
（8）普通旅客。
（9）VIP旅客（根据旅客意愿）。

三、登机口工作人员的工作职责

（一）廊桥航班

原则上配备4名工作人员，完成以下工作。
（1）登机口验牌扫描。
（2）维护登机秩序。
（3）处理超规行李。
（4）根据需要检查旅客证件。
（5）登机路线沿途引导。
（6）机舱口撕登机牌副联。
（7）及时处理各项特殊情况。

（二）不靠桥航班

原则上至少配备 4 名工作人员，完成以下工作。

（1）登机口验牌扫描。

（2）维护登机秩序。

（3）处理超规行李。

（4）根据需要检查旅客证件。

（5）登机路线沿途引导。

（6）安排摆渡车并引导旅客上下摆渡车。

（7）机舱口撕登机牌副联。

（8）负责旅客机坪安全。

（9）及时处理各项特殊情况。

图 9-2 为登机口旅客图。

图 9-2　登机口旅客图

四、工作人员的操作流程

工作人员的操作流程如下。

（1）服务人员按照公司规定的时间到达登机口，做好登机准备。

（2）航班登机开始前，进行登机广播，设置航显，有条件的机场可进行区域小广播以通知旅客登机。

（3）召集、引导病残旅客、无成人陪伴儿童、携带婴儿旅客、VIP 旅客（根据旅客意愿）、头等舱旅客、公务舱旅客根据旅客意愿先登机，再引导普通旅客登机。

（4）根据航线要求检查旅客证件，检查时顺着旅客队伍由前向后地进行检查。

（5）仔细查验登机牌，根据各机场要求检查边防章、安检章。

（6）登机口登机牌查验方式如下。

①电脑扫描。在上客过程中，扫描登机牌验证无误后，撕下登机牌副联，将登机牌归还旅客。对于网上值机、手机值机的旅客，登机口操作包括以下内容。

- 通过扫描旅客的手机二维码确认旅客的值机信息。
- 查看网上值机、手机值机旅客是否持有登机凭证。

✓ 登机凭证的一部分作为登机凭证，剩余部分还给旅客保存。

②手工撕牌。手工撕牌时查验航班号、日期，撕下登机牌副联，并在航班登机过程中对副联反复查验清点，保留备查。

（7）在登机过程中，遇老、弱、病、残、孕及怀抱婴儿的旅客，应主动上前搀扶或帮助其提拿行李，并允许此类旅客优先登机或随时登机。

（8）在登机过程中，登机口工作人员用不同语言（中／英文等）欢迎每位旅客，预祝旅途愉快。

（9）登机口工作人员随时掌握航班人数的变化信息。

（10）在登机途中，工作人员应走在旅客前面，与旅客距离不超过2米，并经常回头照顾旅客，主动扶老携幼。

（11）准确清点登机牌副联数，确保其与离港系统及机上旅客人数相符。

（12）查找尚未登机旅客的信息。

（13）广播寻找未登机旅客。

（14）对于未登机旅客应积极寻找，操作方法如下。

①对照计算机系统（手工撕牌，采用排出登机牌的方式）找出旅客姓名。

②立即广播通知。

③根据旅客相关信息，有针对性地进行查找。

④在客舱内核查旅客是否已登机。

（15）根据登机口关闭时间的要求，执行减客程序。

（16）舱门关闭和撤离的操作流程如下。

①国际航班随机业务文件送至飞机上。

②登机牌副联数与舱单人数相符合。

③与乘务长确认登机人数，交接相关服务单据。

④必须等待飞机移动后方可撤离登机口位。

⑤整理并回收登机口业务用品，将已整理好的登机牌副联留存备查。

⑥关闭登机口系统。

图9-3为登机口服务图。

图9-3　登机口服务图

五、航班的操作要求

航班的操作要求如下。

(一) 靠桥航班的操作要求

注意控制廊桥内旅客人数,适当控制登机速度,防止拥堵。

(二) 远机位航班的操作要求

(1) 航班登机前根据旅客人数联系摆渡车。
(2) 航班上客时,工作人员应于摆渡车旁引导旅客,注意旅客上下车的安全。
(3) 与摆渡车司机交接飞机号、班号、停靠位置等。
(4) 工作人员接送航班时乘坐摆渡车的原则为:最后上车,最先下车。
(5) 乘坐客梯车登机,应控制客梯车上的旅客人数,避免安全隐患。
(6) 需要注意的安全事项如下。
① 摆渡车关门时注意旅客安全,防止旅客受伤、夹伤的情况发生。
② 旅客上机前,工作人员必须检查客梯车是否停稳。
③ 阻止旅客在机翼下穿行。
④ 防止旅客在机坪上随意走动。

六、减客程序

(一) 减客的原则和责任范围

航空公司按以下操作对未按时登机的旅客执行减客程序(包括任何已登机旅客临时提出终止旅行或过站旅客任何时候提出终止旅行),保证航班准时起飞。

(1) 航空公司严格执行"旅客和行李同机运输"的安全原则,任何被减旅客的随身携带物品、自理行李和托运行李必须同时卸下。
(2) 航空公司不对非本公司原因造成的减客行为承担任何责任。
(3) 已登机旅客或过站旅客自动终止旅行(临时弃乘)被视为放弃履行运输合同,航空公司不对其客票损失承担责任。

(二) 减客的操作程序

减客的操作程序如下。
(1) 查找旅客姓名和预拉行李。
(2) 根据实际情况(包括旅客重要性、操作的可行性、飞机动态、地面装卸、机务、加油等情况),做出减客(含清舱和卸载行李)决定。
(3) 实施减客、卸载行李、清舱等操作。
(4) 根据实际登机人数修改已送上飞机的总申报单和旅客名单以及相关资料。
(5) 如果需要,引导所有旅客离机,配合安检部门进行清舱。

(6) 核准最后登机旅客人数和行李数。

七、特殊情况

（一）寻找未登机旅客的操作程序

寻找未登机旅客的操作程序如下。

(1) 对照计算机登机旅客座位表（手工撕登机牌副联，采用整理登机牌座位的方法）找出未登机旅客的姓名。

(2) 分析旅客未登机原因，在记录中检查是否有重要旅客或重复办理乘机手续的情况，并进入客舱内核查旅客是否已登机。

(3) 广播通知未登机旅客登机，如图9-4所示。

(4) 前往边防以及邻近区域寻找旅客。

(5) 从 PNR 中提取旅客信息，通过旅客联系电话寻找旅客。

(6) 在到达区域或行李提取处寻找过站旅客。

(7) 相互核对，确认旅客未登机是否已被落下。

(8) 询问其他航空公司，旅客是否已改乘。

图 9-4　登机口广播图

（二）登机时发现旅客登机牌未盖边防章/安检章

登机时发现旅客登机牌未盖边防章/安检章，操作如下。

(1) 请旅客在登机口稍等，立即通知边防/安检人员到场处理。

(2) 边防人员检查并盖章予以放行的，引导旅客登机。

(3) 边防人员检查后确定不能放行的，立即将该情况及旅客的托运行李信息通知相关调度部门。

（三）计算机扫描人数与撕牌人数不相符

(1) 核查该航班是否有 INF（婴儿）、先行登机的旅客。

(2) 要求乘务员协助再次清点人数。

(3) 查验登机牌副联并迅速核对座位，尽快找出原因。

八、登机口行李的操作要求

（一）登机口交运行李规范

登机口交运行李规范如下。

(1) 在登机口区域放置告示牌，内容包括最大随身携带物品和自理行李放行标准（见表9-1）、登机口拦截警示标志，告示牌架底放置随身携带物品和自理行李尺寸测试框架和磅秤。

表 9-1 允许带入客舱的手提行李标准（超大、超重手提行李范围）

行李信息	客舱类型	
舱位	头等舱	公务舱/经济舱
件数	2 件	1 件
重量	5 千克/件	
尺寸	每件不超过 20cm×40cm×55cm	

（2）在登机过程中，测量旅客手提行李的尺寸和重量，对携带超重或超大尺寸行李的旅客进行拦截。

（3）对拦截的超重和超大尺寸行李，请旅客填写免责托运行李牌。

（4）在与旅客交代免责条款后，将免责托运行李牌拴挂在行李上。

（5）免责托运行李牌的收据交给旅客，作为旅客认领行李的凭据。

（6）将所有拦截的超重或超大尺寸行李归拢，填写行李运输交接单。

（7）航班起飞前将拦截行李情况（件数、堆放地点、航班号、航班起飞时间）通知地面调度部门。

（8）清点拦截行李的件数，签署行李运输交接单。

（9）将所有拦截行李直接搬运至飞机货物装卸处，装入行李箱内。

（10）因为时间、装载容量或其他原因，无法同机装载所有拦截行李时，通知值机员处理。

（11）值机员将无法同机装载的拦截行李按非正常行李运输处理，同时注明按免责行李运输。

（二）经承运人同意可带入客舱的物品

下列物品经承运人同意后可带入客舱。

（1）个人旅行用品。

（2）外交邮袋。

（3）经工作人员同意，并拴挂自理行李牌的行李。

（4）单独购票的占座行李（每张客票上座行李不超过 75 千克）。

（5）随机押运的贵重物品、文件等（合理尺寸、重量）。

（6）旅途中使用的医疗设备（合理尺寸、重量）。

（7）允许带上飞机的导盲犬/助听犬等。

第三节 进港服务

进港操作需要获取进港旅客信息，根据订座及始发站业务电报，了解航班旅客信息。

一、进港服务的原则

进港服务的原则如下。

（1）航空公司要确保旅客安全下飞机。

（2）除机组成员和允许登机的工作人员外，航空公司禁止其他人员进入飞机客舱迎接旅客。

二、旅客下机的次序

旅客下机的先后次序如下。

（1）中转衔接时间紧张的旅客。

（2）VIP旅客，如图9-5所示。

图9-5　VIP旅客下机图

（3）头等舱、公务舱、高端常旅客。

（4）普通旅客或无成人陪伴儿童。

（5）病人（含轮椅、担架旅客）、行动不便的旅客和老年旅客。

（6）遣返旅客、罪犯旅客和押运人员。

三、进港旅客服务的流程

（一）一般操作

（1）根据进港航班预报，了解航班动态信息，包括航班号、飞机号、航程、停靠机位、预计落地时间等。

（2）工作人员在航班预计落地时间前到达接送位置。

（3）国际航班需征得联检单位同意后方可下客。

（4）确保全部旅客下飞机后方可离开。

（5）国际航班需上机接申报单，并送至海关、卫生检疫、边防办公室；旅客名单根据各机场规定送至相应单位，做好交接工作（各航空公司操作不同）。

（二）靠桥航班的操作要求

（1）飞机落地后，工作人员进入廊桥，待廊桥靠稳后，向乘务员做手势发信号，要求打开舱门。

（2）引导旅客下飞机，如图9-6所示。

（三）远机位航班的操作要求

飞机落地，待确认客梯车停稳（飞机自备梯完全撤放完毕）后，工作人员方可上机进行相关交接事宜。

（1）待摆渡车到位后，向乘务员做手势发信号，要求下客。

（2）工作人员位于客梯下、机翼下等位置引导旅客乘摆渡车，阻止旅客从机翼下通过，如图9-7所示。

图9-6　廊桥旅客下机图　　　　　　　图9-7　远机位旅客下机图

（3）工作人员在该车旅客全部上车并确保稳妥后，方可上车与司机做关于飞机号、航班号等信息的交接工作。

（4）最后一辆摆渡车发车前，工作人员必须与乘务员再次确认机上旅客已经全部下飞机。

（5）至到达大厅后，工作人员下车位于摆渡车车门旁引导旅客进入候机楼，待旅客全部下车后，方可离开。

（6）在引导过程中，工作人员要注意自己的站立位置，以能够照看到所有旅客为佳，辅以清晰的引导手势及语音。

（7）安全事项如下。

① 旅客下机前，工作人员必须检查客梯车是否停稳。

② 阻止旅客在机翼下穿行。

③ 防止旅客在机坪上随意走动。

④ 摆渡车关车门时注意旅客安全，防止旅客受伤、夹伤的情况发生。

（四）特殊情况

（1）乘务员临时通知有特殊服务旅客时，做法如下。
① 接机人员及时通知相关部门工作人员。
② 在特殊服务人员尚未到位前，接机人员协助乘务员做好特殊旅客服务工作。
（2）国际到达旅客错走到国内到达处时，做法如下。
① 立即至国内到达处寻找旅客，查验旅客原始登机牌。
② 将该情况上报相关部门。
③ 与安检及联检部门联系。
④ 在安检及联检部门同意的情况下，将国际到达旅客引导至相应的到达口。
（3）国内到达旅客错走到国际到达处时，做法如下。
① 立即至国际到达处寻找旅客，查验旅客原始登机牌。
② 将该情况上报相关部门。
③ 与安检及联检部门联系。
④ 在安检及联检部门同意的情况下，将国内到达旅客引导至相应的到达口。

第四节　过站和中转服务

过站是指旅客使用同一航班号码的经停航班，在航班经停地点停留，继续旅行的旅客。旅客的行李不需要在中转地装卸。

中转是指旅客持联程客票在航班衔接机场的整个转机过程，包括旅客的中转及行李的中转。中转旅客使用的是不同的航班号码。

一、过站服务

（一）过站服务有关术语

分客：通过工作人员的语言表达或信息提示的方式，将到达旅客与过站旅客进行区分。

（二）过站旅客人数的查询

过站旅客人数的查询方法如下。
（1）通过电报系统接收旅客名单报（PTM）。
（2）通过 Eterm 系统，输入默认航班号后，输入相关指令。

（三）过站登机牌的使用规范

过站登机牌的使用规范如下。
（1）根据过站旅客人数准备相应数量的过站登机牌。
（2）相邻两个或两个以上的航班应使用不同颜色的过站登机牌，以便区分。
（3）过站登机牌的填写标准：内容完整、准确、字迹清晰。

图 9-8 为旅客过站引导图。

（四）过站航班旅客分流引导

过站航班旅客分流引导方法如下。

（1）通常情况下，接机人员不得少于 2 人。

（2）飞机到达后，上机询问乘务员过站人数及不下飞机的过站旅客情况，同时要求乘务员广播提醒旅客携带原始登机牌和机票，如与预报人数有出入，应及时向相关部门反馈。

图 9-8　旅客过站引导图

（3）靠桥航班，在廊桥口进行分客，查验旅客原始登机牌及机票，发放过站登机牌，如图 9-9 所示，将过站旅客引导至相应候机厅等待再次登机，将到达旅客引导至国内到达处。

图 9-9　旅客过站登机牌

（4）远机位航班，旅客分流引导方法如下。

① 在飞机下进行分客，将过站旅客与到达旅客分别引导上不同的摆渡车。

② 摆渡车发车前，接机人员需上车再次确认分客人数。

③ 将过站旅客载送至相应候机区域，并查验原始登机牌及机票，发放过站登机牌。

④ 将到达旅客载送至国内到达处。

⑤ 接机人员需将发放过站登机牌人数、未下飞机旅客情况告知相关部门调度。

二、中转服务

（一）中转旅客的分类

中转旅客的分类包括相同航空公司航班之间的转机（ONLINE）、不同航空公司之间的转机（INTERLINE）。

图 9-10 为旅客转机指引图。

中转形式可分为六种，现以东方航空上海站为例，如表 9-2 所示。

图 9-10　旅客转机指引图

表 9-2　中转分类及详解

中转类型	详解
普通中转	全航程由两个或两个以上航班构成，须在中转站办理值机手续的中转
两场中转	经上海，到达虹桥/浦东机场再转乘虹桥/浦东机场始发的航班
隔夜中转	持隔夜宾馆住宿券的旅客在同一机场或不同机场中转第二天的航班
内部代号共享航班中转	在现有的国际和国内航班上加挂另一航班号称为内部代号共享航班，该航班旅客属中转旅客，在始发站以过境的形式办理值机操作，其托运行李在目的地领取并过海关
联程值机、行李直挂	需在同一机场当天转机的旅客在始发站办理乘机手续时领取续程航班登机牌，其托运行李直挂至续程航班目的地
分段值机、行李直挂	需在同一机场当天转机的旅客在始发站仅办理第一航班乘机手续，后续航班的乘机手续在航班中转机场办理，但其托运行李直挂至续程航班目的地

（二）最短衔接时间

最短衔接时间（MCT）是指航空公司或机场当局根据机场中转功能的情况而制订的旅客办理航班中转手续所需的最短时间。最短衔接时间通过 OAG 发布。

以上海浦东机场东航航班中转最短衔接时间为例，如表 9-3 所示。

表 9-3　浦东机场东方航空航班中转 MCT

中转类型	MCT
国内转国内	80分钟
国际转国内	90分钟
国内转国际	90分钟
国际转国际	100分钟
两场中转（浦东和虹桥中转）	240分钟

（三）中转操作流程

现以东航联程中转的中转操作流程为例进行说明。

1. 始发站操作流程

1）航班办理

（1）在办理航班乘机手续时，将中转旅客安排在前排座位或相对固定区域；对中转时间紧的旅客，座位尽量安排靠前或靠近机舱门的位置。

（2）为中转旅客发放胸贴，并请旅客将胸贴粘贴在明显位置。

（3）为中转旅客办理始发站、中转站的乘机手续，发放始发站、中转站的登机牌；"联程值机、行李直挂"中转旅客须在离港系统中通过 CPA 指令，申请联程并成功。

（4）在托运行李上拴挂联程行李牌及中转标识，在离港系统中输入中转行李信息。

（5）办理乘机手续时向旅客做好关于登机牌及中转行李的讲解工作。

2）行李转载

中转行李装载须与其他普通行李分箱和分舱装载；如无法分箱和分舱装载，须按照普通行李、中转行李、头等/公务舱行李、VIP 行李的顺序装载。

3）航班关闭

（1）航班起飞后，须立即将中转旅客人数、座位号、行李牌号码、行李装箱号等数据通过 TIL、TCS、PTM、BTM 等电报发往中转站。

（2）航班关闭后，须将准确的隔夜中转旅客情况以书面形式，通知所住酒店或中转站保障部门。

（3）对航程时间低于 45 分钟的航班，始发站应在航班到达中转站之前，以传真的方式通知酒店或中转站保障部门。

2. 中转站操作流程

1）航班办理

（1）中转部门根据中转业务电报，掌握当日所有到达航班的预报转机旅客人数。

（2）若该航班起飞后 30 分钟仍未收到中转业务电报，则须即刻以电报、电话及传真等形式同始发站取得联系，索取相关信息。

（3）中转部门根据中转航班的到达时间，在指定区域或柜台查验中转旅客登机牌。中转服务柜台如图 9-11 所示。

图 9-11　中转服务柜台

2）航班登机

（1）为中转旅客提供问询和必要的导乘服务。

（2）对 MCT 时间不足的中转旅客，安排人员应进行引导，尽可能让旅客搭上所衔接航班，并将此类情况记录在案，定期汇总至收入管理部。

 课后练习

一、简答题

1. 候机楼服务的基本原则有哪些？
2. 简述登机口服务的操作流程。
3. 简述进港旅客的服务流程。
4. 简述过站和中转的定义。
5. 中转旅客的分类有哪些？

二、自测题

第十章 行李运输

 本章学习重点

1. 行李的定义和分类。
2. 逾重行李费和行李声明价值的核算。
3. 了解行李的收运、运送、保管、退运和交付的基本流程。
4. 了解行李的禁运和限运。
5. 不正常行李的分类和操作流程。
6. 行李赔偿的核算。

民用航空旅客运输包含旅客及行李的运输。行李运输作为航空运输的组成部分，是随着旅客运输的产生而产生的。行李运输在旅客运输中占据非常重要的地位，旅客旅行是否成功往往取决于旅客所携带的行李物品运输的完好性和准时性。这是因为行李不仅本身有价值，而且更重要的是，它体现了旅客旅行的目的，关系到旅客旅行任务的完成和生活的需要。2021年颁布的《公共航空运输旅客服务管理规定》充分尊重企业的自主经营权，不再对行李尺寸、重量、免费行李额、逾重行李费、小动物运输等进行统一规定，承运人可根据企业经营特点自行制订相关标准并对外公布。为减少行李运输差错，该规定要求承运人、地面服务代理人、机场管理机构建立托运行李监控制度，防止发生行李运输问题。

本章介绍了行李的分类和限制，同时介绍了逾重行李费和行李声明价值的核算。对旅客行李运输过程中的收运、运送、保管、退运和交付的流程进行完整的介绍。在旅客行李运输过程中，对行李的禁运和限运进行了梳理，对当行李出现少收、多收、破损等行李不正常运输时的处理流程进行了介绍，对需要赔付时的赔付标准和核算进行了讲解。

民航地勤服务

第一节　行李运输的一般规定

一、行李的定义及分类

行李是旅客在旅行中为了穿着、使用、舒适或方便的需要而携带的物品和其他个人财物。承运人承运的行李，按照运输责任分为托运行李和非托运行李。

托运行李是指旅客交由承运人负责照管和运输并填开行李票的行李。承运人在收运行李时，必须记录行李的件数及重量，并发给旅客作为认领行李用的行李牌识别联。

非托运行李（随身携带行李）是指经承运人同意由旅客带入客舱自行负责照管的行李，随身携带行李的体积应能置于旅客的前排座椅下或封闭式行李架内。

每个航空公司对托运行李和非托运行李都有自己对重量和体积的限制要求，表10-1所示为东方航空公司的行李规定和限制要求。

表10-1　东方航空公司行李类别和限制要求

行李类别			每件行李重量上限	每件行李尺寸限制
托运行李			50千克/件	A×B×C>20cm×15cm×5cm A×B×C≤100cm×60cm×40cm
非托运行李 （随身携带行李）	头等舱	2件	10千克/件	A≤55cm（21.6英寸） B≤40cm（15.8英寸） C≤20cm（7.9英寸）
	公务舱	1件		
	经济舱	1件		

二、免费行李额

免费行李额是根据旅客所付票价、乘坐舱位等级和旅客的航线来决定的。每位旅客的免费行李额包括托运行李和自理行李。

搭乘同一航班前往同一目的地的两个或两个以上同行旅客，如在同一时间、同一地点办理行李的托运手续，其免费行李额可以按照各自的客票价等级标准合并计算。免费行李额的合并计算，也称为合并行李（Pooking of Baggage，PL）。

如果旅客乘坐的国内航班是构成国际联程运输的国内航段，并且旅客国内航班与国际航班填开在一本客票上，那么每位旅客的免费行李额按适用的国际航线免费行李额计算。

国际航空的国内托运行李的免费行李额的限制要求如图10-1所示。

头等舱	公务舱	经济舱	婴儿
40kg	30kg	20kg	10kg

注：
1. 儿童旅客免费行李额与成人免费行李额相同。
2. 婴儿旅客允许免费携带一辆折叠式的婴儿推车。
3. 构成国际运输的国内航段，每位旅客的免费行李额按适用的国际航线免费行李额计算。

图10-1 国际航空免费行李额

三、国内逾重行李处理

旅客的托运行李计重超出免费行李额的部分，称为逾重行李。旅客应对逾重行李支付逾重行李费。

（一）逾重行李费的收取

逾重行李费费率按逾重行李票填开之日所适用的成人经济舱直达公布票价的1.5%计算，即

逾重行李费＝（行李总重量−免费行李额）×（经济舱直达公布票价金额×1.5%）

※ 注：人民币费率以分为单位，逾重行李费以元为单位，元以下四舍五入。

（二）逾重行李操作流程

（1）值机柜台的工作人员确认旅客行李超重重量，填开《逾重行李缴费通知单》，如图10-2所示，请旅客前往售票柜台支付逾重行李费。

图10-2 《逾重行李缴费通知单》

（2）售票柜台工作人员计算逾重行李费，填开逾重行李票。

（3）旅客付费后回到值机柜台凭逾重行李票的运输联和旅客联办理行李的交运手续。
（4）工作人员收取运输联并上交财务部门。

（三）国内逾重行李票填开

逾重行李票由以下四联组成。
（1）会计联：供财务结算时使用。
（2）出票人联：供出票人留存备查。
（3）运输联：供运输逾重行李以及承运人结算时使用。
（4）旅客联：供旅客托运逾重行李和报销时使用。

逾重行李在填开完毕交给旅客前应先撕下会计联和出票人联，旅客持逾重行李票办理托运手续时，工作人员撕下运输联作为运输凭证，并上交财务部门。

国内逾重行李票如图 10-3 所示。

图 10-3　国内逾重行李票

【案例分析】

旅客李明携带一个旅行箱、一箱海鲜和一个手提包。乘坐××××年3月20日海南航空的 HU7105 航班从 HAK 前往 PEK，购买了 Y 舱全价 CNY2 250.00 的机票。

旅行箱重 18kg，体积 55cm×40cm×20cm。
海鲜箱重 20kg，体积 40cm×30cm×30cm。
手提包重 3kg，体积 40cm×30cm×20cm。
请为其办理行李的托运手续。

第一步：询问旅客是否有托运行李，并从安全角度向旅客确认未携带违禁物品。根据携带物品的性质，海鲜属于鲜活易腐物品，应该托运，并告知旅客海鲜需要作为免责行李托运。旅行箱重 18kg 应该托运。手提包的重量及体积均在限制范围内，可以作为随身携带物品带入客舱。

第二步：托运行李应一件件分别称重，并检查其包装是否符合规定。

第三步：根据旅客乘坐舱位，判断其免费行李额。该旅客乘坐的是 Y 舱，免费行李额为 20kg。根据称重结果，该旅客需托运的两件行李总重 38kg。告知旅客行李超重，并告知逾重行李费费率。

$$逾重行李费费率 = 2250.00 \times 1.5\% = 33.75 元/千克$$

第四步：确定行李的逾重重量，填写《逾重行李缴费通知单》，如图 10-4 所示，请旅客到指定柜台缴费。

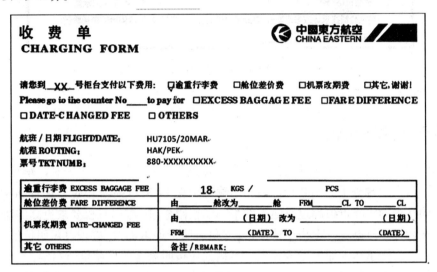

图 10-4 《逾重行李缴费通知单》

第五步：售票柜台工作人员根据《逾重行李缴费通知单》为旅客填开逾重行李票，并收取逾重行李费，如图 10-5 所示。

航 段 SECTOR	承运人 CARRIER	航班号 FLIGHT	重量 WEIGHT	费率/千克 RATE/kg	运费金额 CHARGE	声明价值附加费 DECLARED VALUE	合计收费 TOTAL
自至 FROM TO 海口—北京	HU	7105	18kg	33.75	608.00	—	608.00
日期 DATE	20MAR	经手人 ISSUED BY	×××	盖章 SIGNATURE			

旅客姓名 李明　　客票号码 880-××××××××××
NAME OF PASSENGER　　TICKET NO.

××航空公司逾重行李票　NO:0885945
EXCESS BAGGAGE TICKET

图 10-5 逾重行李票

第六步：值机柜台工作人员确认旅客缴费后，由于海鲜属于鲜活易腐品，需填制免责行李牌，完成后请旅客签字，如图 10-6 所示。

图 10-6　免除责任行李牌

第七步：贴挂行李牌。

四、行李的声明价值

根据航空运输规定，旅客托运的行李在运输过程中发生损坏、灭失时，承运人最高赔偿限额为：国内运输每千克 100 元，国际运输每千克 17 SDR 计算单位，约合 20 美元。当旅客托运的行李的实际价值超过承运人的最高赔偿限额时，旅客有权要求更高的赔偿金额，但必须在托运行李时办理行李声明价值，并支付声明价值附加费。办理过声明价值的行李，如在运输途中由于承运人原因造成损失，承运人应按照旅客的声明价值赔偿。

（1）每一位旅客的行李声明价值不得超过行李本身实际价值，国内航线最高限额为人民币 8000 元，国际航线为 5000 美元。旅客在办理行李声明价值手续时应出示证明行李声明价值的文件和证据。如承运人对声明价值有异议而旅客又拒绝接受检查时，承运人有权拒绝收运。

（2）占座行李、自理行李、随身携带物品、小动物等承运人免责的行李不办理声明价值。

（3）办理声明价值的行李重量不计入免费行李额，应作为逾重行李另外收费。

（4）除与另一承运人有特别协议外，一般只能在同一承运人的航班上办理行李声明价值。

（5）承运人应按照旅客声明价值中超过最高赔偿限额部分价值的 5‰ 收取声明价值附加费，以元为单位，不足元者进整为元。

声明价值附加费 =（行李的声明总价值 − 每千克普通行李最高赔偿费 × 办理声明价值行李总量）×5‰

（6）办理声明价值的行李必须与旅客同机运出，值机人员应通知行李装卸部门将声明价值行李单独装箱；同时将声明价值行李的重量、件数、行李牌号码、装舱位置等以电报的形式通知相关航站。

【案例分析】

旅客何志华乘坐 MF8512 航班自上海至厦门，携带了 1 件 6 千克的行李，申请办理声明价值 4500 元。已知该航班经济舱价格为 960 元，则该旅客需支付多少费用？

解答：

声明价值附加费 =（4500-100×6）×5‰ =19.50 元，应收 20 元；

逾重行李费率=960×1.5%=14.4 元，逾重行李费=14.4×6=86.40 元，应征收 86 元。

共计收费 106（20+86）元。

售票柜台工作人员为何志华开具的逾重行李票如图 10-7 所示。

| \multicolumn{8}{c}{××航空公司逾重行李票　　NO:0885945} |
| \multicolumn{8}{c}{EXCESS BAGGAGE TICKET} |

旅客姓名： NAME OF PASSENGER	何志华			客票号码： TICKET NO.			
航段 SECTOR	承运人 CARRIER	航班号 FLIGHT	重量 WEIGHT	费率/千克 RATE/kg	运费金额 CHARGE	声明价值附加费 DECLARED VALUE	合计收费 TOTAL
自至 FROM TO 上海—厦门	MF	8512	6kg	14.40	86.00	20.00	106.00
日期 DATE		经手人 ISSUED BY		盖章 SIGNATURE			

图 10-7 逾重行李票（何志华）

第二节　行李的收运、运送、保管、退运和交付

一、行李的收运

（一）行李的包装要求

行李的包装在保证行李运输质量和飞行安全中起到非常重要的作用，因此承运人对旅客的行李包装要求制订了具体的规定。在收运行李时，应严格检查行李的包装，对不符合包装要求的行李，应要求旅客改善包装，否则可以拒绝收运或不承担损坏的赔偿责任。

1. 托运行李的包装要求

托运行李要用行李箱或其他合适的容器包装，锁扣完好，捆扎牢固，能承受一定压力，以保证在正常的操作条件下安全运输，同时应符合下列条件。

（1）旅行箱、旅行袋、手提包等必须加锁。

（2）两件以上的包件不能捆为一件。

（3）行李上不能附插其他物品。

（4）竹篮、网兜、草绳、草袋等不能作为行李的外包装物。

（5）行李上应拴挂姓名牌，写明旅客的姓名、详细地址、联系电话。

2. 非托运行李（随身携带物品）的包装要求

由旅客带进客舱的随身携带物品，虽然由旅客自行照管，但承运人对其包装仍有具体要求，应符合下列条件。

（1）竹篮、网兜、草绳、草袋等不能作为行李的外包装物。

（2）外包装应整洁，不容易渗漏，没有污染。

（3）运动器材、乐器等要求有外包装。

（4）外交信袋、银行特别用箱等必须加有封条。

（二）行李的收运流程

行李的收运工作是整个行李运输工作流程的第一道工序，是行李运输中最重要的工作环节。行李收运工作的好坏直接影响整个行李工作的正常开展和运输质量。

（1）值机员应首先询问旅客是否有托运行李。

应使用礼貌用语询问，对于需要帮助的旅客，应帮其将行李搬放到传送带上。

（2）确认旅客的托运行李符合运输标准，如有需要作为免责行李运输。

行李的收运要求如下。

① 检查行李包装是否完好。

② 撕去行李上拴挂的旧行李牌。

③ 检查行李的包装、尺寸、重量是否符合规定。

④ 询问行李内是否有违禁物品。

（3）如旅客的行李超过免费行李额规定的标准，则开具逾重行李缴费通知单，请旅客付费后再继续办理行李的托运手续。

（4）在离港系统中确认旅客姓名，输入托运行李件数、重量。

（5）打印登机牌和行李牌，核对行李牌上的件数和目的地是否与计算机信息一致。

（6）拴挂行李牌。将行李牌拴挂于行李把手上，无把手的可粘贴于行李适于粘贴的最大一面上，并将行李提取联粘贴于旅客所使用的机票背面，若无机票，则贴于登机牌反面，并露出一部分，以便旅客核对。

（7）如有打印后废弃不用的行李牌，必须在行李牌上注明"VOID"或"作废"的字样。

（8）手动或踩踏启动安检机开关，将行李送入X光机，当安检灯亮起时，要求旅客根据安检要求开包或前往行李开包检查室开包。

（三）行李牌

1. 行李牌概述

行李牌是承运人运输行李的凭证，也是旅客领取行李的凭证，如图10-8、图10-9所示。

图10-8　行李牌

图 10-9　行李牌识读

2. 优先行李牌

头等舱、公务舱的旅客行李作为优先行李还应使用专用行李牌，如图 10-10～图 10-12 所示。

图 10-10　头等舱优先行李牌

图 10-11　公务舱优先行李牌

图 10-12　星空联盟优先行李牌

3. 超重行李标贴

单件超重的行李须贴超重行李标贴，装卸时需使用专用设备，如图 10-13 所示。

图 10-13　超重行李标贴

4. 易碎物品标贴

旅客的行李中有易碎物品时可自行粘贴此标牌，提醒工作人员小心轻放，如图 10-14 所示。

图 10-14　易碎物品标贴

5. 旅客名牌

为了防止行李牌脱落造成行李丢失，方便旅客查找行李，旅客在托运行李前可以自行填妥旅客名牌上的姓名、地址、电话号码，拴挂在每一件托运行李上，如图 10-15、图 10-16 所示。

图 10-15　旅客名牌（一）

图 10-16　旅客名牌（二）

6. 速运行李牌

当行李发生迟运或错运时，为了尽快将行李运往旅客目的地，承运人应使用速运行李牌，如图 10-17 所示。

图 10-17　速运行李牌

7. 免除责任行李牌

1）一般规定

航空公司在行李运输过程中，因为行李内在因素、包装材料等问题产生的物品的损坏、逃脱、死亡、毁灭，不承担与此相关的责任。承运人为了维护自身的利益，可以就下列内容事先与旅客达成免责协议或拒绝承担运输。

在收运行李时，发现下列情况之一的，应拒绝收运，如旅客坚持托运，则必须拴挂免责行李牌，如图 10-18、图 10-19 所示，免除承运人的相应责任。

图 10-18　粘贴式免除责任行李牌（一）

图10-19 粘贴式免除责任行李牌（二）

- ✓ 精密仪器、易碎物品、包装不符合要求的物品。
- ✓ 鲜活易腐物品、小动物。
- ✓ 旅客晚（迟）交运的行李。
- ✓ 超大或超重的行李、因超过客舱允许尺寸和重量临时在登机口办理托运的行李。
- ✓ 锁或拉链已损坏的行李。
- ✓ 交运时已经破损的行李（需在免责牌上注明破损位置及破损情况）。

2）操作要求

- ✓ 旅客在交运行李时，值机员应根据上述标准判断是否是免责行李。
- ✓ 如果符合上述标准，值机员应向旅客解释其行李不符合正常行李托运的规定，并当面向旅客表述航空公司不承担对由此引起的损坏赔偿责任。
- ✓ 值机员在征得旅客同意并签字认可的情况下，对此件行李拴挂免除责任行李牌，并在相应免责栏目内进行标注（在方框内画"×"），若行李有破损，需标出破损位置及破损情况。
- ✓ 值机员交付旅客行李领取凭证。
- ✓ 值机员在乘机联上注明免除责任行李牌号码。
- ✓ 承运人对免责牌上画"×"的部分发生损失不承担责任，而除此以外的其他项目发生损失，承运人仍应承担相应责任。

二、行李的运送

（1）旅客交运的行李应与旅客同机运送。如果逾重行李过大过重，受班机载量或舱位的限制，不能全部同机运出时，应向旅客说明，在后续班机上优先运出，并将行李运出的日期、航班，行李的件数、重量和行李牌号码电报告知到达站，对于未同机运出的行李，必须建立登记制度，注意保管，及时运出，防止丢失、损坏或漏装。

（2）行李在运送过程中，要轻拿轻放，交接正确，加强核对，防止错装、错卸。

三、行李的保管和装卸

（一）基本要求

行李的保管和装卸是客运工作的一个重要组成部分，是提高客运服务质量、保证行李安全运输的重要环节。各地运输部门的各级领导必须重视这项工作，加强领导，严格要求，消灭事故，减少差错，提高工效，保证质量。

（1）根据行李包装的特点，在装卸搬运时应轻拿轻放，严禁抛掷、甩扔，不得强塞、硬挤和挫压，要堆码整齐，做到大不压小、重不压轻、硬不压软。

（2）加强工作责任心，做到分拣准确、装卸及时、不错装漏装、不错卸漏卸、不损坏丢失。

（3）在任何情况下，保管、装卸人员不得私自开启行李，更不得监守自盗；捡到小件物品必须立即送交值班领导。

（4）坚持工作奖惩制度，对突出的好坏事例，应随时上报。

（5）装卸机械、工具和车辆要定期保养维护，要保证随时处于完好可用的状态。

（二）行李的保管

（1）行李保管人员、装卸人员在收运行李后，如数量不符或行李损坏，要查清并做好记录，发现无行李牌的行李，客运工作人员要会同行李保管员查清后才能运出，并记录清楚。

（2）由于航班取消，当日不能装机发运的行李，必须注意保管，防止丢失和损坏，如果装机后航班取消，一般应将行李卸下后妥善保管。

（3）凡货运工作与行李保管装卸工作分开的航站，对行李保管要建立一套完整的工作制度，要有行李保管员和仓库，不得将行李随意放在候机室、办公室等没有保管条件的地方。

（4）在行李保管期间需要检查行李的内容时，应请示值班领导，会同公安部门进行检查。

（5）行李收运后，如发现有松散、捆绑不牢等情况，应及时整修，必要时可找旅客共同整修。

（三）行李的装卸

（1）大型飞机应按值机配载指定的舱位装机，装卸人员不得随意变更舱位。装机时如与货物同装一个货舱，应先装货物，后装行李，卸机时应先卸行李，后卸货物。

（2）装卸行李必须根据有关业务单据（如装机单、卸机单等）进行作业，认真检查核对，装卸作业的班长、组长在清点核对后，应在单据上签字。如实际装机数与装机单上的数量不符，应立即与有关人员联系，卸机时如数量与卸机单不符或发现破损，应及时做出事故签证。对经停本站的班机，要防止错卸、漏卸和漏装。

（3）装卸行李要准确、迅速，不能因装卸行李而影响飞行正常。出发班机必须在航班规定离站时间前完成装机作业，要挂好网、关好舱门。在班机的到达站，装卸人员应按时到达岗位，以保证行李能按时交付给旅客。

(4）在雨天作业时，要使用有篷车辆或用苫布将行李盖好，防止行李被雨水淋湿，夜间作业，要有照明设备。

（5）装卸行李的车辆要注意行驶安全，场内行驶不得开快车，装卸行李的车辆要与飞机保持一定的距离，使用长车时必须使用轮挡，以免碰撞飞机。

（四）行李免费保管期限与保管费

（1）一般情况下，与旅客同机到达的行李，旅客应在当日提取。如旅客当日未提取，自行李到达的次日起核收行李保管费。

（2）未能与旅客同机到达的行李，自承运人发出到达通知的次日起，免费保管3天，逾期核收行李保管费。

（3）由于承运人的原因造成行李延误到达，在行李到达后，承运人及其代理人应免费保管。

（4）行李自到达的次日起，超过90天仍无人领取的，承运人可以做出以下处理。
① 做好行李内容的清点工作。
② 填写"无人领取行李/物品登记表"，上报有关部门。
③ 会同海关分别按无价移交物品和有价移交物品处理给有关部门。

四、行李的退运

旅客的托运行李由承运人收运后，若由于某种原因要求退运，可按照以下规定办理。

（1）旅客在始发站要求退运行李，必须在行李装机前提出。如旅客退票，已收运的行李也必须同时退运。

（2）旅客在经停地退运行李，除时间不允许外，可予以办理，但未使用航段的已收逾重行李费不退。

（3）办理声明价值的行李退运时，在始发地退还已交付的声明价值附加费，在经停地不退已交付的声明价值附加费。

（4）由于承运人原因，安排旅客改乘其他航班时，行李运输应随旅客做相应的变更，已收逾重行李费由承运人多退少补；已交付的行李声明价值附加费不退。

五、行李的交付

行李在到达目的地机场后，旅客应凭行李牌领取自己的行李。在领取时必须注意下面几点。

（1）正确核对，防止错拿。交付行李时，要核对行李牌识别联与行李上拴挂的行李牌号码是否一致。

（2）凭行李牌的识别联交付行李，完成行李交付时，收回行李牌识别联。

（3）若旅客行李延误到达，应立即通知旅客领取，也可直接送达旅客。

（4）交付行李时，应请旅客查看行李是否完好无损；如发现有缺损，应立即会同旅客检查，并填写行李运输事故记录，旅客索赔时凭事故记录予以处理，如旅客没有提出异议，即视为托运行李已完好交付。

（5）如旅客遗失行李牌的识别联，应立即挂失。旅客要提取行李，应提供足够的证明，经认可，并在领取行李时出具收据后，将行李交付旅客。如在旅客挂失前已被冒领，承运人不承担责任。

第三节　特殊行李运输

旅客携带的行李物品如果超出行李的定义范围，在一般情况下，承运人可以拒绝运输。但是，一些特殊行李物品经承运人同意，并按承运人要求，采取了适当措施或受一定条件限制后，可以作为行李运输，这些行李物品称为特殊行李。

承运特殊行李必须符合国家的法律法规和承运人的运输规定。在确保飞行安全、人身安全和地面安全的前提下方可承运。

一、不得作为行李运输的物品

不得作为行李运输的物品如表 10-2 所示。

表 10-2　不得作为行李运输的物品

拒绝接收运输的物品
1. 危险品，除了符合《中国民用航空危险品运输管理规定》和承运人规定允许旅客随身携带或作为托运行李运输的危险品外，不允许旅客随身携带和作为托运行李运输的危险品，包括：爆炸品；气体；易燃液体；易燃固体、自燃物质和遇水释放易燃气体的物质；氧化剂和有机过氧化物；毒性物质和感染性物质；放射性物质；腐蚀性物质；杂项危险物质和物品，包括环境危害物质
2. 枪支，弹药，军用、警用械具（含主要零部件）及上述物品的仿真品，符合规定的除外，具体细则以承运人运输规定为准
3. 管制刀具
4. 行李因包装、形状、重量、尺寸或体积不符合行李承运条件，或因其性质或包装不适宜航空运输（如带有报警装置的箱包），可能在航空运输过程中易损、易坏的物品（事先申请并经同意的除外）
5. 有关国家的法律法规或命令所禁止出境、入境或者过境的物品
6. 在飞行中对驾驶仪器有影响的电子产品或通信器材
7. 活体动物、野生动物、具有形体怪异或具有易于伤人等特征的动物（如蛇等），符合运输规定的小动物和服务犬除外
8. 带有明显异味的鲜活易腐物品，具有麻醉、令人不快或其他类似性质的物质
9. 容易污损飞机的物品
10. 超过 160 瓦时（Wh）的锂离子电池或电池组
11. 其他能够造成人身伤害或者对航空安全和运输秩序构成较大危害的物品
12. 国家法律、行政法规、规章规定的其他禁止运输的物品

二、限制运输的物品

限制运输的物品如表 10-3 所示。

表 10-3　限制运输的物品

限制运输的物品		
只能作为托运行李的物品，不得带入客舱	可以作为非托运行李的物品	不得作为托运行李，只能作为非托运行李的物品
1. 管制刀具以外的利器、钝器，例如：菜刀、餐刀、水果刀、工艺品刀、手术刀、剪刀以及钢锉、铁锥、斧子、短棍、锤子等，应放入托运行李内运输	1. 个人生活或娱乐、人体辅助功能用小电器、电子设备	1. 货币；流通票证、有价证券、汇票
2. 声明价值行李、免除责任运输行李、大件行李、低密度（轻泡）行李	2. 外交信	2. 易碎或易损物品；易腐物品
3. 符合规定的小动物（服务犬除外）	3. 服务犬，包括导盲犬、导听犬、辅助犬	3. 珠宝；贵重金属及其制品、金银制品；古玩字画；绝版视频、绝版印刷品或手稿；样品或其他贵重物品
4. 体育运动用枪支弹药或政府公务人员执行公务需要携带的武器	4. 占座行李	4. 重要文件和资料、外交信袋；旅行证件
5. 自行车、高尔夫球用具、滑雪或滑水用具、保龄球用具、渔具、冲浪板或风帆冲浪船、皮划艇、滑翔伞、撑杆	5. 全折叠轻便婴儿车（婴儿旅客携带）	5. 电脑及配件、个人通信设备及配件、个人电子数码设备及配件
6. 除管制物品外的利器、钝器等	6. 残疾旅客辅助设备（电池驱动的除外）	6. 其他需要专人照管的物品以及个人需要定时服用的处方药
7. 国家法律、行政法规、规章规定的其他限制运输的物品等	7. 旅途所需的药品	7. 超过100瓦时（Wh）但小于160瓦时（Wh）的锂离子电池或电池组
	8. 防腐用干冰等	

三、限制运输的行李

限制运输的行李如表 10-4 所示。

表 10-4　限制运输的行李

限制运输的行李
1. 精密仪器、电器类等物品，应作为货物托运，如按托运行李运输，必须有妥善包装，并且此类物品的重量不得计算在免费行李额内
2. 体育运动用器械，包括体育运动用枪支和弹药
3. 干冰，含有酒精的饮料，旅客旅行途中所需要的烟具、药品或化妆品等
4. 外交信袋，机要文件
5. 管制刀具以外的利器、钝器，例如菜刀、餐刀、水果刀、工艺品刀、手术刀、剪刀以及钢锉、铁锥、斧子、短棍、锤子等，应放入托运行李内运输
6. 符合规定的小动物、服务犬，不包含攻击性犬种及短鼻猫、犬类小动物等
7. 旅客旅行途中使用的折叠轮椅或电动轮椅

续表

限制运输的行李
8.旅客随身携带的液态物品
9.不适宜在航空器货舱内运输，并且不符合相关规定（重量、体积限制）的物品，如精致的乐器应作为占座行李带入客舱。此类物品需单独付费并由旅客自行保管

本部分具体细则请详见《民航旅客禁止随身携带和托运物品目录》和《民航旅客限制随身携带或托运物品目录》。

第四节　行李查询

一、行李查询的工作内容

行李查询是指各航空公司对于托运行李的破损、丢失以及内装物品丢失负责赔偿，查找和办理相关手续的部门。

行李查询人员负责到达航班托运行李核对发放工作，负责现场接待和电话问询，负责航班多收、少收、破损行李处理，负责处理各项业务往来电报，负责各航站之间行李的速运和转运工作，以及现场巡视和现场赔偿工作。

行李运输环节查询如图 10-20 所示。

图 10-20　行李运输环节查询图

二、行李查询的基本流程

行李查询流程如图 10-21 所示。

图 10-21　行李查询流程图

三、行李不正常运输的类别和处理

行李不正常运输的类别和处理流程如表 10-5、图 10-22、图 10-23 所示。

表 10-5 行李不正常运输的类别和处理流程

不正常类别	定 义	处 理 流 程
少收行李（AHL）	航班到达站无法将应随旅客同机运达的托运行李交付给旅客	1. 先查验行李牌。 2. 进行本站查询。 3. 查验有关票证及有关数据资料。 4. 填写行李运输事故记录单。 5. 登记《国内少收行李处理登记本》。 6. 根据情况请旅客填写遗失物件问卷。 7. 根据规定支付临时生活用品补偿费。 8. 拍发查询电报。 9. 主动联系旅客，告知查询进展
多收行李（OHD）	每一次航班行李交付工作完毕后，仍无人认领的行李	1. 登记入库《多收行李处理登记本》。 2. 展开查询。 3. 拍发查询电报。 4. 安排交付旅客。 5. 检查行李内物品，查找信息。 6. 妥善处理鲜活易腐物品。 7. 退回外航或始发站行李。 8. 上交行李
速运行李（FWD）	行李发生不正常运输后，航空公司迅速安排航班运送到目的地的行李	1. 安排最合适航班。 2. 检查包装、核对重量。 3. 填写、拴挂速运行李牌等运输手续。 4. 登记《行李转运记录本》。 5. 拍发业务电报
行李破损（DMG）	旅客的托运行李在运输过程中，行李的外部受到损伤或行李的外部形状改变，因而使行李的外包装或内装物品的价值受到损失	1. 进行本站查询。 2. 查验有关票证。 3. 查看行李的破损／内物短少情况。 4. 填写行李运输事故记录单。 5. 根据情况填写行李装卸事故签证。 6. 了解旅客的索赔要求，根据情况请旅客填写旅客行李索赔单或遗失物件问卷。 7. 直接赔偿或查询后办理赔偿。 8. 拍发DPR电报
内物短少	旅客的托运行李由于破损或其他原因而造成行李内部分物品的遗失	
错拿行李	旅客错拿其他旅客的行李，造成的行李问题	1. 对于错拿旅客遗留在本站的行李，应妥善保管并尽量根据行李上的信息寻找旅客以换回行李。 2. 对于错拿旅客送回的行李，应称重并查看该行李的外包装是否完好。请旅客填写错拿行李报告，同时联系少收行李的旅客以尽快交换行李
旅客遗留物品（LOST）	包括旅客遗留在飞机上或到达大厅内的非托运行李	收到此类物品后，工作人员应及时将有关信息登记在限制品、遗留物品登记表上，并尽力查找、联系旅客以取回物品。对于长期无人认领的物品，亦应上交处理

图 10-22　行李装卸事故签证

图 10-23　少收行李记录

第五节　行李的赔偿

一、行李赔偿责任的划分

（一）承运人责任

由于下列情况造成行李的损失，承运人应负赔偿责任。

(1) 旅客交运的行李在运输过程中发生丢失、破损、短少或延误等差错事故，承运人应负赔偿责任。

(2) 如丢失行李只是全部交运行李的一部分，不管其价值如何，只能按该部分丢失行李的重量在全部行李重量中的比例承担责任。

（二）免除责任

由于下列情况造成行李的损失，除能证明是航空公司的过失外，否则航空公司一般不负赔偿责任。

(1) 因自然灾害或其他无法控制的原因。

(2) 包装方法或容器质量不良，但从外观上无法观察发现。

(3) 行李本身的缺陷或内部物品所造成的变质、减量、破损、毁灭等。

(4) 包装完整，封志无异状，而内件短少、破损。

(5) 旅客的自理行李、随身携带物品等非托运行李。

（三）旅客的责任

(1) 旅客未遵守国家的法律、政府规章、命令及民航运输的有关规定。

(2) 行李内装有按规定不能夹入行李运输的物品。

(3) 由于旅客原因，造成民航或其他旅客的损失，应由造成损失的旅客负责。

(4) 承运人交付行李时，如果旅客没有对行李的完好性提出异议并未填写"行李运输事故记录"（PIR）或"破损行李记录"，承运人一般不负赔偿责任。

(5) 对于逾重行李的逾重部分，如旅客未付逾重行李费，承运人对该部分不负赔偿责任。

二、办理行李赔偿的程序

办理行李赔偿的程序如下。

(1) 确认无法找到行李（或无查询结果），寄致歉信件通知旅客行李查询结果，要求旅客填写内物调查表、行李索赔单，准备好机票、身份证明的复印件、行李运输事故记录或破损行李记录的原件，提出赔偿要求，声明价值行李和逾重行李还应出具逾重行李费用收据。

(2) 旅客回复后，复印所有文件及来往查询电报。

(3) 重新复核旅客姓名、免费托运行李额、合并托运行李人数、托运行李总件数、总重量，收到行李件数及重量，逾重行李费或行李声明价值等信息。

(4) 计算出应该赔偿的金额，向航空公司行李查询中心（如 SHALZMU 上海东航行李查询中心）通报行李赔偿意见和赔偿金额。

(5) 填制行李赔偿费收据，通知旅客取款日期和安排取款事宜。

(6) 扣除已支付旅客的临时生活费，向旅客支付赔偿金额，请旅客在行李赔偿费收据上签字，将旅客所持的行李运输事故记录等凭证收回。

(7) 办理行李损坏赔偿时，应尽可能在旅客提出索赔时赔款解决，一般采用先修复后赔偿原则处理，赔偿金额以航空公司的损坏赔偿标准为准。

（8）已赔偿的旅客的丢失行李找到后，承运人应迅速通知旅客领取，旅客应将自己的行李领回，退回全部赔款，临时生活用品补偿费不退。

办理行李赔偿的相关单据如图10-24～图10-27所示。

图10-24　行李运输事故记录单

民航地勤服务

临时生活日用品付款单
MISHANDLED BAGGAGE CASH ADVANCE

  兹有我(签名人)在乘坐中国东方航空股份有限公司航班旅行时,未收到我的交运行李,愿意接受中国东方航空支付的如下的金额以购买临时生活必需品。我理解并同意将来如找不到我的行李,如下金额将计算入中国东方航空股份有限公司对我的赔偿款项内。

I, the undersigned, acknowledge receipt of the following sum being an advance made to me by *China Eastern Airlines* at __2)__ (stations) in respect of incidental expenses incurred by me as a result of my baggage(s) being mishandled.

The following sum referred to will be deductible from any full and final settlement which may agree at a later date.

旅客姓名
Passenger Name _____
护照号码
Passport No. _____

地址
Address _____

航班/日期
Flight/Date _____
客票号码
Ticket No. _____

行李牌号码
Baggage Tag No. _____

金额
The sum of _____

旅客签字
Signature _____
日期
Date _____

经手人
Handling Agent _____
批准人
Authorized by _____

图 10-25 临时生活日用品付款单

旅客行李索赔单
Claim form of Damage Or Loss of Passenger Baggage

旅客姓名
Passenger's name _____

地址
Address _____

工作单位
Profession/service _____

客票号码   行李牌号码
Ticket No. _____   Tag No. _____

航班号   月   日   航班号   月   日
Flight No. _____ Month_____ Date_____ Flight No. _____ Month_____ Date_____

发生事故的日期和地点
Date and Place of Occurrence _____

损失或遗失的主要情况
Details of Damage or loss _____
_____

件数   重量   声明价值
No. of Pieces _____ Weight _____ Declared Value _____

行李内容
List of Contents _____
_____

索赔金额
Amount Claimed _____

索赔人签字或盖章   日期   地点
Signature of Claimant _____ Date _____ Place _____

图 10-26　旅客行李索赔单

行 李 赔 偿 费 收 据

Ref. No

FINAL SETTLEMENT / RELEASE AND INDEMNITY

旅客姓名　　　　　　　　　　　　　　　护照号码
Passenger Name _____ Passport No. _____

航班/日期　　　　　　　　　　　　　　航程
Flight/Date _____ Routing _____

客票号码　　　　　　　　　　　　　　　行李牌号码
Tickets No. _____ Baggage Tag No. _____

赔偿原因
Type of compensation _____

事故主要情况
Details of the accident _____

赔偿金额
The Sum of _____

经手人　　　　　　　　　　　　　　　　批准人
Handling Agent _____ Authorized by _____

解除责任声明
兹有我(签名人)收到中国东方航空股份有限公司_____航站(办事处)所支付给我的上述赔偿款项。
对于该行李的损失，我今后不再向中国东方航空股份有限公司与中国东方航空股份有限公司航班
衔接的承运人或其代理人等提出任何索赔要求。
RELEASE
I, the undersigned have received from *China Eastern Airlines* at _____ (station), the above sum in full,
final and complete settlement of all claims of whatsoever nature arising out of or in connection with theloss/damage
above referred to.
And in consideration of the said payment, I agree to indemnify *China Eastern Airlines*, its servants and
Agents from and against all further claims by whomsoever made in repect of the said loss and/or damaged.
I accept that the said payment is made without prejudice and without any admission of liability.

旅客签字　　　　　　　　　　　　　　　日期
Passenge Signature _____ Date _____
受款金额
The Sum Received _____

图 10-27　行李赔偿费收据

三、行李赔偿额的计算方法

行李赔偿额的计算方法如下。

（1）符合国内运输条件的行李，每千克行李最高赔偿100元，即

赔偿金额＝（行李票注明的托运行李重量−实际收到的行李重量）×100.00

（2）行李票未注明托运行李重量时，按下列方法估算：

根据旅客乘坐舱位等级和身份，参照托运行李起始航班所享受的最大免费行李额确定行李托运总量。

（3）以上所有计算的赔偿数额，比较旅客按申报丢失内容实际价格索赔价额，取低者。

（4）行李赔偿时，旅客已支付的逾重行李费退还旅客。如旅客办理了声明价值，赔偿金额以声明价值为限，逾重行李费退还旅客，但所付的声明价值附加费不退。

（5）旅客的自理行李、随身携带物品等非托运行李丢失或破损，承运人一般不承担责任，除非能证明是由于承运人原因造成其损失，承运人承担的最高赔偿金额为每位旅客不超过人民币3000元。

（6）构成国际运输的国内航段，行李赔偿按适用的国际运输行李赔偿规定办理。

国际航班的行李赔偿，适用国际赔偿体系《华沙公约》和《蒙特利尔公约》。现以国航为例，对损坏行李进行赔偿的乘客至迟应当自收到托运行李之日起7天内向国航提交书面索赔申请。对延误行李进行赔偿的乘客至迟应当自托运行李交付给乘客之日起21天内向国航提交书面索赔申请。诉讼必须在飞机抵达目的地（如抵达）后两年内结案，或在相关航班被撤销之前结案，否则诉讼将被撤销。

国际航班赔偿标准：

对于符合《华沙公约》标准的航班，行李赔偿限额为每千克17SDR。如行李的实际损失低于此标准，将根据行李的实际损失进行赔偿。非托运行李的赔偿限额为332SDR。

对于符合《蒙特利尔公约》条件的航班，行李赔偿限额为每千克30美元（或等值外币）。如果行李的实际损失低于此标准，将根据行李的实际损失进行赔偿。如果能提供适当证明，每名旅客托运和非托运行李的赔偿限额为1131SDR。如不能确定行李重量，公司将根据各级客舱每名乘客免费行李上限规定的重量进行赔偿。

行李延误的一次性赔偿金额为：经济舱300元（或等值外币），公务舱400元（或等值外币），头等舱500元（或等值外币）。行李赔偿应根据国航有关行李运输的规定进行确认。如果行李已经投保，可提供相关文件，以便向投保公司索赔。

 课后练习

一、简答题

1. 行李的分类及其重量、体积限制有哪些？
2. 免责行李牌使用的规定有哪些？
3. 简述不正常行李的类别和处理方法。

二、计算题

1. 某旅客乘坐 SHA—PEK 的经济舱,已知机票八折,折后价 990 元,旅客托运行李 35kg,手提行李 5kg,问需付的逾重行李费是多少?并填写缴费通知单和逾重行李票,分别如图 10-28、图 10-29 所示。

图10-28　缴费通知单

图10-29　逾重行李票

2. 旅客乘坐上海到广州的经济舱 Y 舱,Y 舱全价为 1350 元,托运行李 25kg,行李的声明价值为 6000 元,请核算逾重行李费和行李声明价值费。

三、自测题

第十一章　特殊旅客运输

 本章学习重点

1. 特殊旅客的定义和分类。
2. 重要旅客的分类和操作要求。
3. 无成人陪伴儿童的定义和服务操作程序。
4. 轮椅旅客和担架旅客的服务要求。
5. 孕妇和婴儿的定义和服务操作要求。
6. 特殊餐食的分类。

特殊旅客是指在接受旅客运输和旅客在运输过程中，承运人需给予特别礼遇，或需给予特别照顾，或需符合承运人规定的运输条件方可承运的旅客。特殊旅客包括重要旅客、无成人陪伴儿童、孕妇、婴儿、病残旅客等。

无成人陪伴儿童、病残旅客、孕妇、盲人、聋哑人、犯人等特殊旅客，只有在符合承运人规定的运输条件下，经承运人预先同意并在必要时做出安排后方可载运。

传染病患者、神经病患者或健康状况可能危及自身或影响其他旅客安全的旅客，承运人不予承运。

根据国家有关规定不能乘机的旅客，承运人有权拒绝其乘机，已购客票按自愿退票处理。

第一节 重要旅客运输

一、重要旅客的定义和分类

重要旅客（Very Important Person，VIP）是指航空公司对具有一定的身份、职务或社会知名度的旅客，从购票到乘机的整个过程都将给予特别的礼遇和特殊的照顾。

航空公司向确定身份的重要旅客提供超常规和高规格服务。确保重要旅客按预订航班、舱位等级旅行，保证无论航班发生任何情况，不被落下，确保托运行李完好无损随机到达目的地。

重要旅客的分类和范围如表 11-1 所示。

表 11-1 重要旅客的分类和范围

重要旅客类别	范围
最重要旅客 （Very Very Important Person，VVIP）	• 中国共产党中央政治局委员和候补委员； • 中华人民共和国国务院副总理； • 中国共产党中央书记处书记和候补书记； • 全国人民代表大会常务委员会副委员长； • 中华人民共和国国务委员； • 中国人民政治协商会议全国委员会副主席； • 中华人民共和国最高人民法院院长； • 中华人民共和国最高人民检察院检察长； • 世界各国国家元首和政府首脑； • 世界各国国家议会议长和副议长； • 联合国秘书长
一般重要旅客 （Very Important Person，VIP）	• 省、部级（含副职）以上的负责人； • 军队在职正军职少将以上的负责人； • 公使、大使级外交使节； • 由各部、委以上单位或我国驻外使、领馆提出要求按重要旅客接待的客人
工商界重要旅客（Commerclally Important Person，CIP）	• 工商业、经济和金融界重要、有影响的人士； • 地方政府领导； • 文体界及社会知名人士； • 重要的旅游业领导人； • 国际空运企业组织、重要的空运企业负责人

二、重要旅客特殊服务的内容

重要旅客特殊服务的内容如下。

（1）优先办理乘机手续或现场代办乘机手续。

（2）放宽免费托运行李限额。

（3）放宽旅客随身携带行李限额。

（4）安排提前或最后登机、优先下机。

（5）有条件的情况下可提高舱位等级。

（6）提供头等舱旅客休息室（或贵宾专用休息室）。

（7）提供专人陪伴引导。

（8）安排专人协助提拿行李。

（9）代办托运或领取行李。

（10）提供重要旅客行李后装先卸和优先交付服务。

（11）提供贵宾接送车等。

三、重要旅客服务的操作规范

重要旅客服务的操作规范如下。

1. 订座部门的操作要求

（1）在接受重要旅客订座时，本着民航组织旅客运输的原则："保证重点，照顾一般，方便旅客"，接受重要旅客购票必须尽力保证，妥善安排。售票人员在订座难以安排的情况下，应积极同有关航空公司的航班控制部门联系，保证重要旅客成行。

（2）售票人员应在重要旅客的记录编号中，用 OSI 指令对旅客的身份或职务进行说明，如 OSI：MU VIP CHEN/JINING SHI ZHONGGONG SHANGHAI SHI WEI SHU JI。

如重要旅客的随行人员不在同一记录编号内时，应将人数和记录编号在 RMK 项中加以说明。

2. 始发站的操作要求

始发站的操作要求如下。

（1）提前收集重要旅客（包括始发、中转、过站、到达）名单、服务要求等信息，登记《VIP 旅客信息卡》，如图 11-1 所示。

（2）根据特殊服务要求事先与有关单位联系，在航班起飞前 24 小时电话确认落实情况。

（3）预先锁定重要旅客座位，尽可能安排其靠近所适用客舱等级的前排客座位；在航班未满的情况下，尽量做到重要旅客座位周围不安排其他旅客；航班座位很满的情况下，尽量在重要旅客座位周围安排其随行人员或其他身份较高的旅客；在有重要旅客的情况下，一般不宜安排低舱位和身份较低的旅客升舱至重要旅客所在的舱位。

（4）当班经理（或领导）提前到达现场，进行重要旅客操作程序的监督和协调；值机人员和服务人员在现场提前等候。

（5）值机人员根据订座记录，查对旅客姓名，查验重要旅客身份，复核重要旅客目的地，了解到达目的地后迎接信息反馈，以及中转航站回电电报确认信息。

（6）VIP 接待工作在头等舱柜台优先予以办理；按规定办理乘机手续，在托运行李上拴挂行李牌、重要旅客（VIP）行李标示牌和装舱门（DOOR SIDE）标示牌，行李放置在靠近货舱门口的位置，以便到达站优先卸机和交付。

VIP旅客信息卡

航班号		日期		机型	
起飞时间		到达时间		中转地点	
姓名		称呼		随行人数	
身份		单位			
舱位等级		座位号		候机地点	
个人信息					
个人爱好					
个人要求					
行李牌号码					
行李件数		行李总重量		行李包装	
集装箱号码		装载位置		中转行李	
装载责任人		机坪监装员			
VIP 电报		中转电报			
突发事件和处置:					
VIP 旅客意见:					
填表人		制表日期		值班经理	

图 11-1　《VIP 旅客信息卡》

（7）与重要旅客陪伴人员进行交接和了解重要旅客特殊服务要求；填写《特殊旅客服务通知》或《旅客特殊服务通知单》（包括 VIP 旅客的民族、生活习惯、禁忌食品和物品等），如图 11-2 和图 11-3 所示，并与旅客服务部门签署交接。

特殊旅客服务通知
SPECIAL SERVICE INFORMATION

上机点 Station		航班号 Flight No.		日期 Date		机号 Aircraft No.	
旅客姓名 Passenger Name	目的地 DEST	座位号 Seat No.	重要旅客 VIP	无人陪伴儿童 UM	病残旅客 SP	特殊餐食 SPML	其他 OTHS
说明 Remark:							
客运值机人员:		客运服务人员:		客舱乘务人员:		到达站接机人员:	

图 11-2　《特殊旅客服务通知》

图 11-3 《旅客特殊服务通知单》

(8) 根据重要旅客实际托运行李,填写《VIP 托运行李及发报信息交接单》；通知行李装卸部门重要旅客行李到达情况并签署和交接。

(9) 服务人员为重要旅客提供服务，协助重要旅客或陪同人员办理乘机手续和托运行李，协助重要旅客办理安检、出境、卫生检疫和海关手续，引导重要旅客去头等舱旅客休息室（或贵宾专用室）休息；服务人员根据重要旅客需求安排优先或最后登机，同客舱乘务员交接和签署《特殊旅客服务通知》。

(10) 航班起飞后，拍发电报，将旅客始发信息（含行李信息）通知该航班旅客下机地点或中途换机地点，并将报文回收，然后存档。

3. 中转、过站部门的操作要求

中转、过站部门的操作要求如下。

(1) 服务人员在飞机落地前 15 分钟在机舱门口等待；同客舱乘务员交接和签署中转重要旅客的《特殊旅客服务通知》。

(2) 陪伴重要旅客下机，协拿重要旅客随身携带行李，引导中转和过站重要旅客去贵宾室休息。

(3) 协助（或替代）重要旅客办理出入境、卫生检疫和海关手续。

(4) 值机人员在中转柜台（或头等舱值机柜台、贵宾室）等候，根据订座记录，查对旅客姓名，查验重要旅客身份，复核旅客目的地迎接信息的反馈和中转航站电报确认信息。

(5) 询问重要旅客特殊服务要求；为重要旅客办理中转航班乘机手续。

(6) 行李装卸部门将中转重要旅客行李找出，监管；值机人员拴挂 VIP 吊牌和行李牌；

填写《VIP 交运行李及发报信息交接单》，如图 11-4 所示，并与行李装卸部门签署和交接。

中国东方航空股份有限公司　MUFM-20-113
VIP 交运行李及发报信息交接单　NO.00000

航班号_____ 日期_____ 机号_____ 离站时间_____ 始发站_____ 到达站_____

VIP 姓名	身份	行李件数/重量	行李牌号	有无栓挂 VIP DOOR SIDE 牌	集装箱号	备注

平衡室交接人员签字：	交接时间	时 分	装卸队交接人员签字：	交接时间	时 分

说明	1. 平衡、装卸、值机有关人员应认真检查表内各项内容，一旦签字，对此负责。	值机经办人员检查认可并签字：
	2. 此表在三方签字后方能生效，并交值机当日值班主任存档备查。	值机值班主任检查认可并签字：

图 11-4　《VIP 交运行李及发报信息交接单》

4. 到达站的操作要求

到达站的操作要求如下。

（1）通知海关、卫生检疫或公安等部门做好到达重要旅客特殊服务的准备工作；重要旅客到达前，使用电话和上述单位进行信息复核，确认信息接收。

（2）服务人员在飞机落地前 15 分钟在客舱门口等待；同客舱乘务员交接和签署到达重要旅客的《特殊旅客服务通知》，陪伴重要旅客下机，协助其办理入境、卫生检疫和海关手续，协助到达重要旅客提取托运行李。

（3）行李装卸部门填写《到达 VIP 行李交接表》；行李装卸人员提前 5 分钟到达等待区域，准备接机；飞机停稳后的 10 分钟内，优先卸下重要旅客行李或装有重要旅客行李的集装箱；与行李服务部门清点交接，并签署《到达 VIP 行李交接表》。

（4）行李服务部门将行李移交给重要旅客或其陪同人员（或接待单位人员），并请重要旅客或其陪同人员（或接待单位人员）在《到达 VIP 行李交接表》上签名，然后存档。

第二节　无成人陪伴儿童运输

无成人陪伴儿童，是指年满 5 周岁但未满 12 周岁，在航空旅程中未与家长、合法监护人或旅游团体成员同行的儿童旅客，如图 11-5 所示。年龄在 5 周岁以下的无成人陪伴儿童，不予乘运。

图 11-5　无成人陪伴儿童图

一、一般规定

(1) 符合国内运输条件的无成人陪伴儿童一般按成人正常票价的 50%购买机票。

(2) 无成人陪伴儿童乘机应提前向航空公司售票部门提出申请,经承运人同意后方可运输,否则不予受理。销售代理人不得办理此项业务。

(3) 无成人陪伴儿童应由儿童的父母或监护人陪送到乘机地点,并在儿童的下机地点安排人员予以迎接和照料,同时提供接送人姓名、地址和联系电话,并且必须得到目的站的迎接人员的肯定回复后方可接受运输。

(4) 无成人陪伴儿童需要委托航空公司送到指定地点时,必须事先提出,并经承运人同意方可接受运输。

(5) 无成人陪伴儿童到达目的地后,其迎候接机人未按时或耽误接机,由此产生的所有费用由本人承担。

二、操作程序

(1) 航班起飞前旅客监护人向航空公司售票部门提出无成人陪伴儿童的运输申请,填写《无成人陪伴儿童乘机申请书》,如图 11-6 所示,提供始发站和目的站的儿童接送人的姓名、地址和联系电话,因为机型限制,对无成人陪伴儿童的数量会有一定限制,如图 11-7 所示。

(2) 销售人员根据《无成人陪伴儿童乘机申请书》的内容拍发电报与目的站联系,请求与该旅客迎接人员联系。

(3) 目的站工作人员根据申请电报内容,与该地点的迎接人员联系,回复电报和证实无成人陪伴儿童运输。

(4) 销售人员收到目的站确认电报后,将电报和《无成人陪伴儿童乘机申请书》附在客票上。

（5）值机人员根据机票上所附的 SPA/UM 电报，核对《无成人陪伴儿童乘机申请书》的内容。

（6）值机人员为无成人陪伴儿童办理乘机手续，填写《旅客特殊服务通知单》，如图 11-8 所示，并将所有旅行证件放入本公司无成人陪伴儿童旅行证件袋。

图 11-6 《无成人陪伴儿童乘机申请书》样本

类型	机型	人数
空客	A330-300	4
	A330-200	
	A321-200	3
	A320-200	
	A319-100	
波音	B777-300	5
	B767-300	4
	B737-800	3
	B737-700	
	B737-300	

图 11-7 无成人陪伴儿童限制数量

图 11-8 无成人陪伴儿童《旅客特殊服务通知单》

（7）无成人陪伴儿童的监护人停留在机场，直至航班起飞。

（8）服务人员陪同无成人陪伴儿童办理各项安检、出境等手续，陪同候机。

（9）航班结束后，值机人员拍发 PSM 电报给经停站或目的站（内容：姓名、年龄、座位号、托运行李件数及号码、到达迎接人的姓名及联系电话），将无成人陪伴儿童运输资料存档。

（10）服务人员护送无成人陪伴儿童登机，与客舱乘务长交接，签署《旅客特殊服务通知单》。

（11）飞机到达后，服务人员陪同无成人陪伴儿童下机，协助其提携随身行李，办理到达或入境手续，提取托运行李。

（12）服务人员按《无成人陪伴儿童乘机申请书》的内容查验旅客迎接人证件，交接无成人陪伴儿童，请旅客迎接人在《无成人陪伴儿童乘机申请书》上签名。

（13）服务人员将《无成人陪伴儿童乘机申请书》收回和存档。

第三节　病残旅客运输

由于身体或精神上的缺陷或病态，在航空旅行中，不能自行照料自己的旅途生活，需由他人帮助照料的旅客，称为病残旅客。

一、病残旅客的范围

病残旅客的范围如下。

（1）身体患病。

（2）精神患病。

（3）肢体伤残。

（4）年迈老人，虽然身体并未患病，但自理能力不足，在旅行中显然需要他人帮助时，亦应如病残旅客给予适当照料。

二、航空公司可以拒绝承运的病残旅客的范围

（1）患有传染性疾病的旅客。

（2）病危旅客。

（3）精神病现发作旅客。

（4）精神病患者，易于发狂，可能对他人造成危害的旅客。

（5）面部严重损伤的旅客，有特殊恶臭或特殊怪癖，可能引起其他旅客厌恶的旅客。

（6）无陪伴担架的旅客。

三、病残旅客的接受条件

病残旅客要求乘机，一般须在航班起飞 96 小时之前向承运人的售票部门提出申请，并出具下列文件。

（1）《诊断证明书》，如图 11-9 和图 11-10 所示。

```
                    诊断证明书          中国东方航空  上海航空公司

1.旅客姓名_____ 2.年龄_____ 3.性别_____
4.住址(或工作单位)_____ 5.电话_____
6.航程：航班号_____ 日期__月__日自__至__
   联程：航班号_____ 日期__月__日自__至__
7.诊断结果：_____
8.症状、程度、愈后(如系孕妇需注明预产期)_____
  _____

注：(1)上述7、8两项内容填写，需简单、明确。
    (2)下述表格中提供的内容，供机上服务人员在飞行途中为病残旅客提供必
       要服务时参考。
```

程度\症状	无	轻度	中等	严重	备注
贫血					
呼吸困难					
疼痛					
血压					

附注：(如有膀胱、直肠障碍或在飞行中需特殊餐食及药物医疗处理情况等，请
      予以列明)

9.需要何种乘坐姿势(将下列适用的项目用 O 圈起)

乘坐姿势	1.使用机上一般座椅　2.使用机上担架设备
陪伴人员	医生、护士、其他人员(具体列明)，不需要
上下飞机时　轮椅	要，不要
担架	要，不要
救护车	要，不要

已参阅背面的参考资料，我院诊断认为，该旅客的健康条件在医学上能够适应上
述航空旅行的要求，无传染疾病，也不致造成对其他旅客的不良影响。
医师：_____ 电话：_____
签字　　　　　　医疗单位(盖章)
　　　　　　　　　　　　　　　　　　　　　年　　月　　日

图 11-9　《诊断证明书》正面

参考资料

下述内容仅供医生在判断病人是否适宜航空旅行时做参考。

一、机上条件

1. 飞机具有密封、增压客舱。舱内气压相当于 2 300 米（7 000 英尺）高度的大气压力，因此能引起体腔内气体的膨胀，同时也造成轻度的缺氧状态。
2. 飞机在飞行中会有轻微的颠簸及震动。
3. 机上服务人员只受过一般的急救训练，但不允许为病人注射。同时，在飞行途中机上服务人员需担负整个飞机上的服务工作，无暇更多地特别照顾患者。
4. 机舱内的活动范围和舒适程度受到机舱技术设备的一定限制。

二、处于下述状况的患者，一般不适宜航空旅行。

1. 处于极严重或危急状态的心脏病患者。如严重的心力衰竭，出现发绀症状或心肌梗死者（在旅行前六周之内曾发生过梗死者）。
2. 出生不满 14 天的婴儿。
3. 孕妇。怀孕期超过 36 周者（怀孕在 36 周以内超过 32 周的孕妇乘机，需具有医生在 72 小时之内签署的诊断证明书）。
4. 血色素含量在 50%（Hb8g/d）以下的贫血患者。
5. 严重的中耳炎，伴随有耳咽管堵塞症的贫血患者。

图 11-10　《诊断证明书》背面

6. 近期患自发性气胸的患者或近期做过气胸造影的神经系统病症的患者。
7. 大纵隔瘤，特大疝肿及肠梗阻的患者；头部损伤，颅内压增高及颅骨骨折者；下颌骨骨折最近使用金属线连接者。
8. 酒精或其他毒品中毒者；患有精神病；易于出现伤人或自伤行为的患者。
9. 近期进行过外科手术，伤口未完全愈合和伤口产生不满两周者。
10. 在过去30天内患过脊髓型脊髓灰质炎的患者。
11. 下列传染病或疑难病患者：
霍乱、伤寒、副伤寒、发疹性斑疹伤寒、痢疾、天花、猩红热、白喉、鼠疫、流行性脑炎、脑膜炎、开放期的肺结核及其他传染病。
12. 带有传染性或损伤，使其他旅客感到厌恶的皮肤病患者。
13. 带有严重咯血、吐血、呕吐、呻吟症状的患者。

图 11-10　《诊断证明书》背面（续）

（2）《特殊旅客乘机申请书》如图 11-11 所示。

图 11-11　《特殊旅客乘机申请书》样本

《诊断证明书》一式三份，必须在患病旅客旅行前 96 小时内由三级医院出具和盖章，病情严重的旅客应备有班机起飞前 48 小时以内填开的《诊断证明书》，同时，要附署主治医师以上级别的签署意见。患重病时旅客（心血管、癌症、急性外伤等）出示的《诊断证明书》必须在 24 小时之内有效。

《特殊旅客乘机申请书》一式两份，必须由旅客本人在航班起飞前填写和签署，家属或监护人代理签署的，必须提供能够证明双方关系的有效证明文书或旅客本人的正式授权文书。

四、病残旅客运输的一般规定

病残旅客运输的一般规定如下。
（1）病残旅客订座记录必须注明"特别旅客（病残）"和特殊服务要求内容。
（2）病残旅客需要在飞行中使用医用氧气装置时，必须事先提出，并支付费用。严禁旅客私自携带医用氧气装置进入客舱内。
（3）航空公司工作人员在办理乘机手续时，可以根据旅客当时的病情发展或恶化状况拒绝接受病残旅客运输。

五、常见病残旅客的处理和操作

（一）轮椅旅客

1. 轮椅旅客的定义

轮椅旅客是指在航空旅行过程中，由于身体的缺陷或病态，不能独立行走或步行有困难，依靠轮椅代步的旅客。

需要轮椅的病人或伤残旅客根据不同的情况分为三种，并用下列代码表示。
（1）WCHR（需要地面轮椅服务的旅客）：旅客能够自行上下飞机，并且在客舱内也可以自己走到自己的座位上。
（2）WCHS（需要上下客梯轮椅服务的旅客）：旅客不能自行上下飞机，但在客舱内能够自己走到自己的座位上。
（3）WCHC（需要客舱轮椅服务的旅客）：旅客完全不能自己行动，需要由别人扶着或抬着才能进到客舱内自己的座位上。

2. 轮椅旅客的值机与服务

（1）根据旅客要求，值机柜台的值班主任迅速通知服务室特殊服务工作人员带轮椅到现场，并按规定填写《旅客特殊服务通知单》，如图 11-12 所示。
（2）旅客自备轮椅不得带入客舱内，但可以在值机柜台或登机口办理交运，换坐承运人提供的轮椅。轮椅作为托运行李免费运输，不计入免费行李额。
（3）为轮椅旅客优先办理乘机手续，并将旅客的座位尽量安排在靠通道的方便旅客进出的座位上。
（4）目前承运人根据机型的不同，为需要轮椅的 WCHS 和 WCHC 提供一定数量的限额,并需要为旅客安排运输工具和抬旅客的人员,WCHR 一般不限人数。

(5)航班结束后,拍发 PSM 电报,并将有关资料存档。

图 11-12 《旅客特殊服务通知单》

(二)担架旅客

1. 担架旅客的定义

担架旅客是指病残旅客在旅行中不能使用飞机上的座椅,只能躺卧在担架上的旅客。担架旅客除按照病残旅客运输的规定办理外,还应按下列规定办理。

(1)需要担架的旅客必须在航空公司直属售票处订座时提前提出办理申请担架的服务,须经航空公司审核,并取得航空公司同意接受担架旅客的回复,才能运输该担架旅客。

(2)在每一航班的每一航段上,只限载运一名担架旅客。

(3)担架旅客应提前到达值机柜台办理乘机登记手续。

(4)担架旅客必须至少由一名医生或护理人员陪同旅行。经医生证明,病人在旅途中不需要医务护理时,也可由其家属或监护人陪同旅行。

(5)根据安放担架需占用的座位数计算票价,不得使用特种票价或折扣票价。

(6)每一名陪伴人员根据实际占用的座位等级,按头等舱、公务舱或经济舱票价计收。病残旅客担架附近的空余座位一般不再售票。联系医院、救护车以及其他地面服务所产生的费用均由担架旅客自己承担。

2. 担架旅客的值机工作与服务

(1)值机室接到航班有担架旅客的通知后,应立即向总调度了解机上为担架旅客预留的座位排号(总调度事先通知有关部门拆除这部分座位以便安放担架)。

(2)在办理乘机手续时,值机人员必须查验医生《诊断证明书》和《特殊旅客(担架)

乘机申请书》，经查验担架旅客符合乘机规定后，方能办理乘机手续。

（3）优先为担架旅客办理乘机手续，将陪同人员的座位和担架旅客安排在一起，旁边尽可能不再安排其他旅客。

（4）接收担架旅客一般需拆卸3～5个飞机座椅，该旅客的免费行李额应根据旅客实际购买机票的数量确定。

（5）乘机手续办理完毕后，值机工作人员与服务人员进行交接，由服务人员陪同旅客通过安全检查，在候机厅内安排适当座位休息。

（6）值班主任应填写一式两份《旅客特殊服务通知单》，并通知服务室工作人员前来帮助引导。

（三）盲人和聋哑旅客

航空公司一般对单独旅行的盲人（含严重视力障碍者）和聋哑旅客均提供特殊服务，一般规定如下。

（1）盲人旅客在航空旅行的整个过程中有成人陪伴同行，该盲人旅客可按照普通旅客接收运输。

（2）单独旅行，需要承运人提供特殊服务的盲人旅客，必须在订座时提出申请，经承运人同意后，方可购票乘机。

（3）单独旅行的盲人旅客在上下机地点应有人照料、迎送。

（4）对于聋哑旅客，应提前在乘机前告知沟通方式。

（5）盲人和聋哑旅客如携带服务犬，应符合承运人的规定，具备必要的检疫证明，并且乘机时为其戴上口套并系牵引绳。通常情况下，服务犬应作为小动物运输，只能装在货舱内运输。经承运人同意，服务犬可由旅客携带进客舱。同一客舱内只能装运一只服务犬。服务犬按小动物运输规定办理，其重量（包括容器和食物）不计入旅客免费行李额，免费运输。

（6）旅客购票后，须拍发特殊旅客运输通知电报给各有关航站。

（7）服务人员应陪同盲人（含严重视力障碍者）旅客办理手续，引导旅客登机至客舱座位。到达目的地后，服务人员应陪同盲人（含严重视力障碍者）旅客办理到达手续，协助其提取托运行李，然后引导至机场出口处与接机者会面。

第四节　老年、孕产妇和婴儿旅客运输

一、老年旅客运输

根据《特殊需求旅客航空运输服务管理规定》，老年人指60周岁以上的自然人。承运人不得以老年人的年龄作为拒绝运输或要求出具适宜乘机相关证明的依据。不同航空公司也会提供长者服务，如国航对长者服务的年龄确认在65周岁以上。

对于行动不便、需要使用助行工具或者身体状况不佳的老年人，参照残疾人、伤病旅

客拒绝运输和限制运输条款。承运人、航空销售代理人、航空销售网络平台经营者、机场管理机构应当充分考虑老年人使用新技术的困难,保留线下售票窗口或配备自助终端,支持现金支付和凭证打印。

老年人有陪伴人员的,承运人应当为陪伴人员安排紧靠老年人的座位。老年人办理乘机登记手续时,承运人及其地面服务代理人应当重点告知登机口、登机时间、禁止携带物品等信息。承运人、机场管理机构应当根据预约和申请,为无陪伴老年人提供协助乘机服务。如老年人属于无民事行为能力或限制行为能力的,承运人应当与其合法监护人签署委托书,明确送机人和接机人信息、接送的具体地点等事项,并安排专门工作人员在登机、转机和下机过程中照料老年人。

二、孕产妇运输

由于在高空飞行中,空气中的氧气成分相对减少,气压降低,所以,航空公司通常对孕妇乘机制订了一些运输规定。只有符合运输规定的孕妇,承运人方可接受其乘机。

(1)怀孕不足 32 周的健康孕妇,可按一般旅客运输。

(2)怀孕超过 32 周的孕妇或怀孕不足 32 周,但医生诊断不适宜乘机的孕妇,一般不予接收。

(3)怀孕超过 32 周不足 36 周的健康孕妇,如有特殊情况需要乘机,应在乘机前 72 小时内交验由医生签字、医疗单位盖章的《诊断证明书》(内容包括旅客姓名、年龄、怀孕时期、预产期、航程和日期、适宜乘机以及在机上需要提供特殊照料的事项)及特殊旅客(孕妇)乘机申请书,经承运人同意后方可购票乘机。

(4)怀孕超过 36 周的孕妇、有早产症状的孕妇和分娩后不足 7 天的产妇旅客,承运人拒绝运输。

(5)现国内部分航空公司对于单独乘机的孕妇旅客,提供了进出港国内航班全程的无人陪伴服务(始发站送机、空中专门照顾、目的站接机)。孕妇旅客可在购票时申请无人陪伴服务。

(6)承运人及其地面服务代理人应当主动询问孕妇旅客座位需求,尽可能安排在宽敞和便于乘务员照顾的座位,但不得安排在飞机紧急出口的座位。机场管理机构应当安排孕妇优先安检。在符合安保要求的情况下,机场安检部门可采用全手工方式安检,减少对孕妇和胎儿健康的影响。孕妇在飞行途中出现临产迹象的,承运人应当按照急救的相关程序做好机上分娩处置工作,并视情采取备降、返航等方式协助旅客尽快转运至地面医疗机构。

三、婴儿旅客运输

(1)航空公司一般规定出生不足 14 天的新生婴儿和出生不足 90 天的早产婴儿不能乘机,出生超过 14 天的早产婴儿若要乘机必须出示病情《诊断证明书》。

(2)出生满 14 天未满 2 周岁的新生婴儿乘坐飞机时应有年满 18 周岁或以上的成人旅客陪伴同行。

(3)婴儿旅客按成人票价的 10% 购票,不享受免费行李额,但可免费托运全折叠或轻便婴儿手推车一辆，并可携带适量的食物、婴儿尿布等旅行途中用品。如手推车的尺寸不超过 20cm×40cm×55cm，且重量不超过 5 千克，则可以带入客舱放在行李架上，若尺寸或重量超过以上规定，则需要作为托运行李运输。部分航空公司规定婴儿旅客可享受 10 千克的免费行李额。

（4）每一位成年旅客携带的未满两周岁的婴儿超过一名时，超过的人数应购买儿童票，提供座位，享受成人的免费行李额。

（5）婴儿运输建议使用婴儿摇篮，六个月以上的婴儿可以使用儿童/婴儿固定装置（车式安全椅），航空公司根据机型提供适量客舱婴儿摇篮，旅客必须事先预订使用。

（6）航空公司按普通旅客承担婴儿运输责任。

（7）航空公司一般对各机型所允许销售的婴儿票数量进行限制，如所预订航班上的婴儿数量已超过规定的数量时，该婴儿旅客将无法订座。

（8）为了婴儿旅行的舒适安全，航空公司一般会安排旅客在上方具有两个氧气面罩的座位上。

第五节　携带小动物的旅客运输

一、携带小动物的旅客运输的一般规定

小动物是指家庭驯养的宠物猫、宠物狗等，具有攻击性或易于伤人等特性的动物，如藏獒、斗牛犬，不属于该范围。

托运的小动物须具有动物检疫证等有效证明，并须符合运输过程中有关国家小动物出境、入境和过境规定。小动物不得直接带入客舱，必须装在货舱内作为托运行李运输。

小动物属于特殊行李范畴并按特殊行李收费标准计费。每个装载小动物的容器总重量（包括其中的小动物以及食物和水的重量）不得超过 32 千克，否则必须作为货物运输。每个航班最多允许载运两个装有小动物的容器。

小动物运输一般仅适用于航空公司实际承运单程直达航班，联程航班一般不受理小动物托运业务。在正常运输条件下小动物受伤、患病、逃逸和死亡，航空公司不承担任何责任。

二、携带小动物的旅客的乘机须知

国内大部分航空公司规定携带小动物的旅客必须在航班起飞前 24 小时（含），向航空公司指定的直属售票部门提出小动物运输申请，由于托运小动物对机型有一定的要求，因此对旅客提出携带小动物旅行的需求，须经航空公司同意并安排妥当后方可收运。办理申请手续时无须携带小动物及检疫证明。

一般处于怀孕状态或在 48 小时之内刚分娩的小动物不得办理托运。

不符合运输条件的小动物，航空公司可以拒绝载运。如旅客放弃托运小动物，可按正常程序办理乘机登记手续；如旅客要求改乘其他航班，应按自愿变更规定办理。

在航班起飞前航空公司有权调整机型，如因调整机型造成旅客所乘航班无法载运小动物时，旅客可选择放弃托运小动物或改乘其他可以载运小动物的航班。

旅客需在乘机当日不迟于航班离站时间前 120 分钟将小动物自行运到机场办理托运手续，并在办理托运时出示小动物运输过程中所需的证件。

小动物运输费用一般在机场办理手续时支付。

小动物运输如图 11-13 所示。

图 11-13　小动物运输

第六节　特殊餐食旅客运输

旅客在订座时如提出要求特殊餐食服务，航空公司可以在进行机上餐饮服务时提供特殊餐食服务。

一、特殊餐食旅客运输的一般规定

航空公司因餐食供应地点条件的原因，特殊餐食的品种、数量供应不足，未满足旅客要求时，不承担相应责任。

旅客申请特殊餐食必须提前预订，旅客在机场临时申请特殊餐食，必须符合航班始发地或经停点的配餐最短时间规定，否则，一般不予接受。

旅客不得临时更改特殊餐食品种。

配餐公司提供的常见特殊餐食种类代码如下。

- ✓ BBML　婴儿餐
- ✓ CHML　儿童餐
- ✓ DBML　糖尿病人餐
- ✓ FPML　水果餐
- ✓ LCML　低卡路里餐
- ✓ LFML　低脂餐

- ✓ LSML 低盐餐
- ✓ NSML 无盐餐
- ✓ SFML 海味餐
- ✓ VGML 素餐
- ✓ VOML 东方素餐
- ✓ HNML 印度餐
- ✓ KSML 犹太餐
- ✓ MOML 穆斯林餐

二、特殊餐食旅客的值机工作与服务

（1）营业员在旅客的订座记录中应根据旅客的要求用 SSR 指令拍发特殊餐食的申请电报。

（2）值机员通过计算机系统或商务调度了解特殊餐食接受预订的情况。

（3）值机员将特殊餐食订妥情况反馈给旅客。

（4）根据订座信息或《特殊旅客（特殊餐食）乘机申请书》，做好座位的安排，对于有特殊餐饮习惯的旅客（如清真、素食旅客），应在条件允许的情况下，与普通旅客的座位分开安排。

（5）值机员填写《旅客特殊服务通知单》，并将旅客座位号和特殊餐食品种信息与客舱经理（乘务长）交接。

（6）如旅客在机场临时申请特殊餐食，值机员应向商务调度通报临时增加特殊餐食信息，商务调度通知配餐部门增加特殊餐食。

第七节 酒醉旅客、犯人（嫌疑人）运输

一、酒醉旅客运输

酒醉旅客是指因酒精、麻醉品或毒品中毒，失去自控能力，在航空旅行中明显会给其他旅客带来不愉快或可能造成不良影响的旅客。

（1）承运人有权根据旅客的言谈举止，对旅客是否属于酒醉旅客自行判断决定。属于酒醉旅客的，承运人不接受运输。

（2）在旅客上机地点，对于酒后闹事，有可能影响其他旅客的旅途生活的酒醉旅客，承运人有权拒绝其乘机。

（3）在飞行途中，发现旅客处于酒醉状态，不适合旅行或妨碍其他旅客时，机长有权在机上采取措施，制止其行为或令其在下一个经停地点下机。

（4）酒醉旅客被拒绝乘机的，如需退票，按非自愿退票处理。

二、犯人（嫌疑人）运输

由于犯人（嫌疑人）是受到我国现行法律管束的，在办理犯人（嫌疑人）运输时，应与有关公安部门配合，一般规定如下。

（1）公安部门应在订座时提出犯人（嫌疑人）运输申请，经承运人同意后，方可购票乘机，承运人拥有根据情况暂时拒绝接受犯人（嫌疑人）旅客运输的权利。

（2）运输犯人（嫌疑人）的全航程中，有关公安部门必须至少派三倍于犯人（嫌疑人）的押解员全航程押解，并对押送犯人（嫌疑人）负全部责任。

（3）犯人（嫌疑人）运输必须事先通知机组。

（4）押解人员携带武器必须按危险物品规定办理，携带手铐、警棍等物品，需要与安检部门联系处理。

（5）在为被押送的犯人（嫌疑人）办理乘机手续时，值机员应注意将犯人（嫌疑人）及其押解人员安排在机舱尾部的座位上，如航班座位较宽裕时，尽可能将他们与其他旅客的座位隔开几排。

（6）旅客登机时，犯人（嫌疑人）旅客最先登机，安置妥当后，其他旅客再登机，到达后应安排犯人（嫌疑人）旅客最后下机。

第八节　紧急救助运输

根据《特殊需求旅客航空运输服务管理规定》，国内承运人、机场管理机构应当针对突发重伤、急救、人体捐献器官和造血干细胞转运等情形，建立涵盖购票、办理乘机登记手续、安检、登机、下机等环节的紧急航空运输联合保障机制。

国内承运人在确定运送突发重伤、急救旅客前，应当协同医疗机构对旅客身体状况和运输条件进行充分评估，避免在航空运输中造成二次伤害。

人体捐献器官获取组织的工作人员通过航空运输方式转运人体捐献器官时，应当提前向承运人通报人体捐献器官运输信息，携带相关证明文件，确保人体捐献器官及其包装符合国家相关要求，自觉接受安全检查并承担人体捐献器官航空运输安全的主体责任。

承运人、机场管理机构、地面服务代理人实施人体捐献器官航空运输活动，应当符合民航局关于人体捐献器官航空运输管理的相关要求。

运送用于救助患者生命的造血干细胞、血液等人体组织的工作人员应当提前向承运人通报运输信息，并在机场出示介绍信和运送人员信息表。

承运人或地面服务代理人认为有必要的，可拨打中国红十字会中华骨髓库造血干细胞运送应急电话查验相关信息，并留存介绍信副本。

人体捐献器官航空运输应当使用符合要求的运输专用容器，并在容器外显著位置张贴人体器官运输专用标志。

造血干细胞运输箱需明确标明中国红十字会和中华骨髓库标识。

人体捐献器官运输专用容器应当接受民航行李安检设备检查，无疑点的可不再进行开箱检查。

人体捐献器官运输专用容器内含有保存人体捐献器官所必需的液态物品的，不受液态物品航空运输条件的限制，但应满足运输安全要求。

人体捐献器官获取组织的工作人员和除人体捐献器官运输专用容器外的其他行李物品应当按照正常程序接受安全检查。

造血干细胞运输箱须免 X 射线安检仪器设备的检查，安检人员可开箱手检。

造血干细胞运送箱不得含有民航局禁止或限制携带物品；含有医用冰块或冰排（蓄冷液）等液态物品的，应当满足存储和运输安全的相关要求。

造血干细胞的运送人员和除造血干细胞运送箱外的其他行李物品应当按照正常程序接受安全检查。

国内承运人、机场管理机构在收到人体捐献器官和造血干细胞航空运输的申请后，应当及时开通航空运输绿色通道，提高运输效率，保障运输安全。

课后练习

一、简答题

1. 简述重要旅客的定义和分类。
2. 简述无成人陪伴儿童的定义和处理要求。
3. 简述病残旅客的分类。
4. 简述无成人陪伴儿童和三种轮椅旅客的代码和定义。
5. 简述无成人陪伴儿童餐食的代码和代码的含义。

二、自测题

第十二章　不正常运输服务

 本章学习重点

1. 旅客运输不正常的情况和处理。
2. 航班运输不正常的种类和处理。
3. 航班延误的赔付。

2017年1月9日，中国民航局发布关于国内航空公司、机场实施《航班正常管理规定》相关工作情况的通告。航班延误影响着航空公司的运行效率和服务质量，一般使用准点率来衡量承运人的运输效率和运输质量。

本章主要讲解了旅客运输不正常的情况和处理方式，以及航班运输不正常的分类和处理方式，同时还介绍了在航班运输过程中，人身伤害的赔付和航班延误主要的赔付标准。

第一节　旅客运输不正常服务

旅客运输不正常情况主要包括旅客误机、旅客漏乘、旅客错乘、登机牌遗失和航班超售等情况。

一、旅客误机、旅客漏乘、旅客错乘

（一）旅客误机

旅客误机是指旅客未按规定的时间办妥乘机手续或因旅行证件不符合规定而未能搭乘上指定的航班。旅客误机后的处置如下。

（1）旅客如误机，应到原购票地点办理客票变更或退票手续。

（2）旅客误机后，如改乘后续航班，在后续航班有空余座位的情况下，承运人应积极予以安排，不收误机费（团体旅客除外）。

（3）旅客误机后，如要求退票，承运人应按规定收取误机费。若因承运人原因造成旅客误机，旅客要求退票，则按非自愿退票处理。

（4）团体旅客误机，客票作废，票款不退（承运人原因除外）。

（5）旅客误机后，如改乘后续航班，应在客票"票价计算"栏内加盖"误机NOSHOW"印章，并注明误机时间。

（二）旅客漏乘

旅客漏乘是指旅客在航班始发站办理乘机手续后或在经停站过站时未搭乘上指定的航班，按照旅客类型分类可分为过站旅客漏乘和始发旅客漏乘。

1. 过站旅客漏乘

过站旅客到达经停站后，可能精力不集中，认为已经到达了目的站，下飞机之后没有注意机场的标识标牌以及工作人员的提醒，直接走出候机楼，因而导致漏乘。

过站旅客知道自己是到了经停站，也换取了工作人员发放的过站登机牌，但是由于在候机隔离厅购物、上洗手间、看书报或休息等，没有注意登机广播，导致漏乘。

2. 始发旅客漏乘

（1）旅客办理完登机牌进入隔离厅之后，在错误的登机口休息等待，没有注意听登机口广播，或者在看书报、逛商店、用餐等，导致漏乘，这一类情况在所有漏乘旅客里面比较多。

（2）少部分旅客本身到机场时间就很晚，已经结束办理乘机手续，机场工作人员为了给旅客提供方便给予办理，但该旅客在过安全检查和到达登机口的过程中花费了过多的时间，无法登机，造成漏乘。

（3）旅客办理完手续进入隔离厅后，登机牌丢失，需要重新补办，在补办的过程中超过了最后登机时间，无法登机，造成漏乘。

（4）机场登机口更改，广播通知了更改登机口，旅客没有注意广播通知，也没有注意听登机广播，导致漏乘。

（5）由于机场设施的原因（电力系统、离港系统、安检仪器、广播系统等）导致旅客不能办理登机牌或者不能进行安全检查，也没有听到登机广播，造成漏乘。

旅客漏乘后按下列规定处理：由于旅客原因造成漏乘，旅客要求退票，应到原购票地点办理退票手续,承运人可以收取适当的误机费;由于承运人原因导致旅客漏乘,承运人应当尽早安排旅客乘坐后续航班成行。如旅客要求退票,始发站应退还全部票款,经停站应退还未使用航段的全部票款,均不收取退票费。

(三)旅客错乘

旅客错乘是指旅客乘坐了不是客票上列明的航班。

旅客错乘按下列规定处理:旅客错乘航班,承运人应安排错乘旅客搭乘最早飞往旅客客票上目的地的航班,票款不补不退。

由于承运人原因导致旅客错乘,承运人应尽早安排旅客乘坐后续航班成行。如旅客要求退票,始发站应退还全部票款,经停站应退还未使用航段全部票款,均不收取退票费。

二、登机牌遗失

登机前,如旅客声明登机牌遗失,可按下列程序处理。

(1)核验客票和旅客本人及其有效身份证件是否一致。如挂失时旅客已通过安检,应会同安检部门核查。

(2)如属于团体旅客,应核查该团体实际人数。

(3)经核查确认属本航班旅客并已办理乘机手续,可予以补发新登机牌,但该补发登机牌在登机前不应交予旅客。如旅客未通过安检应予以协助。

(4)补发的登机牌,应填上原座位号。如属团体旅客不能确定座位号时,应注明"候补"字样。

(5)登机完毕,航班旅客人数相符,方可允许该旅客登机,同时发给补发的登机牌。

(6)如航班登机人数不符,应查明原因,参照本节以上各条的规定处理。

(7)对于故意行为的无票乘机旅客,必要时应交机场公安保卫部处理。

三、航班超售

(一)航班超售的定义

航班超售是指航班在办理乘机手续前,其实际订座人数大于该航班执行机型可利用的座位数。

旅客订票后并未购票或购票后在不通知航空公司的情况下放弃旅行,从而造成航班座位虚耗。为了满足更多旅客的出行需要和避免航空公司座位的浪费,航空公司会在部分容易出现座位虚耗的航班上,进行适当的超售。这种做法对旅客和航空公司都有益,也是国际航空界的通行做法。

(二)航班超售的处理办法

超售并不一定意味着已购客票的旅客无法乘机,对于超售的航班,持有订妥座位的有效客票的旅客,在绝大多数情况下都能成行。但在特殊情况下,可能会使个别旅客不能按时成行。对于未成行的旅客,航空公司将酌情采取弥补措施。

当航班出现超售时，将首先寻找自愿放弃座位的旅客，各航空公司也将根据相关规定给予旅客一定补偿；当没有足够的旅客自愿放弃座位时，根据规定的优先登机原则拒绝部分旅客登机，对被拒绝登机的旅客提供相应的服务并给予一定补偿。

2021年颁布的《公共航空运输旅客服务管理规定》指出承运人应当在运输总条件中明确超售处置相关规定，至少包括下列内容。

（1）超售信息告知规定。

（2）征集自愿者程序。

（3）优先登机规则。

（4）被拒绝登机旅客赔偿标准、方式和相关服务标准。

因承运人超售导致实际乘机旅客人数超过座位数时，承运人或者其地面服务代理人应当根据征集自愿者程序，寻找自愿放弃行程的旅客。

未经征集自愿者程序，不得使用优先登机规则确定被拒绝登机的旅客。

1. 准备

地面保障部门或相关机场航站在得知某个航班超售时，应及时做好拒载旅客安置的准备工作。

（1）根据航班订座情况及航班座位控制部门提供的信息，核实航班订座情况，扣除免票旅客后检查航班是否还存在超售，但持团体优惠票、积分兑换免票的旅客除外。

（2）根据旅客订座分类，选择家庭和闲散类的散客，拟定自愿弃乘旅客名单。

（3）及时掌握本公司和共享航班上其他航空公司航班的订座情况，为旅客改签做好准备。

2. 非自愿变更舱位

当航班某一舱位确实发生超售时，在其他舱位至航班结载仍有空余座位时，可采用非自愿变更舱位等级操作为超售旅客安排座位。

1）非自愿由低等级舱位变更至高等级舱位

（1）采取逐级升舱方式，即由 Y 舱升 C 舱、由 C 舱升 F 舱。

（2）升舱后的旅客不享受高等级舱位的免费行李额和地面服务标准，不享受高等级客舱服务标准；升舱后的常旅客里程按照原舱位等级进行里程累计；团体旅客及携带婴幼儿的旅客通常不予安排。

（3）升舱次序：

① VVIP、VIP 旅客。

② 金、银卡旅客。

③ 高等级舱位旅客。

2）非自愿由高等级舱位变更至低等级舱位

（1）采取逐级降舱方式，即由 F 舱降至 C 舱、由 C 舱降至 Y 舱。

（2）降舱后的旅客仍享受高等级舱位的免费行李额和地面服务标准，票价差额的处理按实际舱位分别计算。

（3）在纸质客票的乘机联和旅客联上直接加盖降舱印章，须当日值班主任签名，并告知旅客凭客票的旅客联和登机牌到原出票处办理退款手续。

（4）对于电子客票旅客，若旅客持有行程单，则在行程单上盖降舱印章，须当日值班主任签名，并告知旅客凭行程单和登机牌到原出票处办理退款手续。若旅客未持行程单，为旅客开具电子客票非自愿降舱证明，须当日值班主任或相关领导签名，并告知旅客凭电子客票非自愿降舱证明和登机牌到原出票处或办事处办理退款手续。

3. 航班实际超售，拉卸旅客的操作

（1）由于航空公司原因或其他非旅客原因，造成航班实际超员，无法安排旅客乘坐本航班的情况下，允许临时从该航班上拉卸部分已经预订座位的旅客。

① 拉卸旅客次序：无订座记录的旅客→持优待折扣的旅客→经动员后接受转乘的旅客→乘机航程最短的旅客→按次序持最低票面价格的旅客。

② 拉卸旅客原则：先无托运行李的旅客，后有托运行李的旅客；先普通旅客，后重要旅客；先个体旅客，后团体旅客；先最后办理乘机手续的旅客，后先办理乘机手续的旅客。

（2）由于非旅客原因（即承运人强制行为）造成航班实际超员，按照惯例，航空公司对符合下列条件的被拉卸旅客承担相应责任，并给予现金或其他方式补偿。

① 持有当次航班订妥客票的旅客。
② 持有"OK"客票的旅客。
③ 按规定时间提前到达值机柜台办理乘机手续的旅客。
④ 持有效旅行证件的旅客。

在对被拉卸旅客进行补偿的同时，航空公司仍有义务根据旅客要求，尽早安排旅客改乘其他航班成行。

第二节　航班运输不正常服务

不正常航班是指由于天气或机械故障等原因造成的不能按公布的时间正常飞行的航班。不正常航班服务是指根据航班不正常情况提供相应的服务。

一、不正常航班的原因

（1）造成航班不正常的原因主要有天气、突发事件、空中交通管制、安检、旅客、工程机务、航班计划、运输服务、空勤人员等。

（2）按造成航班不正常的责任性质可分为承运人原因和非承运人原因两类。

① 承运人原因：工程机务、航班计划、运输服务、空勤人员原因。
② 非承运人原因：天气、突发事件、空中交通管制、安检、旅客原因。

二、不正常航班的类别

不正常航班分为十类，如表 12-1 所示。

表 12-1　不正常航班的类别

不正常航班的类型	详解
航班延误	未在客票列明的离站时间15分钟（部分机场按当地规定时间）之内正常起飞的航班
航班取消	先前计划执行飞行任务的航班停止飞行，并且该航班至少有一个座位被预订
航班合并	将相同航程的不同航班合并为一个航班飞行
航班备降	飞机在执行某一目的地航班任务时，由于天气、航路、机械故障等原因不能降落在指定机场而改降至备降机场
航班转场	航班因各种不正常情况需要改变起降机场
航班改期	航班因各种不正常情况需要改变飞行日期
航班返航	飞机从始发地机场飞往目的地机场的途中返回始发地机场
大面积航班延误	由于天气、航空管制等原因造成一定数量的航班超过 4 个小时以上的延误。大面积航班延误的定义由各航站、航空公司根据航班的具体数量和具体时间确定
旅客罢乘	在不正常航班开始登机后，旅客拒绝登机
旅客占机	在不正常航班到达目的地后，旅客拒绝下机

三、航班延误

航班延误是指由于各种原因，飞机不能按照公布的时刻起飞，造成延误或取消当日飞行。

（1）如在旅客前往机场办理乘机手续前已得知航班将延误较长时间，应尽量根据旅客订座单的联系电话通知旅客航班变更时间。

（2）如事先无法与已购票旅客取得联系，机场值机部门应按原定办理乘机手续时间在柜台等候旅客，并向旅客说明情况，做出相应处理。

（3）一般来说，延误 2 小时以内的，应为旅客提供饮料，如遇进餐时间，应为旅客提供餐食。

延误超过 4 小时的，除发放餐食、饮料外，还应为旅客提供宾馆休息服务。

（4）应每间隔 30 分钟向旅客通报一次航班动态信息。

（5）可向有需要的旅客出具航班延误证明。

（6）对于延误超过 4 小时的航班，应了解航班延误原因及预计起飞时间，并做好与宾馆方面的服务交接工作。

（7）如因特殊情况而无法安排人员陪同旅客前往宾馆，应事先联系宾馆，请宾馆方面代表航空公司安置旅客，但应与宾馆方面保持沟通，及时处理、解决旅客提出的相关服务需求。

（8）如旅客入住宾馆后，应及时向宾馆通报航班信息，由宾馆通过电话、告示栏等形式告知旅客。

（9）如旅客提出自行安排住宿，可视情况与旅客协商机场到旅客住所的地面交通费用，并将航班预计起飞时间告知旅客。

（10）航班起飞时间确定后，应及时将航班信息及宾馆发车时间通知旅客，或由宾馆方面代表航空公司通知旅客，并妥善安排地面运输车辆将旅客送回机场。

四、航班取消

航班取消是指因预设航班延误而停止飞行计划，或者因延误而导致停止飞行计划的情况。

（1）航班取消后，应锁定订座系统，停止继续售票。

（2）航班取消后，市场销售部门应及时通知已购票的旅客，并根据旅客意愿为旅客安排后续航班座位。

（3）对于市场销售部门未能通知到而按原定航班时间到达机场的旅客，地面服务部门应安排专人进行善后服务工作，服务内容包括以下几个方面。

① 将航班取消的信息通知旅客。

② 根据市场销售部门提供的信息，耐心解释未能通知到旅客的原因。

③ 根据旅客意愿，为其办理改签或退票手续。改签和退票不收取费用。

④ 根据情况，按有关规定为改签旅客提供膳宿服务。

⑤ 根据情况，填写《不正常航班旅客补助发放登记表》和《航班不正常服务费用清单》，为旅客提供经济补偿。

五、补班

航班由于天气、突发事件或航空公司飞行故障、航班计划等原因，无法按原定时刻完成运输，造成旅客在始发地滞留，确定起飞时间后于次日完成航班任务，则此航班就为补班。补班的注意事项有以下几个方面。

（1）商务运输部门要了解执行补班飞行的机型、机号、座位布局等情况。

（2）重新办理乘机手续，收回原航班的登机牌，交运的行李重新过磅，换发新登机牌。平衡人员根据实际情况重新计算业务载量，拍发业务载重电报时要注明本次航班飞行为补班。

（3）个别旅客因故退票或签转其他航班，由此形成的载量的变化，值机人员要做到心中有数，载量尚余时可以办理非补班航班旅客的购票、乘机手续。

（4）有关补班飞行前的旅客服务工作，按航班取消的有关规定办理。

六、航班中断

航班中断是指航班在到达经停站后，取消后续航段飞行，致使航程中断。航班中断飞行后，使用承运人后续航班。如无承运人后续航班或后续航班无可利用座位，可使用其他承运人的航班。根据情况也可以使用地面运输或其他运输方式。

航班中断飞行后，使用其他航班运输旅客，应分别按不同的接运航班，根据原客票旅客联，填制《飞行中断旅客舱单》（FIM）作为运输的凭证。

对继续乘机的旅客，如需要提供膳宿服务，按承运人原因航班延误的有关规定办理。

七、航班返航

航班在飞行途中,由于受到天气变化、突发事件、空中交通管制等原因,不能继续执行航班飞行任务,飞机返回始发地降落,称为返航。

(1) 飞机返航后,旅客运送服务部门应及时向生产调度室了解航班返航的原因、返航航班的飞机号、旅客人数和预计起飞等信息。

(2) 承运人根据需要组织旅客下飞机,对返航航班的旅客,按航空公司航班不正常的有关规定提供服务。

(3) 旅客下飞机以后需广播通知并引导其前往不正常航班旅客休息大厅休息,并耐心做好解释工作。

(4) 旅客再次登机时,应重新核查人数。

八、航班备降

受突发情况或不可抗力影响,航班临时更改目的地,或在非计划的中途经停地加降,或飞越指定经停地,均属航班备降。

(1) 备降航班牵涉的所有航站必须将航班备降信息(包括新的起降时间)事先公布,便于旅客迎送和转机。

(2) 客运服务部门接到航班信息后,应确认旅客是否需要下飞机。如需下飞机,客运服务部门应安排好客运人员负责返航航班的接机工作,并安排在指定候机区域内,提供相应的地面服务。

(3) 航班起飞后备降其他机场,客运服务部门应关注航班动态,以及对后续航班的影响,做好启动航班处置预案的准备。

(4) 对于备降本站的航班,客运服务部门接到航班备降信息后,应事先了解备降原因、备降预计时间、各舱位旅客人数、特殊旅客服务信息,做好人员安排和相关物品准备,根据航空公司规定提供相应的地面服务。

(5) 一般禁止旅客在备降航站(中途加降)终止旅行,特殊情况(病危、伤亡等)除外,但必须事先征得当地有关当局批准。终止旅行旅客的行李必须同时卸机。

(6) 承运人迅速为终止旅客办理客票退、改、签手续及提供相应的地面服务。

(7) 承运人尽可能在航班备降时安排重要旅客、头等舱旅客、公务舱旅客、特殊旅客在专用地点休息候机。

(8) 如备降航班有无成人陪伴儿童等特殊服务旅客,承运人需及时与接机人取得联系,告知航班情况。

(9) 备降航班取消,服务操作和取消航班相同。

第三节 航空赔偿

一、旅客人身伤害的责任与赔偿

航空保险是指投保人在保险人承保的空域中发生各种承保范围内的损失时,保险人按保险单条款给予赔偿的一种保险,一般分为旅客及行李损失赔偿责任保险、旅客搭乘飞机过程中受到伤害的保险等。

航空保险一般采用双向保险制,即将承运人赔偿和保险公司赔偿相结合的办法,不管旅客是否投保,发生航空事故时,承运人均需承担赔偿责任,按照责任大小国内旅客最高赔偿人民币40万元。

从旅客的角度,通常所说的航空保险一般是指旅客在搭乘飞机过程中受伤害的保险,也称为航空意外险。对于购买了航空意外险的旅客,在发生航空事故时,还可以获得保险公司保险赔偿,航空意外险的最高赔偿额度为人民币40万元,同一被保险人最高保险金额为人民币200万元。

二、航班不正常责任认定与赔偿

当遇到航班不正常情况时,承运人除了做好安排后续航班、退票等上述的补救措施,还应对旅客因延误而造成的经济损失按规定进行补偿或赔偿。对于赔偿损失责任的归责,原则上采用过错认定的原则,现由承运人证明自己已经采取了一切必要措施或不可能采取此种措施,最终仍造成了旅客的损失,应承担赔偿的责任。

早在2004年7月1日,当时的中国民航总局就公布了《民航总局对国内航空公司因自身原因造成航班延误给予旅客经济补偿的指导意见(试行)》的指导方案,其中已规定:航空公司因自身原因造成航班延误,除按照《中国民用航空旅客、行李国内运输规则》的有关规定,做好航班不正常情况下的服务工作之外,还应根据航班延误4小时(含)以上,不超过8小时,延误8小时(含)以上的不同延误时间的实际情况,对旅客进行经济补偿。

2010年中国航空运输协会向航空公司下发了《航空运输服务质量不正常航班承运人服务和补偿规范(试行)》,提出了新的补偿标准。由于承运人原因所造成的航班延误、取消,客票的退、改、签等费用均由航空公司承担。航班延误4~8小时(含8小时),承运人需为旅客安排休息场所,还需向旅客提供价值300元的购票折扣、里程或其他方式的等值补偿,或是人民币200元的现金补偿。若航班延误8小时以上,则要向旅客提供价值450元的购票折扣、里程或其他方式的等值补偿,或是人民币300元的现金补偿。

2016年7月21日,交通运输部发布了《航班正常管理规定》(以下简称《规定》)并于2017年1月1日起实施的公告。下面为航班延误赔偿新规定详情。

《规定》要求,航空公司应制订并对社会公布航班延误经济补偿方案,方案中应明确是否对航班延误进行补偿,补偿的范围、条件、标准等内容。航班延误时,航空公司应严格执行经济补偿方案。

1. 航班延误新规：非航空公司原因延误旅客自理费用

《规定》第二十九条第二项明确了航班延误的原因以及航空公司应该承担的责任。将延误原因予以分类，首次明确由于天气、突发事件、空中交通管制、安检以及旅客等非承运人原因，造成航班在始发地出港延误或者取消，承运人应当协助旅客安排餐食和住宿，费用由旅客自理。

2. 航班延误新规：航空公司应在30分钟内告知延误信息

《规定》明确，在出现航班出港延误或取消信息后，航空公司应当在掌握航班状态发生之后的30分钟内通知购票旅客，并通过官网等多种渠道向社会公布延误信息。《规定》还指出，大面积延误下，机场要协调海关、边防、检疫、公安、地面服务等部门。夜间大面积航班延误期间，机场管理机构应当协调延长机场巴士运营时间。

3. 航班延误新规：购票时应告知航班延误服务内容

《规定》第三章提出延误后的处置，明确航空公司应该明确航班出港延误及取消后的旅客服务内容，并在购票环节中明确告知旅客。航空公司的运输总条件中应当包括是否对航班延误进行补偿；若给予补偿，应当明确补偿条件、标准和方式等相关内容。

4. 航班延误新规：三种情况才可免食宿费

（1）由于机务维护、航班调配、机组等承运人自身原因，造成航班在始发地出港延误或者取消。

（2）国内航班在经停地延误或者取消。

（3）国内航班发生备降。

对于以上服务，如果航空公司（承运人）不能严格履行，将面临民航行政机关的处罚。《规定》强调，未按规定为旅客提供食宿服务的，处4万元以上6万元以下的罚款。

根据《规定》，机上延误超过2小时（含）的，应当为机上旅客提供饮用水和食品。超过3个小时（含）且无明确起飞时间的，承运人应当在不违反航空安全、安全保卫规定的情况下，安排旅客下飞机等待。

根据《规定》，由于天气、突发事件、空中交通管制、安检以及旅客等非承运人原因，造成航班在始发地出港延误或者取消，承运人应当协助旅客安排餐食和住宿，费用由旅客自理。

只有在由于承运人自身原因造成航班在始发地出港延误或者取消，旅客才能享受到免费的餐食或者住宿等服务。因航空公司原因在起飞地延误超过4小时（不超过8小时）最低赔偿200元，延误超过8小时最低赔偿400元。

中国国航的补偿条件及标准如下：由于机务维护、航班调配、机组等国航的原因，造成航班延误，国航将根据延误的实际情况，向旅客提供经济补偿。延误4小时（含）以上不超过8小时，每位旅客补偿人民币200元；延误8小时（含）以上，每位旅客补偿人民币400元。

南方航空的补偿条件及标准与中国国航类似。

在航班延误补偿标准上，深圳航空、山东航空、昆明航空、大连航空、国航内蒙古公司、重庆航空、海南航空、大新华航空、首都航空、天津航空、吉祥航空、四川航空、成都航空、东海航空、西藏航空、青岛航空、江西航空等对旅客的补偿金额亦为最高不超过400元。

中国三大航空公司（国航、南航、东航）的补偿条件中多了"商务"造成的航班延误或者取消这一补充条件。此外，东航的补偿条件中，对旅客进行补偿的可能是东航自身，也可能是东航的地面服务代理人。补偿金额上，航班延误4小时（含）至8小时，最低补偿标准人民币200元；航班延误8小时（含）以上，最低补偿标准人民币400元。东航云南分公司、上海航空的航班延误补偿标准与东航保持"步调"一致，即最高补偿金额有可能超过400元。

春秋航空、长安航空、桂林航空、北部湾航空、中国联合航空、西部航空、乌鲁木齐航空七家航空企业在内，无论何种原因航班延误或取消，航空公司不提供经济补偿，仅提供餐食或住宿补偿。选择这一赔偿标准的航空企业多数是低成本航空企业。

包括吉祥航空在内有四家航空企业选择了更加细化的赔偿标准，增加了延误超过6小时（不超过8小时）这一档赔偿，其中吉祥航空的赔偿数额分别为人民币200元、300元、400元，奥凯航空、湖南航空、幸福航空三家航空企业的赔偿数额分别为人民币100元、200元、300元。

除此之外，江西航空还根据航程标准在延误超过4小时（不超过8小时）这一档进行细化，其中航程不超过90分钟的赔偿人民币200元、航程超过90分钟的赔偿人民币300元。

航班延误险是指投保人（乘客）根据航班延误保险合同规定，向保险人（保险公司）支付保险费，当合同约定的航班延误情况发生时，保险人（保险公司）依约给付保险金的商业保险行为。现在国内航班延误险一般都是包含在意外险里面的，延误险费20元，大部分是延误超过4小时，而且旅客没有上飞机，才可以申请理赔，而且理赔程序复杂，需要提交各种资料（申请表、保险单、个人身份证明、延误时间及原因的书面证明等），资料递交齐全后，在10日内等保险公司批复。

图12-1为航班延误险购买图。

图12-1 航班延误险购买图

表12-2为航班延误险的类别和赔付标准。

表 12-2 航班延误险的类别和赔付标准

保险公司	众安保险	太平洋保险	人保财险	众安保险	史带保险
产品名称	国内航班延误险	国内航班延误险	航班延误无忧计划	国际航班延误险	国际航班延误险
保障类型	境内飞行			出境飞行	
购买渠道	支付宝	淘宝	网销平台	支付宝	淘宝
投保年龄	18～90周岁	1～100周岁	0～80周岁	0～90周岁	1～85周岁
保障期限	1天	1天	1天	1天	1天
生效日期	次日零时	次日生效	投保后第四日零时	投保后第三日零时	次日零时
起赔时间	30分钟	3小时	3小时	3小时	4小时
延误赔偿 <1小时	6元	/	/	/	/
延误赔偿 1～2小时	16元	/	/	/	/
延误赔偿 2～3小时	66元	/	/	/	/
延误赔偿 3～4小时	66元	200元	300元	300元	/
延误赔偿 4小时以上	66元	200元	300元	300元	300或600元
其他保障	/	/	航班取消：100元	/	旅行意外紧急救援
保费	25元	30元	40元	38元	35元

课后练习

一、简答题

1. 旅客运输不正常服务主要包括哪些？
2. 旅客误机如何处理？
3. 简述航班超售的定义和处理方法。
4. 航班延误的基本处理方式有哪些？
5. 《航班正常管理规定》赔偿涉及的主要内容有哪些？

二、自测题

附录A 航班正常管理规定

附录B　民用航空安全检查规则

附录C 公共航空运输旅客服务管理规定

参考文献

[1] 何蕾，王益友.民航机场地面服务[M].北京：化学工业出版社，2013.

[2] 周小卉，毕妍博，王忠义.民航旅客运输[M].北京：航空工业出版社，2017.

[3] 魏全斌.民航旅客运输[M].北京：北京师范大学出版社，2013.

[4] 中国民用航空局职业技能鉴定指导中心.民航客运员 技能篇：初级、中级、高级[M].北京：中国民航出版社，2013.

[5] 郭沙，汤黎.民航旅客运输[M].重庆：重庆大学出版社，2017.

[6] 王娅.民航国内旅客运输[M].北京：中国民航出版社，2016.

[7] 赵影，王卉，张玉.民航旅客运输[M].北京：人民交通出版社，2014.

[8] 徐婷婷，许夏鑫.民航旅客运输[M].北京：科学出版社，2014.